职业教育·道路运输类专业教材

Jiaotong Anquan Sheshi

# 交通安全设施

黄　娟　主　编

人民交通出版社股份有限公司

北京

## 内 容 提 要

本书为职业教育·道路运输类专业教材。本书根据高等职业院校交通土建类专业开设的“交通安全设施”课程教学大纲编写而成。全书结合现行国家标准和行业规范，主要介绍了交通标志、交通标线、护栏和栏杆、视线诱导设施、隔离设施、防眩设施等公路交通安全设施的设计、施工等方面的知识。

本书可作为高等职业院校道路与桥梁工程技术、道路养护与管理等专业教材，也可供公路部门从事设计、施工和管理的工程技术人员使用和参考。

**本教材配有丰富的视频资源，读者可通过扫二维码免费观看和学习；本教材配教学课件，教师可通过加入“职教路桥教学研讨群”（QQ:561416324）获取课件。**

**图书在版编目(CIP)数据**

交通安全设施/黄娟主编. —北京：人民交通出版社股份有限公司，2021.8

ISBN 978-7-114-17278-6

Ⅰ.①交… Ⅱ.①黄… Ⅲ.①公路运输—交通运输安全—安全设备 Ⅳ.①U491.5

中国版本图书馆 CIP 数据核字(2021)第 081003 号

职业教育·道路运输类专业教材

书　　名：交通安全设施
著 作 者：黄　娟
责任编辑：任雪莲
责任校对：孙国靖　宋佳时
责任印制：刘高彤
出版发行：人民交通出版社股份有限公司
地　　址：(100011)北京市朝阳区安定门外外馆斜街 3 号
网　　址：http://www.ccpcl.com.cn
销售电话：(010)59757973
总 经 销：人民交通出版社股份有限公司发行部
经　　销：各地新华书店
印　　刷：北京建宏印刷有限公司
开　　本：787×1092　1/16
印　　张：14.5
字　　数：371 千
版　　次：2021 年 8 月　第 1 版
印　　次：2024 年 8 月　第 2 次印刷
书　　号：ISBN 978-7-114-17278-6
定　　价：39.00 元

# 编审委员会

# 序

PREFACE

建设教育强国是中华民族伟大复兴的基础工程。交通运输是国民经济基础性、先导性、战略性产业。交通高等职业教育鼎力支持交通运输事业，弘扬劳模精神和工匠精神，营造“劳动光荣、技能宝贵、创造伟大”的社会风尚和精益求精的敬业风气，建设知识型、技能型、创新型劳动者大军，培养德智体美全面发展的社会主义建设者和接班人。

习近平总书记明确指出，“十三五”是交通运输基础设施发展、服务水平提高和转型发展的黄金时期，要抓住这一时期，加快发展，不辱使命，为实现中华民族伟大复兴的中国梦发挥更大的作用。当前，在我国经济发展进入新常态后，交通运输作为国民经济重要的基础性、先导性、服务性行业的基础地位没有改变，在经济社会发展中先行官的职责和使命没有改变，在稳增长、促投资、促消费中的重要作用没有改变，由基本适应向适度超前发展的阶段性特征和态势没有改变。我国正由“交通大国”向“交通强国”迈进。交通高等职业教育肩负着交通运输人才培养、科学研究、社会服务、文化传承创新的神圣使命，在实现“两个一百年”奋斗目标的伟大进程中必须有担当、有作为。

陕西交通职业技术学院是国家优质高职院校立项建设单位、陕西省优秀示范性高职院校，被誉为中国西部“交通建设管理人才的摇篮”。学校以全国交通运输示范专业——道路桥梁工程技术专业为核心，构建公路工程专业集群，弘扬“吃苦实干，爱岗敬业，默默奉献，图强创新”的“铺路石”精神，秉持“立足交通，服务交通，引领交通”的发展理念，坚持“校企合作实践育人，提升能力内涵发展”的建设思想，锻造“公在心中，路在脚下，铁肩担当，道存目击”的精神文化，开展“大专业小方向”的专业改革，实施“岗位导向，学训交替，能力递进，分组顶岗”的人才培养模式，紧密对接交通运输行业转型升级，紧紧围绕交通基础设施建设与管理的产业需求，培养热爱交通、扎根基层、吃苦实干的公路交通技术技能人才。

近年来，陕西交通职业技术学院不忘初心、拼搏奋斗，深化教育教学改革，优化专业体系结构，加强师资队伍建设，完善质量保证体系，始终致力于提升内涵建设品质，提高人才培养质量，增强社会服务能力。公路工程专业集群以道路桥梁工程技术专业为引领，先后获得国家级教学团队、全国职业院校交通运输类示范专业、高等职业教育创新发展行动计划骨干专业、陕西高职院校“一流专业”、陕西省重点专业、陕西省示范院校建设重点专业、陕西高职院校综合改革试点专业等重大荣誉和政策支持。“十三五”是交通运输基础设施加速成网的黄金时期，也是我国交通运输基础设施集中建设、扩大规模的重要时期，更是交通运输优化结构、提升服务水平的关键时期。在这样的背景下，陕西交通职业技术学院成立“新时期交通土建类高职高专规划教材”编审委员会，以长期教育教学改革实践为基础，系统总结教学内涵建设经验，编写系列教材，期望以此形式固化、展示、应用、分享改革建设的成果，培养符合新时期交通运输发展需求的高质量技术技能人才。

“新时期交通土建类高职高专规划教材”以提高人才培养质量为根本目标，贯彻高等职业教育教学改革发展新理念，对接交通运输行业最新颁布标准、规范、规程，努力从内容到形式上都有所创新。教材丛书依据专业集群的核心课程而规划，体现产教融合特色。教材突出工匠精神、职业道德、职业技能和就业创业能力教育的完美融合，注重学生全面培养。教材功能基于服务课程教学的基本载体和直观媒介而定位，凸显学生主体地位；教材内容按照职业岗位知识和能力需求而取舍，突出实践能力培养；教学方法遵循高职学生学习特点和认知规律而设计，强调理实一体教学。我们期待这套教材能在新时期交通土建类高职人才培养中起到积极的作用。

向支持交通高职教育教材建设的人民交通出版社表示衷心感谢。向关心、支持、帮助教材编审的合作企业、专家学者、校友致以崇高敬意和诚挚谢意。

杨云峰

2017 年 12 月

# 前　言

——FOREWORD——

交通安全设施作为公路的重要组成部分，是保障公路交通便捷、安全、经济、高效必不可少的配套设施，是公路现代化、智能化的标志之一。经企业调研，结合行业专家对公路建设过程中交通安全设施所涵盖的岗位群进行的任务和职业能力分析，明确了“交通安全设施”的课程教学目标，培养学生在交通安全设施设计、施工、检测及养护等方面的职业能力和职业素养，具有相关工作过程中技术指导、质量检查、事故分析与处理的能力，独立学习、独立计划、独立工作的能力，以及职业岗位所需的合作、交流等能力，具备良好的职业道德，为今后从事交通安全设施相关工作打下坚实的基础，是交通土建类专业学生将来从事工程设计、工程施工和管理工作所必不可少的课程。

本教材编写团队与行业企业专家合作，以交通安全设施相关岗位能力与素质要求为目标，以学生为主体，以教师为引导者，鼓励学生尝试采用各种方法分析和解决问题，使学生掌握综合实践应用能力，体会到知识运用于实践的乐趣，激发学生学习兴趣的同时培养其创新能力、科研能力及实践应用等各项能力。遵循高等职业院校学生的认知规律，紧密结合职业资格证书中的相关考核要求，紧紧围绕完成工作任务的需要选择教材内容，主要介绍了交通标志、交通标线、护栏和栏杆、视线诱导设施、隔离设施、防眩设施等公路交通安全设施的设计、施工、检测及养护等方面的知识，并加入了数字化资源，突出培养学生的职业能力和素养，充分体现了基于职业岗位分析和职业岗位能力培养的教学设计理念，满足交通土建类各专业人才培养的需要，以及公路交通安全设施设计、施工和管理一线人员的工作需求。

本教材具有以下特色：

**1. 知识与技能相结合**

根据公路交通安全设施相关岗位核心能力要求，遵循“课程学习—课程设计—课程实践—工作实践”的循序渐进过程，培养学生的理论知识运用和动手实践能力，使学生能够自主学习、自主发现、自主探讨，培养其发现问题、解决问题的能力。将“吃苦实干、爱岗敬业、默默奉献、图强创新”铺路石精神融入教材内容，培养学生面向一线、扎根基层的思想观念，理论联系实际、实事求是的思想作风，踏实肯干、任劳任怨的工作态度。

**2. 丰富的数字化资源**

已完成陕西交通职业技术学院道路桥梁工程技术专业教学资源库“交通安全设施”课程建设并投入使用，拥有电子教案、课件、图片、视频、音频、微课、动画等丰富的教学资源。通过网络平台（“交通教育”“智慧职教”）实现资源共享，有利于线上线下混合式教学，方便师生之间交流互动，提高学生的学习兴趣，有助于加深学生对交通安全设施的认识和理解，有效服务教学内容和教学目的，教学效果好，课程资源利用率高。

**3. 立足于国家标准、行业规范**

本教材编写的主要依据为国家标准《道路交通标志和标线　第2部分：道路交通标志》（GB 5768.2—2009）、《道路交通标志和标线　第3部分：道路交通标线》（GB 5768.3—2009）及公路行业标准《公路交通安全设施设计规范》（JTG D81—2017）、《公路交通安全设施设计细则》（JTG/T D81—2017）、《公路交通安全设施施工技术规范》（JTG/T 3671—2021）、《公路工程质量检验评定标准　第一册：土建工程》（JTG F80/1—2017）等。

本教材由陕西交通职业技术学院黄娟担任主编，并负责统稿。模块一、模块二、模块三、模块四、模块八、模块九由黄娟编写；模块五、模块六、模块七由陕西交通职业技术学院隋园园编写。

本教材在编写过程中参考了与交通安全设施相关的标准规范及文献，特在此向相关作者表示衷心的感谢。由于编者水平有限，加之编写时间仓促，错漏之处在所难免，恳请广大读者批评指正。

**编　者**

**2021年2月**

# 本教材配套资源索引

| 序号 | 资源编号及名称 | 资 源 类 型 | 对应页码 |
|---|---|---|---|
| 1 | 1-1　交通标志的养护方法 | 视频 | 12 |
| 2 | 1-2　交通标线的养护方法 | 视频 | 13 |
| 3 | 2-1　交通标志的种类 | 视频 | 14 |
| 4 | 2-2　交通标志的设置原则 | 视频 | 31 |
| 5 | 2-3　交通标志的构造和材料 | 视频 | 39 |
| 6 | 2-4　交通标志的施工方法 | 视频 | 48 |
| 7 | 2-5　交通标志施工 | 视频 | 48 |
| 8 | 2-6　交通标志基础施工 | 视频 | 48 |
| 9 | 2-7　交通标志安装 | 视频 | 50 |
| 10 | 3-1　交通标线的种类 | 视频 | 54 |
| 11 | 3-2　交通标线的设置原则 | 视频 | 76 |
| 12 | 3-3　交通标线的材料 | 视频 | 82 |
| 13 | 3-4　交通标线的施工方法 | 视频 | 85 |
| 14 | 3-5　交通标线施工 | 视频 | 85 |
| 15 | 3-6　突起路标施工 | 视频 | 86 |
| 16 | 3-7　交通标线的检测方法 | 视频 | 87 |
| 17 | 4-1　护栏的种类和设置原则 | 视频 | 89 |
| 18 | 4-2　护栏的构造和材料 | 视频 | 90 |
| 19 | 4-3　缆索护栏的施工、检测与养护方法 | 视频 | 107 |
| 20 | 4-4　缆索护栏施工 | 视频 | 107 |
| 21 | 4-5　波形梁护栏的施工、检测与养护方法 | 视频 | 115 |
| 22 | 4-6　波形梁护栏施工 | 视频 | 115 |
| 23 | 4-7　混凝土护栏的施工、检测与养护方法 | 视频 | 126 |
| 24 | 4-8　桥梁护栏的施工、检测与养护方法 | 视频 | 140 |
| 25 | 4-9　金属桥梁护栏的施工 | 视频 | 140 |
| 26 | 4-10　高架桥花篮一体式防撞护栏施工 | 视频 | 140 |

续上表

| 序号 | 资源编号及名称 | 资源类型 | 对应页码 |
|---|---|---|---|
| 27 | 4-11　插拔式活动护栏施工 | 视频 | 144 |
| 28 | 5-1　视线诱导设施的种类与设置原则 | 视频 | 150 |
| 29 | 5-2　轮廓标的形式与构造 | 视频 | 153 |
| 30 | 5-3　轮廓标的施工、检测与养护方法 | 视频 | 157 |
| 31 | 5-4　轮廓标施工 | 视频 | 157 |
| 32 | 5-5　隧道轮廓带的施工、检测与养护方法 | 视频 | 157 |
| 33 | 6-1　隔离设施的种类与设置原则 | 视频 | 160 |
| 34 | 6-2　隔离栅的形式与构造 | 视频 | 161 |
| 35 | 6-3　隔离设施的施工、检测与养护方法 | 视频 | 172 |
| 36 | 6-4　隔离栅施工 | 视频 | 172 |
| 37 | 6-5　桥梁护网施工 | 视频 | 174 |
| 38 | 7-1　防眩设施的种类与设置原则 | 视频 | 179 |
| 39 | 7-2　防眩设施的形式与构造 | 视频 | 183 |
| 40 | 7-3　设置于混凝土护栏上的防眩板施工 | 视频 | 188 |
| 41 | 7-4　独立设置立柱的防眩板施工 | 视频 | 189 |
| 42 | 7-5　防眩设施的施工、检测与养护方法 | 视频 | 189 |

资源使用方法：可以采用移动端（手机、平板电脑等）微信进入观看视频，也可以采用PC端（电脑）微信进入观看视频。

（1）移动端。打开微信→扫一扫下方的二维码→关注“交通教育”公众号→注册登录后需要再次扫描下方二维码进行激活；点击“我的”→在“我的阅读”点击本书→点击观看。

（2）PC端。打开微信→扫一扫下方的二维码→关注“交通教育”公众号→注册登录后需要再次扫描下方二维码进行激活；在浏览器输入 www. yuetong. cn→第三方微信登录→点击“个人中心”→在“我的书架”点击本书→点击观看。

# 目　录

CONTENTS

# 模块一　公路交通安全设施

## 单元一　基 本 知 识

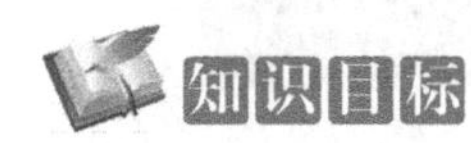


1. 掌握公路交通安全设施的构成与作用；
2. 熟悉公路交通安全设施的设置目的与原则。

能够分析公路交通安全设施的构成。

近年来，我国公路交通运输基础设施系统得到了前所未有的发展，汽车保有量迅猛增加，但随之而来的交通安全问题却成为一个比较严重的社会问题。交通事故不仅造成社会财富的极大浪费，威胁人们的生命安全，同时也对社会的安定团结产生一定的消极影响。为了有效地减少公路交通事故，只重视公路本身几何构造的设计是不够的，还必须合理设置配套的交通安全设施系统。

### 一、交通安全设施的构成

公路交通安全设施属于公路建设的基础设施，包括交通标志、交通标线、护栏和栏杆、视线诱导设施、隔离设施、防眩设施、其他交通安全设施等。

1. 交通标志

道路交通标志是以颜色、形状、字符、图形等向道路使用者传递信息，用于管理交通的设施。交通标志应结合道路及交通情况设置。通过交通标志提供准确及时的信息和引导，使道路使用者顺利快捷地抵达目的地，促进交通畅通和行车安全，如图 1-1 所示。

图 1-1　交通标志

2. 交通标线

道路交通标线是由施划或安装于道路上的各种线条、箭头、文字、图案及立面标记、实体标记、突起路标等所构成的交通设施。它的作用是向道路使用者传递有关道路交通的规则、警告、指引等信息,可以与交通标志配合使用,也可以单独使用,如图 1-2 所示。

图 1-2　交通标线

3. 护栏

护栏是一种纵向吸能结构,通过自体变形或车辆爬高来吸收碰撞能量,从而改变车辆行驶方向、阻止车辆越出路外或进入对向车道、最大限度地减少对驾乘人员的伤害。护栏是公路安全设施的重要组成部分,在防护失控车辆碰撞事故中起着重要作用,可有效地减少恶性事故的发生。合理设置护栏不但可以减少交通事故、降低事故的严重程度,还可以诱导行车视线,如图 1-3、图 1-4 所示。

图 1-3　路基护栏

图 1-4　桥梁护栏

4. 视线诱导设施

视线诱导设施是指示公路线形轮廓及行车方向的设施,主要包括轮廓标、合流诱导标、线形诱导标、隧道轮廓带、示警桩、示警墩、道口标柱等,可以对驾驶员进行有效视线诱导,防止在恶劣气候(如雾、雨等天气)和夜间行驶时,驾驶员因看不清道路标线,而导致汽车失去方向,如图 1-5、图 1-6 所示。

图 1-5　轮廓标

图 1-6　隧道轮廓带

5. 隔离设施

隔离设施是为了对高速公路和需要隔离的一级公路进行隔离封闭的人为构造物的统称,包括隔离栅(图1-7)和防落网。隔离栅设置于公路沿线两侧,阻止人、动物进入公路或沿线其他禁入区域,防止非法侵占公路用地。防落网分为防落物网(图1-8)和防落石网(图1-9):设置于公路桥梁两侧,防止抛扔的物品、杂物或运输散落物进入桥梁下铁路、通航河流或交通量较大的公路的设施,称为防落物网;设置于公路路堑边坡,防止落石进入公路建筑限界内的柔性防护设施,称为防落石网。

图1-7　隔离栅

图1-8　防落网

图1-9　防落石网

6. 防眩设施

防眩设施是指设置在道路中央分隔带上,以防止夜间行车受对向车辆前照灯炫目影响的安全设施,包括防眩板、防眩网和植树防眩等形式,如图1-10、图1-11所示。该设施可以降低交通事故发生的频率,提高道路通行能力。

图1-10　防眩板

图1-11　防眩网

7. 其他交通安全设施

其他交通安全设施包括避险车道、防风栅、防雪栅、积雪标杆、限高架、减速丘等。

避险车道是指在长陡下坡路段行车道外侧,增设的供速度失控(制动失灵)车辆驶离正线安全减速的专用车道,由引道、制动床、救援车道等构成,如图1-12所示。

防风栅是设置在公路上风侧或公路两侧,减轻强风对公路行驶车辆影响的设施,如图1-13所示。

防雪栅是设置在公路上风侧或公路两侧,减轻风吹雪对公路影响的设施,可分为固定式防雪栅和移动式防雪栅,如图 1-14 所示。

图 1-12 避险车道

图 1-13 防风栅

图 1-14 防雪栅

积雪标杆是在可能严重积雪的路段,设置于公路两侧指示公路路面边缘的设施,如图 1-15 所示。

桥梁、隧道限高架是为了保护桥梁和隧道结构不被超高车辆撞击的设施,如图 1-16 所示。

图 1-15 积雪标杆

图 1-16 限高架

减速丘是设置于车行道或延展到整个公路路面宽度的弧形突起区域,配合相应的交通标志和标线,起到提醒驾驶员控制车速的作用,如图 1-17 所示。

图 1-17 减速丘

## 二、交通安全设施的作用

公路交通安全设施对减轻事故的严重度,排除各种纵、横向干扰,提高公路服务水平,提供视线诱导,改善道路景观等起着重要的作用,特别是对充分发挥公路安全、快速、经济、舒适的功能,具有特殊的意义。此外,公路交通安全设施还对整个交通工程系统的合理运营起着决定性的作用。因此,交通安全设施系统是必不可少的,其主要作用可以归纳为四个方面:

(1)预防和减少交通事故的发生,降低事故损失程度,提高交通安全性。

(2)提高道路通行能力和交通运行效率。

(3)提高行车舒适性。

(4)降低交通能耗和交通对环境的影响。

## 三、设置目的

公路交通安全设施的设置目的是"以人为本、以车为本",强调驾驶员的失误不应以生命为代价,同时交通安全设施应与周边环境相协调,成为美化公路路容的重要因素。交通安全设施无论从数量、位置、形式、安装工艺以及与其他道路交通系统的协调配合上都要从交通工程学的观点出发,认真分析研究,设计和设置技术先进、经济合理的交通安全设施。

## 四、设置原则

公路交通安全设施设置应坚持以人为本、预防为主、系统设计、重点突出的原则,在交通安全综合分析的基础上,优先设置主动引导设施,根据需要设置被动防护设施。从保证安全、降低事故损失、实行有效规范引导的角度出发,还要考虑交通安全设施使用的方便性,使交通参与者在使用交通安全设施时感到方便、快捷、安全,即实现交通安全设施的人性化。

### 思考与练习

1. 简述公路交通安全设施的构成与作用。
2. 简述公路交通安全设施的设置目的与原则。
3. 公路交通安全设施的构成有哪些?

# 单元二　公路交通安全设施设计

### 知识目标

1. 熟悉公路交通安全设施总体设计要求、内容等;
2. 掌握公路交通安全设施设计目标;
3. 了解公路交通安全设施的设置规模。

### 能力目标

能够初步形成公路交通安全设施总体设计思路。

## 一、总体设计

公路交通安全设施必须与公路土建工程同时设计、同时施工、同时投入生产和使用。

1. 设计要求

公路交通安全设施的总体设计为公路工程总体设计的一部分，应按下列规定进行公路交通安全设施的总体设计。

(1)协调设计界面：包括明确交通安全设施与公路土建工程、服务设施和管理设施等专业之间的关系和界面，确定各专业之间的设计优先顺序。

(2)统一设计原则：公路工程分期修建时，交通安全设施应与公路土建工程统一设计、分期实施；公路工程由两个或两个以上单位设计时，应由一个单位负责统一各设计单位的设计原则、技术标准、建设规模和主要技术指标。

(3)提出文件编制内容：针对公路工程的特点和不同设计阶段的要求，提出各阶段设计文件的构成和具体内容。

2. 设计内容

公路交通安全设施的总体设计包括项目和路网特征分析、设计目标、设置规模、结构设计标准、设计协调与界面划分等内容。

3. 资料收集

公路交通安全设施的总体设计应在充分收集项目及所在路网规划、技术规定、设计图纸和交通安全评价结论，以及现场调研的基础上进行。收集的资料主要包括：

(1)土建工程的服务、管理设施设计图纸、资料。

(2)现场调研和资料收集的内容。

①向沿线公路运营养护、交通管理等部门以及各类公路使用者调研了解周边路网交通安全设施的设置情况、目前存在的问题和解决建议。

②收集周边路网相关公路的交通安全设施的设计图纸，并针对新建项目的特点，重点收集各条公路之间的功能划分和交通管理方式、各交通标志版面信息之间的协调性和连续性，以及各条公路服务设施之间的设置位置等资料。

公路改扩建交通安全设施的总体设计还应根据既有公路调查与综合分析的结论，包括既有设施的再利用方案和临时交通安全设施的设计方案等。收集的资料包括：

(1)既有公路交通事故统计资料、交通安全评价报告和交通安全设施竣工文件等。

(2)向沿线公路运营养护、交通管理等部门以及各类公路使用者调研了解既有公路交通安全设施的设置情况、目前存在的问题和解决建议等。

(3)既有公路交通安全设施的检测报告。

## 二、设计目标

1. 公路新建项目

公路新建项目应结合项目和路网特征分析结果，从服务、安全、管理、环境、成本等方面提出交通安全设施的设计目标。

(1)从“提供服务”的角度，根据公路的服务对象和范围，为公路使用者的信息需求、舒适驾驶、平安出行提供技术保障。公路交通安全设施设计单位需要加强与项目建设单位和土建工程设计单位之间的协调,准确掌握土建工程的设计指导思想和原则,确定交通安全设施的服务对象和范围。

(2)从“保障安全”的角度,根据交通安全综合分析确定安全风险和隐患路段(点)及安全设计重点,提出具体的设计目标,如交通标志和标线的反光要求、护栏的防护能量、中央分隔带开口护栏的防护等级等。

(3)从“利于管理”的角度,根据交通运营和安全管理的需求,提出有利于交通运营和安全管理的设计目标。公路交通安全设施设计单位通过加强与项目运营、养护管理和交通安全管理等单位的协调,准确掌握公路运营管理的需求,如速度控制、允许通行的车辆、建筑限界的控制等。通过交通安全设施的设计,实现“利于管理”的设计目标。

(4)从“保护环境”的角度,对穿越环境敏感区的公路,提出减少环境破坏、与自然环境相协调的设计目标。对穿越环境敏感区的公路,如旅游公路,公路交通安全设施设计需提出减少对自然环境破坏、与自然环境相协调的设计目标,如采用图形化交通标志、设置通透式护栏等。

(5)从“降低全寿命周期成本”的角度,提出效益投资比最大化和降低运营养护成本的设计目标。公路交通安全设施的设计,不但要注重项目的初期建设成本,还要注重其后期维修和养护成本,如常规养护、事故养护、材料储备以及养护修复的方便性等费用。交通安全设施的设计还要有一定的前瞻性,即在投入使用后,不能因为后期发生的少量路面加铺、罩面等养护工作而失去或大幅度降低其使用功能。

*2. 公路改扩建项目*

公路改扩建项目应提出既有交通安全设施再利用、临时交通安全设施设置的设计目标。在对既有公路开展调查与综合分析的基础上,结合改扩建后的公路、交通、环境条件进行,对既有设施应合理利用并加以完善。交通安全设施的再利用一般包括直接利用、改造利用、作为临时设施和作为材料加以利用等方式。从资源节约的角度,公路改扩建项目要将既有交通安全设施的再利用率作为一个设计目标;此外,为满足边通车、边施工的需要,对临时交通安全设施的设置也要提出一些设计目标,如交通标志的版面、护栏的防护等级等。

## 三、设置规模

公路交通安全设施的设置规模,应根据确定的设计目标,综合考虑所在路网规划、公路功能、技术等级、交通量、车型组成和环境等因素合理确定。

*1. 主要干线公路*

主要干线公路为高速公路,应设置系统、完善的交通标志、标线、视线诱导设施、隔离栅及必需的防落网和防眩设施;桥梁与高路堤路段必须设置路侧护栏,其他路段计算净区宽度不足时,应按护栏设置原则确定是否设置护栏;整体式断面中间带宽度小于或等于12m时,必须连续设置中央分隔带护栏;不同形式的护栏连接时,应进行过渡设计;中央分隔带开口处必须设置开口护栏;出口分流三角端应设置可导向防撞垫。

*2. 次要干线公路*

次要干线公路为二级及以上公路,应设置完善的交通标志、标线、视线诱导设施及必需的隔离栅和防落网;桥梁与高路堤路段必须设置路侧护栏,其他路段计算净区宽度不足时,应按护栏设置原则确定是否设置护栏;一级公路整体式断面中间带宽度小于或等于12m时,必须连续设置中央分隔带护栏;不同形式的护栏连接时,应进行过渡设计;高速公路中央分隔带开口处必须设置开口护栏;一级公路应根据需要设置防眩设施。

3. 主要集散公路

主要集散公路一般为一、二级公路,应设置较完善的交通标志、标线及必需的视线诱导设施和隔离栅;桥梁与高路堤路段必须设置路侧护栏,其他路段计算净区宽度不足时,应按护栏设置原则确定是否设置护栏;一级公路整体式断面中间带应设置保障行车安全的隔离设施。

4. 次要集散公路

次要集散公路一般为二、三级公路,应设置较完善的交通标志、标线及必需的视线诱导设施;桥梁与高路堤路段应设置路侧护栏,其他路段路侧计算净区宽度不足时,应按护栏设置原则确定是否设置护栏。

5. 支线公路

支线公路一般为三、四级公路,应设置交通标志,在视距不良、急弯、陡坡等路段应设置交通标线及必需的视线诱导设施;路侧有不满足计算净区宽度要求的悬崖、深谷、深沟、江河湖海等路段应设置路侧护栏。

6. 公路连续长、陡下坡路段

对于公路连续长、陡下坡路段,应结合交通安全综合分析的结果论证是否设置避险车道。设置避险车道时,应设置配套的交通标志、标线及隔离、防护、缓冲等设施。

7. 风、雪等危及公路行车安全的路段

风、雪等危及公路行车安全的路段,应设置防风栅、防雪栅、积雪标杆等交通安全设施;根据运营管理和交通管理需求,可设置限高架、减速丘、凸面镜等交通安全设施。

### 思考与练习

1. 简述公路交通安全设施总体设计要求。
2. 简述公路交通安全设施设计目标。
3. 简述公路交通安全设施的设置规模。

## 单元三　公路交通安全设施施工

### 知识目标

1. 熟悉公路交通安全设施施工的基本要求;
2. 掌握公路交通安全设施施工准备与施工组织的内容。

### 能力目标

能够进行公路交通安全设施施工准备工作。

## 一、基本要求

1. 与主体工程相协调

新建公路交通安全设施的施工应与公路主体工程的施工相协调。交通安全设施的安装施工，应纳入整个公路工程的施工环节中。

一般情况下，在桥梁、通道、明涵、隧道、挡土墙等构造物的施工过程中，应根据工序和交通安全设施设计文件的要求，准确预留交通标志、护栏、桥梁护网、防眩设施的基础或预埋件。这样，不但可为后续施工提供方便，而且还能提高上述设施与基础的连接强度，避免影响工期和增加不必要的费用。在路基路面、桥梁等构造物的施工后期，可以陆续开展交通安全设施各专业的施工。

2. 保证施工质量

施工单位的工程质量负责人对工程应进行自检，在工程完工后应配合监理工程师检查验收。交通安全设施的施工必须按交通运输部的有关规定及规范办理。关于施工过程中建设单位、设计单位、施工单位、监理单位的关系问题和施工中需要修改设计的问题，应按照交通运输部颁布的有关规定办理。

3. 做好施工准备和组织管理

公路交通安全设施的施工必须做好施工前的准备工作和施工中的技术交底、施工组织、施工管理工作，这是完成施工任务和保证工程质量的必要条件。施工中应符合的有关技术操作规程，包括交通运输部标准，如水泥混凝土、石料、金属等材料的试验规程，以及各省（区、市）自行编制的施工工艺规程等。

4. 推广“四新”

为加快施工进度、提高使用效果、增加效益投资比，公路交通安全设施的施工应在满足安全和使用功能的条件下，积极推广使用成熟的并经主管部门批准的新技术、新工艺、新材料、新设备（简称“四新”）。但在推广使用“四新”时，必须采取积极稳妥的方针，一般应先做试验并经主管部门批准，以防止发生质量、安全事故。

5. 保护环境

公路交通安全设施的施工应采取措施降低或减少环境污染，以保护环境。环境保护是我国的一项基本国策，国家对此极为重视，除宪法中有专门的条文规定外，还有《中华人民共和国环境保护法》《中华人民共和国水污染防治法》《征收排污费暂行办法》《水土保持工作条例》《大气污染综合排放标准》（GB 16297）等法律、法规、标准。根据上述要求，在进行交通安全设施施工时，应严格控制金属防腐处理的污水排放，基础开挖后废弃的土、石、砂料应妥善处理，施工时应尽量选用环保、对人体和环境无害的材料。

6. 文明施工

施工单位应严格遵守设计要求和施工技术规范，严密组织施工，并做到施工场地清洁、井然有序，没有随地乱扔的废旧材料、工具。工人的调度、安排应随工程需要而定，没有工人因窝工而闲逛或长时间闲谈的情况。施工中的废水、废渣不能随地乱排、乱放。能否做到文明施工是施工单位施工管理水平的体现。

7. 安全生产

施工时，应严格遵守安全操作规程，加强安全生产教育，建立和健全安全生产管理制度。安全生产是保护职工的安全和健康、促进社会生产力发展的基本保证。应当制止只顾施工进度而不顾职工安全的倾向。

## 二、施工准备与施工组织

1. 施工准备

(1)公路交通安全设施施工前，施工人员应熟悉设计文件、掌握设计要点，并核查设计图纸是否齐全、清晰、准确，及时发现问题并解决，进行技术交底。

技术交底是指工程施工前，由设计单位向参与施工的人员进行的技术性介绍和解释，目的是使施工人员对工程特点、技术质量要求、施工方法和安全措施等方面有一个较详细的了解，以便于科学地组织施工，避免技术质量、工程安全等事故的发生。

公路交通安全设施的技术交底一般包括下列两种：

①设计交底，即设计图纸交底。在建设单位主持下，由设计单位向各施工单位进行的交底，主要介绍公路交通安全设施的功能与特点、设计理念、原则与要求等。

②施工技术交底。主要介绍施工工艺方法、规范要求，以及常见问题的解决对策等。

(2)结合设计图纸、监理验收资料等对现场条件进行检查、验收。根据不同公路交通安全设施施工技术要求，对前道工序进行检查，发现问题应查明原因，提交建设单位进行处理，整改验收合格后方能进行后续工程的施工。

在公路交通安全设施施工过程中可能会出现不具备施工条件的情况，如交通标志所在位置与设计图纸不符，图纸上位于路基段的，实际上处于桥梁或隧道路段；护栏所在位置的土基压实度不符合设计要求；位于桥梁或隧道路段的交通安全设施未预留基础，或预埋件位置不当，或预埋件规格不符；一些交通安全设施所在位置已设置了其他设施等。上述前道工序不满足公路交通安全设施施工要求的情况，均要通过现场检查，发现问题并查明原因，要求相关单位整改，验收合格后才能进行后续工程的施工。

(3)施工单位应根据设计文件及工艺要求按品种、规格、数量采购施工所用产品和原材料，并符合下列要求：

①施工所用产品和原材料应具有出厂合格证、产品检测报告或原材料质量证明文件，并应符合《公路交通安全设施施工技术规范》(JTG/T 3671—2021)“附录A 施工所用产品和原材料检验要求”第A.1节进场检验的有关规定。

②施工所用产品和原材料进场时宜按《公路交通安全设施施工技术规范》(JTG/T 3671—2021)“附录A 施工所用产品和原材料检验要求”第A.2节规定的检验方法进行质量验收检验，合格后方可使用。

③新型护栏标准段和过渡段、中央分隔带开口护栏、缓冲设施等产品主要构件的规格尺寸和材料性能不应低于实车碰撞试验样品对应构件的国家或行业标准要求。

《公路护栏安全性能评价标准》(JTG B05-01—2013)中规定：《公路护栏安全性能评价报告》中，除包括试验样品所用的材料牌号外，还要提供材料性能试验报告，这主要是为避免施工单位所采购的新型护栏产品与试验样品材料不一致而导致产品偷工减料的问题。规格尺寸包括截面形状、截面尺寸、截面面积、单位重量等，材料性能一般包括抗拉强度、屈服强度、断后伸长率等。

(4)应在施工前对施工专用机械设备、生产工具进行安装调试和校验,试验检测设备、仪器应经检定或校准合格;施工所用产品和原材料应根据其品种、规格及用途分别标识、妥善存放;施工所用产品和原材料及施工机械停放于通车公路上时,应按现行相关标准规范设置相应的标志、警示和防护设施;采用预制加工时,应根据工程需求、项目特点和环境要求等确定预制厂位置及规模。

2. 施工组织

在对施工现场进行全面调查和核实后,根据设计要求、合同约定及现场情况等,编制实施性施工组织设计。施工组织设计应包括下列主要内容:

(1)编制说明。

(2)项目概况。

(3)施工组织机构。

(4)施工区域平面布置图。

(5)原材料进场计划及储存。

(6)施工机具存放。

(7)施工工艺和方法。

(8)交通组织方案。

(9)总进度计划和进度图。

(10)档案信息管理。

(11)质量保证。

(12)施工安全。

(13)环境保护。

(14)职业健康。

施工组织设计应结合工程特点,合理安排人员、材料、机械设备,科学确定施工方法;建立健全工程质量保证体系,制定质量管理制度,提出质量保证措施,对工程的施工进行全过程质量控制;健全环境保护管理体系,制定环境保护、节能减排和文明施工的实施方案,减少工程施工过程中对环境造成的污染;建立健全施工安全管理体系,落实安全责任,提出安全技术组织措施。

其中,应根据下列要求建立健全施工安全管理体系:

(1)根据不同机械设备、材料使用要求和工艺特点,制定安全操作规程,并在施工中严格执行。

(2)施工人员进场前,应进行岗前培训和技术、安全交底。

(3)对施工中可能存在的各种潜在风险应进行分析、评估,提出防范对策,制定必要的突发事件应急预案。

(4)对边施工边通车的公路改扩建工程,应做好必要的交通疏导、安全防控和秩序维护。

## 三、施工工艺和方法

公路交通安全设施的施工工艺和方法详见本书相关模块内容。

### 思考与练习

1. 简述公路交通安全设施施工的基本要求。

2. 简述公路交通安全设施施工准备工作的内容。

3. 简述公路交通安全设施施工组织设计的主要内容。

# 单元四　公路交通安全设施养护

1. 熟悉公路交通安全设施养护范围;

2. 掌握公路交通安全设施养护内容。

能够进行公路交通安全设施养护工作。

## 一、养护范围

交通安全设施养护范围应包括交通标志、交通标线、护栏和栏杆、视线诱导设施、隔离设施、防眩设施及其他交通安全设施等。

1. 日常养护

交通安全设施日常养护应加强日常巡查工作,定期清洗和保养各类设施,发现轻微损坏或局部缺失时,应及时修复或补设。

2. 预防养护

交通安全设施预防养护应结合日常养护工作,经常和定期检修各类设施,在技术状况等级为优、良时,应适时实施预防维护和保养措施。

3. 修复养护或专项养护

交通安全设施出现下列情况时,应采取修复养护或专项养护措施。

(1)技术状况等级为中,局部路段设施出现损坏,或设施局部丧失使用功能时,应及时实施修复养护。

(2)技术状况等级为次,较大范围设施出现损坏时,应根据损坏数量和严重程度,实施修复养护或专项养护,及时修复或更换。

(3)技术状况等级为差,整路段设施出现较大损坏,或重要设施不能满足功能和安全需求时,应实施专项养护,及时更换、增设或升级改造。

## 二、养护内容

1. 交通标志养护

交通标志应保持版面清晰、视认性良好、结构安全,标志数量、位置、尺寸、字符、图形、标志板和支撑件等应符合有关标准的要求。标志版面被遮蔽时应及时清理;版面和金属构件出现损伤、支撑件出现歪斜变形时,应及时修复或更换。(相关资源见二维码 1-1)

2. 交通标线养护

交通标线应保持良好的夜间视认性、颜色均匀、边缘整齐,标线颜色、形状、设置位置和标线材料等应符合有关标准的要求。标线出现局部脱落时应及时补划，出现大面积脱落或明显褪色时应及时重划，补划和重划前应铣掉原有残线。突起路标出现污损、松动、破裂或缺失时，应及时清洁、修复、更换或补设。（相关资源见二维码1-2）

3. 护栏养护

护栏应保持结构完好、稳固，满足阻挡、缓冲和导向等功能要求，防护等级、最小设置长度、材质，几何尺寸和安装方式等应符合有关标准的要求，并应符合下列规定：

（1）波形梁钢护栏出现部件缺损、锈蚀、松动或立柱倾斜等缺陷时，应及时修复、加固或更换。

（2）水泥混凝土护栏出现明显裂缝、破损或变形等缺陷时，应及时修复或加固。

（3）缆索护栏出现部件缺损、锈蚀、明显变形、松动或立柱倾斜等缺陷时，应及时修复、调整或加固。对事故多发路段的缆索护栏，应经论证及时调整或加固。

（4）活动护栏应方便开启与关闭，出现损坏时应立即修复或更换。

（5）因路面加铺致护栏高度不足时，应及时增加护栏高度。

4. 视线诱导设施养护

轮廓标、诱导标等视线诱导设施应保持良好的夜间视认性。出现破损、缺失或反光色块剥落时，应及时修复、更换或补设。

5. 隔离设施养护

隔离栅和防落网应保持网孔均匀、结构牢固、围封严密。隔离栅和防落网出现断丝、锈蚀，或隔离栅立柱出现损坏、倾斜等缺陷时，应及时修复或加固。

6. 防眩设施养护

防眩板应保持完整、清洁、牢固、防眩有效。出现部件缺失、污损或松动等缺陷时，应及时修复、加固或更换；凹形竖曲线底部等路段防眩效果不足时，应增加防眩板高度。

7. 其他交通安全设施养护

避险车道应经常保持制动床、减速消能设施及其他配套设施完好、功能有效，清障车道和驶离匝道应经常保持通畅状态。移除驶入的失控车辆后，应及时清理现场，整理制动床集料至原设计状态，及时修复损坏的缓冲装置等设施。

防风栅、防雪栅、积雪标杆、限高架、减速丘、凸面镜、里程碑、百米桩、公路界碑、安全岛、缓冲设施和隔离设施等其他交通安全设施，应保持完好、清洁、牢固、功能正常，出现损坏或缺失时，应及时修复、补设或加固。

## 思考与练习

1. 简述公路交通安全设施养护范围。
2. 简述公路交通安全设施养护内容。

# 模块二　交通标志

## 单元一　基本知识

1. 了解交通标志的概念；
2. 熟悉交通标志的分类方法；
3. 掌握各类交通标志的作用及颜色、形状。

能够识读各类交通标志的含义。

### 一、交通标志简介

1. 概念

道路交通标志是以颜色、形状、字符、图形等向道路使用者传递信息，用于管理交通的设施。交通标志应结合道路及交通情况设置。通过交通标志提供准确及时的信息和引导，使道路使用者顺利快捷地抵达目的地，促进交通畅通和行车安全。

2. 分类（相关资源见二维码2-1）

（1）交通标志按作用分类，分为主标志和辅助标志两大类。

①主标志。

A. 警告标志：警告车辆、行人注意道路交通的标志。

B. 禁令标志：禁止或限制车辆、行人交通行为的标志。

C. 指示标志：指示车辆、行人应遵循的标志。

D. 指路标志：传递道路方向、地点、距离信息的标志。

E. 旅游区标志：提供旅游景点方向、距离的标志。

F. 作业区标志：告知道路作业区通行的标志。

G. 告示标志：告知路外设施、安全行驶信息以及其他信息的标志。

②辅助标志：附设在主标志下，对其进行辅助说明的标志。

（2）交通标志按显示位置分类，分为路侧和车行道上方两种，对应的支撑结构形式为柱式、路侧附着式、悬臂式、门架式、车行道上方附着式。

（3）交通标志按光学特性分类，分为逆反射式、照明式和发光式三种。其中照明式又分为内部照明式和外部照明式。

（4）交通标志按版面内容显示方式分类，分为静态标志和可变信息标志。

（5）交通标志按设置的时效分类，分为永久性标志和临时性标志。

(6)交通标志按传递信息的强制性程度分类，分为必须遵守标志和非必须遵守标志。禁令标志和指示标志为道路使用者必须遵守标志；其他标志仅提供信息，如指路标志、旅游区标志；禁令、指示标志套用于无边框的白色底板上，为必须遵守标志；停车让行、减速让行标志不得套用于无边框的白色底板上；禁令、指示标志套用于指路标志上，仅表示提供相关禁止、限制和遵行信息，只能作为补充说明或预告方式，并应在必要位置设置相应的禁令、指示标志。

3. 颜色

一般情况下，交通标志颜色的基本含义如下：

(1)红色：表示禁止、停止、危险，用于禁令标志的边框、底色、斜杠，也用于叉形符号和斜杠符号、警告性线形诱导标的底色等。

(2)黄色或荧光黄色：表示警告，用于警告标志的底色。

(3)蓝色：表示指令、遵循，用于指示标志的底色；表示地名、路线、方向等的行车信息，用于一般道路指路标志的底色。

(4)绿色：表示地名、路线、方向等的行车信息，用于高速公路和城市快速路指路标志的底色。

(5)棕色：表示旅游区及景点项目的指示，用于旅游区标志的底色。

(6)黑色：用于标志的文字、图形符号和部分标志的边框。

(7)白色：用于标志的底色、文字和图形符号以及部分标志的边框。

(8)橙色或荧光橙色：用于道路作业区的警告、指路标志。

(9)荧光黄绿色：表示警告，用于注意行人、注意儿童警告标志。

4. 形状

交通标志形状的一般使用规则如下：

(1)正等边三角形：用于警告标志。

(2)圆形：用于禁令和指示标志。

(3)倒等边三角形：用于“减速让行”禁令标志。

(4)八角形：用于“停车让行”禁令标志。

(5)叉形：用于“铁路平交道口叉形符号”警告标志。

(6)方形：用于指路标志，部分警告、禁令和指示标志，旅游区标志，辅助标志，告示标志等。

## 二、设置要求

1. 警告标志

警告标志是警告车辆驾驶员、行人前方有危险的标志，提醒道路使用者需谨慎行动。

警告标志的颜色为黄底、黑边、黑图形。“注意信号灯”标志的图形为红、黄、绿、黑四色。“叉形符号”“斜杠符号”为白底红图形。形状为等边三角形或矩形，三角形的顶角朝上。标志内容尽量采用图形方式，并应辅以文字说明。文字类警告标志为黄底、黑边、黑文字，形状为三角形或矩形，如图 2-1 所示。

警告标志的前置距离一般根据道路的设计速度按表 2-1 选取，也可考虑所处路段的最高限制速度或运行速度等按表 2-1 进行适当调整。

a)交叉路口

b)向左急弯

c)反向弯路

d)连续弯路

e)上陡坡

f)连续下坡

g)注意行人

h)注意儿童

i)注意落石

j)注意横风

k)注意危险

l)建议速度

m)隧道开车灯

n)注意潮汐车道

o)注意保持车距

p)注意危险

q)避险车道

图 2-1　警告标志

**警告标志前置距离一般值(单位:m)**　　表 2-1

| 速度(km/h) | 减速到下列速度(km/h) | | | | | | | | | | | |
|---|---|---|---|---|---|---|---|---|---|---|---|---|
| | 条件 A | 条件 B | | | | | | | | | | |
| | 0 | 10 | 20 | 30 | 40 | 50 | 60 | 70 | 80 | 90 | 100 | 110 |
| 40 | * | * | * | * | | | | | | | | |
| 50 | * | * | * | * | * | | | | | | | |
| 60 | 30 | * | * | * | * | | | | | | | |
| 70 | 50 | 40 | 30 | * | * | * | * | | | | | |
| 80 | 80 | 60 | 55 | 50 | 40 | 30 | * | * | | | | |
| 90 | 110 | 90 | 80 | 70 | 60 | 40 | * | * | * | | | |
| 100 | 130 | 120 | 115 | 110 | 100 | 90 | 70 | 60 | 40 | * | | |

续上表

| 速度（km/h） | 减速到下列速度(km/h) | | | | | | | | | | | |
|---|---|---|---|---|---|---|---|---|---|---|---|---|
| | 条件 A | 条件 B | | | | | | | | | | |
| | 0 | 10 | 20 | 30 | 40 | 50 | 60 | 70 | 80 | 90 | 100 | 110 |
| 110 | 170 | 160 | 150 | 140 | 130 | 120 | 110 | 90 | 70 | 50 | * | |
| 120 | 200 | 190 | 185 | 180 | 170 | 160 | 140 | 130 | 110 | 90 | 60 | 40 |

注:条件 A 表示道路使用者有可能停车后通过警告地点,典型的标志,如注意信号灯标志、交叉口警告标志、铁路道口标志等。

条件 B 表示道路使用者应减速后通过警告地点,典型的标志如急弯路标志、连续弯路标志、陡坡标志等。

* 表示不提供具体建议值,视当地具体条件确定。

2. 禁令标志

禁令标志表示禁止、限制及相应解除的含义,道路使用者应严格遵守。

禁令标志的颜色,除个别标志外,为白底、红圈、红杠、黑图形。图形压杠。形状为圆形,但“停车让行标志”为八角形,“减速让行标志”为顶角向下的倒等边三角形。标志内容尽量采用图形方式,并应辅以文字说明。仅采用文字时,标志为白底、红圈、红杠、黑文字,形状为圆形或矩形。除特别说明外,禁令标志上不允许附加图形、文字,如图 2-2 所示。

a)停车让行　b)减速让行　c)会车让行　d)禁止通行

e)禁止驶入　f)禁止机动车驶入　g)禁止向左转弯　h)禁止小客车右转

i)禁止超车　j)解除禁止超车　k)禁止停车　l)禁止长时停车

m)限制高度　n)限制轴重　o)限制速度　p)解除限制速度

图 2-2

q)区域限制速度

r)区域限制速度解除

s)区域禁止长时停车

t)区域禁止长时停车解除

图 2-2　禁令标志

禁令标志设置于禁止、限制及相应解除开始路段的起点附近。对于车辆如未提前绕行则无法通行的禁令标志设置的路段,应在进入禁令路段的路口前或适当位置设置相应的预告或绕行标志。

3. 指示标志

指示标志表示指示车辆、行人行进的含义,道路使用者应遵循。

指示标志的颜色,除个别标志外,为蓝底、白图形。形状分为圆形、长方形和正方形。标志内容尽量采用图形方式,并应辅以文字说明。除特别说明外,指示标志上不允许附加图形;附加图形时,原指示标志的图形位置不变,如图 2-3 所示。

指示标志设置于指示开始路段的起点附近。有时间、车种等规定时,应用辅助标志说明。

a)直行　b)向左转弯　c)靠右侧道路行驶　d)立体交叉直行和左转弯行驶

e)单行路(直行)　f)步行　g)鸣喇叭　h)最低限速

图　2-3

i)路口优先通行

j)会车先行

k)人行横道

l)左转车道

m)分向行驶车道

n)非机动车车道

o)快速公交系统专用车道

p)限时长停车位

q)出租车专用停车位

r)专属停车位

s)限时段允许掉头

图 2-3　指示标志

4. 指路标志

指路标志表示道路信息的指引,为驾驶员提供去往目的地所经过的道路、沿途相关城镇、重要公共设施、服务设施、地点、距离和行车方向等信息。

指路标志的颜色,除特别说明外,一般道路指路标志为蓝底、白图形、白边框、蓝色衬边;高速公路和城市快速路指路标志为绿底、白图形、白边框、绿色衬边。除个别标志外,形状为长方形和正方形,如图 2-4 所示。

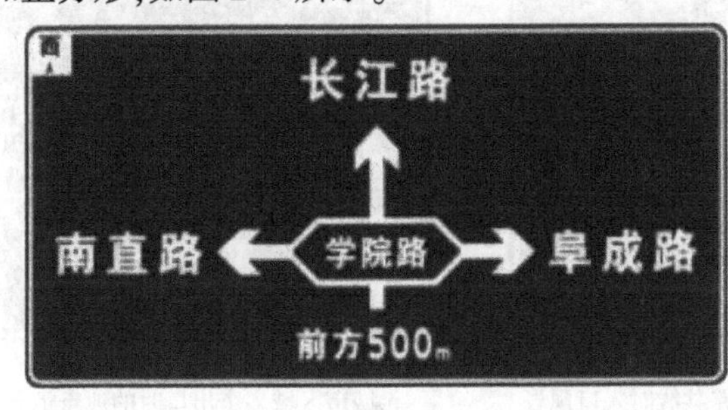


a)公路交叉路口

b)丁字交叉路口

图　2-4

新街口
外大街

123 南 192 西土城路 193 北 220

师大北路

c)街道名称

南直路 2 km
八一路 15 km
G101 25 km

d)地点距离

e)停车场

f)错车道

g)人行天桥

h)人行地下通道

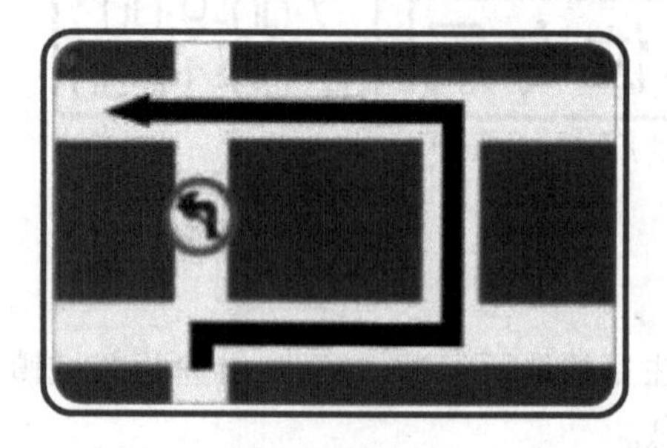

i)绕行

j)车道数增加

k)隧道出口距离预告

l)入口预告

m)两条高速公路共线时入口预告

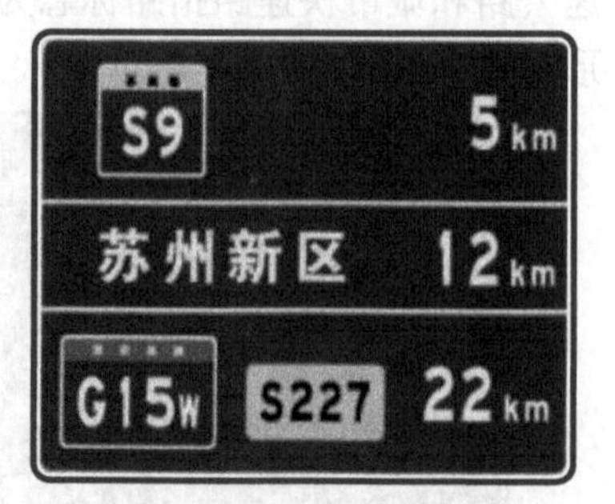


n)城市区域多个出口时的地点距离

图 2-4

o)右侧出口预告

p)高速公路起点、终点

q)特殊天气建议速度

r)设有电子不停车收费（ETC）车道的收费站预告及收费站

s)ETC车道指示

t)计重收费

u)紧急停车带

v)服务区预告

w)爬坡车道

x)超限超载检测站

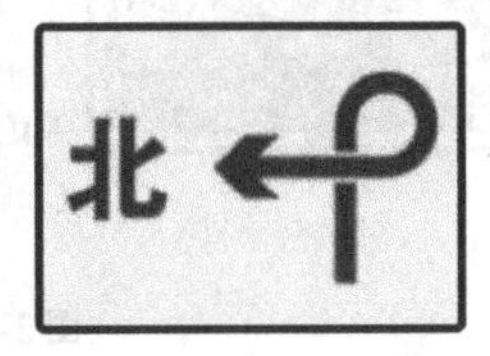


y)设置在指路标志版面中的方向

z)设置在指路标志版面外的方向

图 2-4　指路标志

(1)指路标志信息依据重要程度、道路等级、服务功能等因素分层。

①A 层信息：指高速公路、国道、城市快速路，直辖市、省会、自治区首府等控制性城市，以及其他本区域内相对重要的信息。

②B 层信息:指省道、城市主干道路,县及县级市,以及其他本区域内相对较重要的信息。

③C 层信息:指县道、乡道、城市次干道路、支路,乡、镇、村及其他本区域内的一般信息。

④根据地区特点,可继续下分。

(2)指路标志信息选取应遵循以下原则:

①关联、有序。

②便于不熟悉路网的道路使用者顺利到达目的地。

③信息量适中:一块指路标志版面中,各方向指示的目的地信息数量之和不宜超过六个;一般道路交叉路口预告标志和交叉路口告知标志版面中,同一方向指示的目的地信息数量不应超过两个,同一方向需选取两个信息时,应在一行或两行内按照信息由近到远的顺序由左至右或由上至下排列,如图 2-5 所示。

图 2-5　标志版面信息排列示例

图形选取原则是指路标志的图形选取应简洁、清晰、明了。

(3)不同类型指路标志中信息的含义应遵循以下原则:

①如图 2-6 所示类型的指路标志,其中信息的含义应遵循以下原则:

A. 标识在箭头中的信息为交叉口交叉道路的编号或名称。

B. 标识在箭头外,箭头所指向的信息为交叉口各交叉道路所能通达的地点,公路或道路的编号或名称。

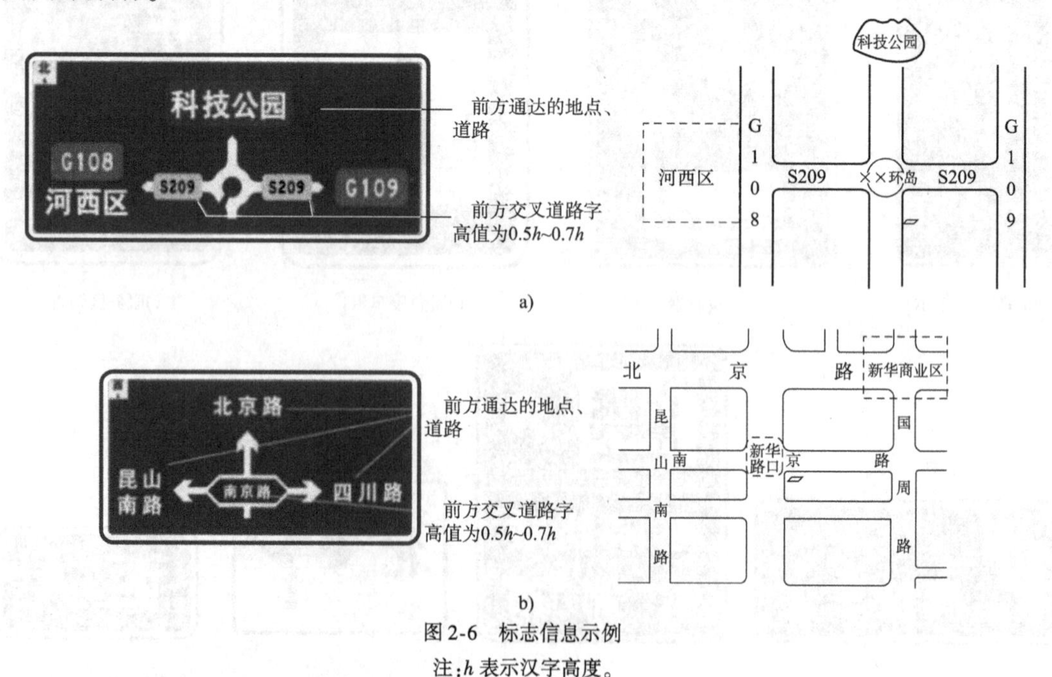


图 2-6　标志信息示例

注:$h$ 表示汉字高度。

②如图 2-7 所示类型的指路标志,版面中的箭头表示路径方向。

③箭头的使用。

指路标志中的箭头包括 6 种方向指示,如图 2-8 所示。其中,a 表示向右方向;b 表示右侧出口方向或斜向右方向;c 表示前进方向;d 表示左侧出口方向或斜向左方向;e 表示向左方向;f 指示当前车道并仅应用于门架或悬臂标志中,此时箭头朝下对准指示车道的中心。

图2-7　表示路径方向的箭头示例

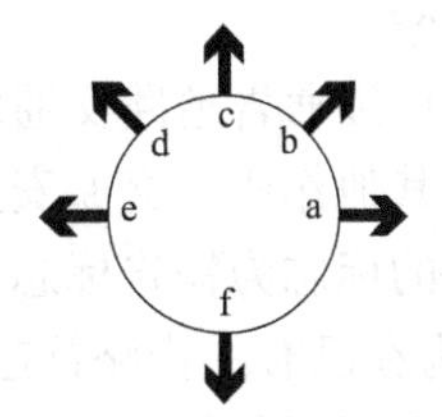


图2-8　箭头方向示意图

5. 旅游区标志

旅游区标志是为吸引和指引人们从高速公路或其他道路上前往邻近的旅游区，在通往旅游景点的路口设置的标志，使旅游者能方便地识别通往旅游区的方向和距离，了解旅游项目的类别。

旅游区标志的颜色为棕底、白字(图形)、白边框、棕色衬边。形状为矩形。

旅游区标志分为指引标志和旅游符号标志两大类。

(1)指引标志。

旅游区指引标志提供旅游区的名称、有代表性的图形及前往旅游区的方向和距离，如图2-9、图2-10所示。高速公路沿线4A级及以上旅游景区可设置旅游区标志，一般公路沿线3A级及以上旅游景区可设置旅游区标志，更低级别景区不建议设置旅游区标志。

图2-9　旅游区距离

a)

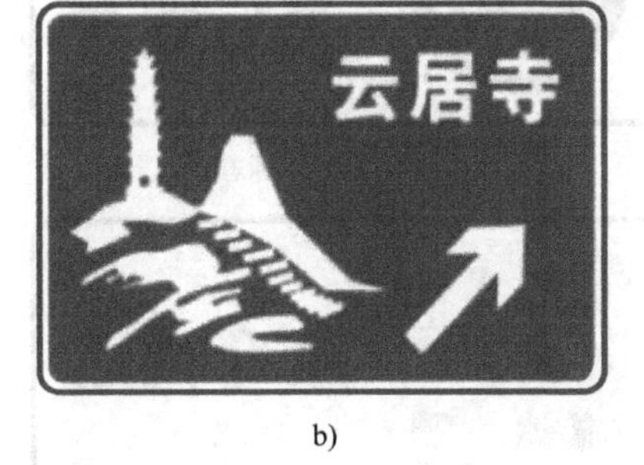


b)

图2-10　旅游区方向

(2)旅游符号。

旅游符号标志提供旅游项目类别、具代表性的符号及前往各旅游景点的指引，如图2-11～图2-13所示。其设在高速公路或其他道路通往旅游景点的交叉口附近，或在大型服务区内通往各旅游景点的路口。也可在指路标志上附具代表性的旅游符号，让旅游者了解景点的旅游项目。旅游符号下可附加辅助标志以指示前进方向或距离。

图2-11　问讯处

图2-12　徒步

图2-13　索道

6. 作业区标志

作业区标志用以通告道路交通阻断、绕行等情况，设在道路施工、养护等路段前适当位置。作业区标志应和其他作业区交通安全设施配合使用。

用于作业区的标志为警告标志、禁令标志、指示标志及指路标志，其中警告标志为橙底黑图形，指路标志为在已有的指路标志上增加橙色绕行箭头或者为橙底黑图形，临时指示和禁令标志底色不变。在照明条件不好、能见度差的作业区，临时警告和指路标志底色宜采用荧光橙色。作业区临时标志均可采用主动发光标志。作业区交通标志宜采用Ⅴ类、Ⅳ类反光膜。

设置于警告区的标志尺寸根据该路段的设计速度确定，设置于作业区其他位置的标志尺寸根据作业区的限制速度确定。作业区标志应易于移动和运输、能简单快速地安装和拆除，安装后结构稳定。

7. 告示标志

用以解释、指引道路设施、路外设施，或者告示有关道路交通安全法及其实施条例的内容。告示标志的设置有助于道路设施、路外设施的使用和指引，取消其设置不影响现有标志的设置和使用。

告示标志的颜色一般为白底、黑字、黑图形、黑边框，版面中的图形标识如果需要可采用彩色图案，如图2-14所示。

a)严禁酒后驾车标志

b)严禁乱扔弃物标志

c)急弯减速慢行标志

d)急弯下坡减速慢行标志

e)驾驶时禁用手机标志

f)系安全带标志

g)校车停靠站点标志

图2-14　告示标志

8. 辅助标志

凡主标志无法完整表达或指示其规定时，为维护行车安全与交通畅通，应设置辅助标志。

辅助标志安装在主标志下面，紧靠主标志下缘。

辅助标志的颜色为白底、黑字（图形）、黑边框、白色衬边。形状为矩形。

辅助标志的种类有：

（1）表示时间。

根据需要，对某些标志规定时间范围，如图 2-15 所示。

7:30-10:00

a)

7:30-10:00
16:00-18:30

b)

图 2-15　时间范围

（2）表示车辆种类、属性。

根据需要，对某些标志规定车辆的种类、属性，如图 2-16 所示。

（3）表示方向。

根据需要，对禁令或指示标志规定方向路段，对指路标志表示指路标志所指公路、地点、设施的方向，如图 2-17 所示。

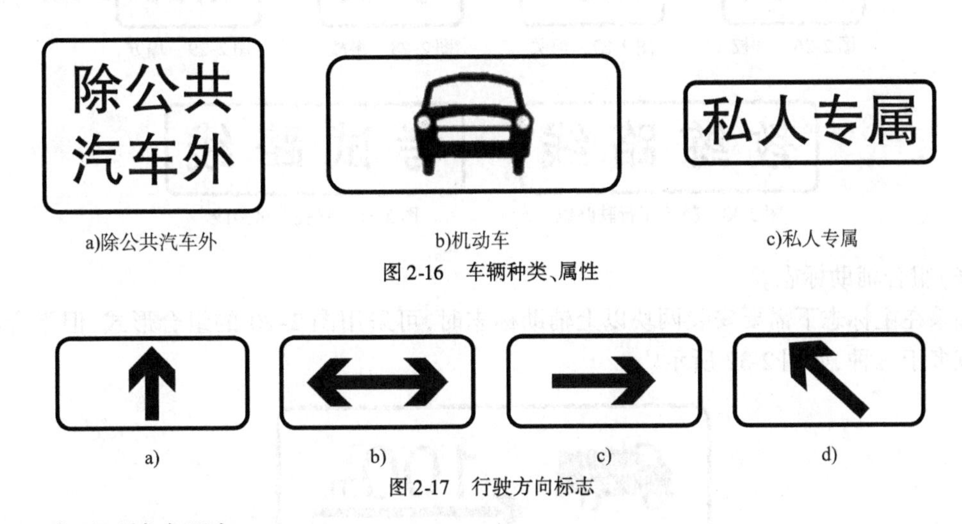


a)除公共汽车外　b)机动车　c)私人专属

图 2-16　车辆种类、属性

a)　b)　c)　d)

图 2-17　行驶方向标志

（4）表示区域或距离。

根据需要，对禁令或指示标志规定区域的范围，如图 2-18 ~ 图 2-21 所示，其中图 2-19、图 2-20 设置时一般与行车方向平行或成 45°角；对指路标志、旅游区标志和警告标志表示到达所指设施、危险点的距离，如图 2-22、图 2-23 所示；对指路标志、警告标志表示所指示设施或路段的长度，如图 2-24、图 2-25 所示。

图 2-18　向前 200m

图 2-19　向左 100m

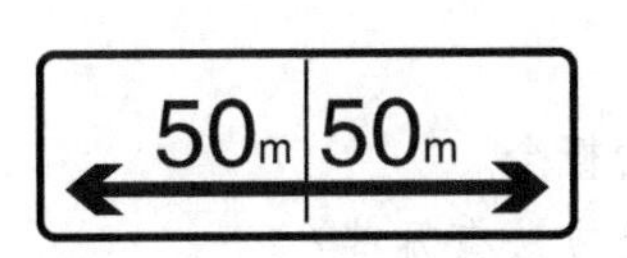


图 2-20　向左、向右各 50m

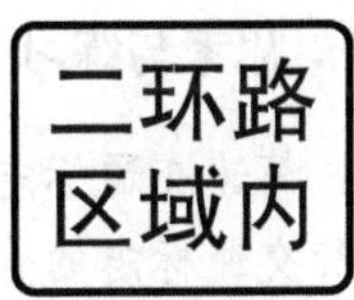


图 2-21　某区域内

200m

图 2-22　距离某地 200m

200m

图 2-23　示例(距离前方隧道 200m)

长度　5km

图 2-24　长度

江河隧道

长度　5km

图 2-25　示例(江河隧道长度 5km)

(5)表示警告、禁令理由,如图 2-26 ~ 图 2-31 所示。

学校

图 2-26　学校

海关

图 2-27　海关

事故

图 2-28　事故

塌方

图 2-29　塌方

教练路线

图 2-30　教练车行驶路线

考试路线

图 2-31　驾驶考试路线

(6)组合辅助标志。

如果在主标志下需要安装两块以上辅助标志时,可采用图 2-20 的组合形式,但组合的图形不宜多于三种,如图 2-32 所示。

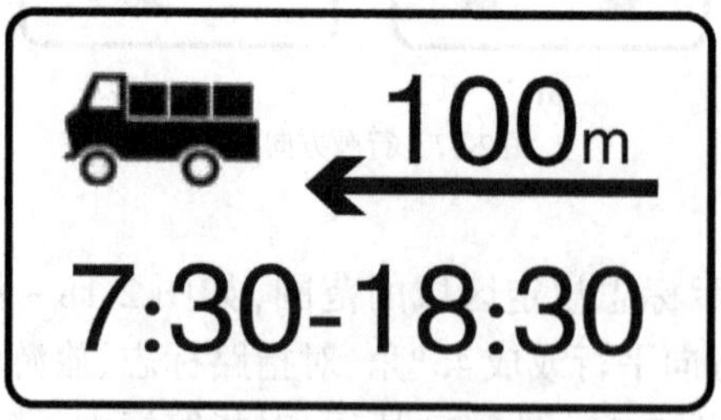

100m

7:30-18:30

图 2-32　组合辅助标志

## 思考与练习

1. 简述交通标志的概念。
2. 交通标志的分类方法有哪些?
3. 简述各类交通标志的作用及颜色、形状。

# 单元二　交通标志的设计

1. 掌握交通标志设计的基本要求和设置原则；
2. 熟悉交通标志的版面设计方法；
3. 了解交通标志面、标志底板、支撑结构的材料要求；
4. 掌握交通标志支撑方式的适用条件和结构设计要求；
5. 掌握交通标志安装角度的要求。

1. 能够进行交通标志的版面设计；
2. 能够进行交通标志面、标志底板、支撑结构的材料选用及再利用设计；
3. 能够进行交通标志支撑方式的选择和结构设计。

## 一、基本要求

交通标志的设置应综合考虑、布局合理，防止出现信息不足或过载的现象。交通标志所传达信息应连续，重要的信息宜重复显示。交通标志一般情况下应设置在道路行进方向右侧或车行道上方；也可根据具体情况设置在左侧，或左右两侧同时设置。

交通标志宜单独设置，如因条件限制需要并列设置时，应符合下列规定：

(1)应对交通标志所提供的信息进行排序，优先保留禁令和指示标志。

(2)原则上，应避免不同种类的标志并设，解除限制速度标志、解除禁止超车标志、路口优先通行标志、会车先行标志、会车让行标志、停车让行标志、减速让行标志应单独设置。如条件受限制无法单独设置时，同一支撑结构上设置最多不应超过两种标志。

(3)为保证视认性，同一地点需要设置两个以上标志时，可安装在一个支撑结构(支撑)上，但最多不应超过四个；分开设置的标志，应先满足禁令、指示和警告标志的设置空间。

(4)标志板在一个支撑结构(支撑)上并设时，应按禁令、指示、警告的顺序，先上后下、先左后右地排列。警告标志不宜多设，同一地点需要设置两个以上警告标志时，原则上只设置其中最需要的一个。

### 1. 设计要素

交通标志的设计要素主要包括类型、分类、颜色、形状、线条、字符、图形、尺寸、设置、材料、支撑和结构等。从工程心理学的角度来看，交通标志要素要满足下面几个要求才能发挥作用。

(1)醒目度，即交通标志能在要求的认读距离以外吸引驾驶员的注意，能在标志所处的背景中清晰地显示出来。

(2)易读性，即使人能快速理解其含义。

(3)公认性，即可被不同文化和语言背景的人们所理解。

为保证交通标志在同样的交通环境下，能被不同文化和语言背景的人所理解，并有相似的反应和行为，保证交通标志效力的通用性，交通标志的设计要遵守同一标准，保持一致的设计形式。

发达国家大多逐渐形成了自身规范化的交通标志体系，我国吸取了各国交通标志图形符号的成功经验，综合分析国外现行标准和有关研究成果，结合我国有关现行规范、标准和道路交通特点，形成国家强制性标准《道路交通标志和标线》(GB 5768)，建立了我国交通标志和标线体系，该标准包括395种交通标志，规定了公路交通标志的分类、颜色、形状、图案、文字和规格等。因此，在交通标志的设计过程中，其分类、颜色、形状、线条、字符、图形、尺寸和设置等，应符合现行国家标准《道路交通标志和标线》(GB 5768)的规定。

2. 设计要求

交通标志是保证公路安全和畅通必不可少的安全和管理设施，其设置目的主要是为公路使用者提供禁止、警告、指路、指示等信息。因此，交通标志的设计要完全从交通安全服务和管理需求的角度出发，不要带有任何商业广告或其他无关内容。加油站、服务区等标志是发挥公路本身服务功能的标志，不视为商业广告性质。旅游区标志只能显示该旅游景区的名称、图案、方向和距离信息，不得显示带有营利性的广告信息。

3. 设计目标和考虑因素

(1)公路交通标志是为驾驶员提供信息服务的，设置科学合理的交通标志要具备以下基本特点：满足驾驶员的信息需求，充分引起驾驶员的注意，清晰简洁地传递信息，尊重驾驶员的行为特征，给驾驶员提供充足的反应时间等。

因此，从设计目标来看，交通标志应是便于驾驶员清晰辨识、正确理解、快速反应的，设计应做到“易见、易认、易懂、易辨、易记”，使驾驶员能够“看得见、看得清、看得懂、辨得准、记得住”。

①易见，交通标志设置应有良好的显著性，使交通标志能够在复杂背景下很容易被驾驶员注意到，避免被驾驶员忽略的情况出现。

②易认，交通标志设置应保证充足的视认距离，在视认距离范围内，交通标志信息应能清晰可见。

③易懂，交通标志信息应简明易懂，应能够保证驾驶员较容易地正确理解标志的信息。

④易辨，交通标志应避免有歧义的信息出现，应能够保证驾驶员准确理解标志信息。

⑤易记，标志的信息应简洁明快，应容易被驾驶员记住。

(2)驾驶员在视觉信息、信息需求、信息处理等三个方面的行为特性是交通标志设计中重点考虑因素。

①视觉信息：据估计，驾驶员在驾驶车辆行驶时所需要的信息中，占90%的为视觉信息。人的视觉特征如视野的深度、宽度、眼睛的移动、色彩的识别、亮度和眩光的影响、速度的判断等，是交通标志设置的基本考虑要素。

②信息需求：对公路使用者来说，几乎所有的信息都是通过视觉传递接收的，因此设置交通标志时，要注意其显著性、易理解性、可信性和定位性。

③信息处理：驾驶员的驾驶任务包括获取信息、处理信息、选择行动方案、实施行动方案，并通过重复这一过程来观察决策的结果。由于人的行为的局限性及驾驶员、车辆和公路环境之间的关系使得上述过程非常复杂。设置交通标志时，还要考虑驾驶员的心理预期、反应时间和短期记忆等特征，只有充分考虑公路使用者的行为特征，交通标志的设置才具有有效性。

(3)交通标志是整个公路系统中的一部分,与公路条件、交通条件、环境条件、公路使用者及交通管理的需求密切相关,孤立设置是无法发挥作用的,因此交通标志的设计要从系统性角度出发进行整体布局、综合设计,公路交通标志设计中还要考虑下列因素:

①公路功能。

《中华人民共和国公路法》(第一章第六条)明确公路按其在公路网中的地位分为国道、省道、县道和乡道。一般把国道和省道称为干线,县道和乡道称为支线。我国行业标准《公路工程技术标准》(JTG B01—2014)将我国公路按功能分为干线公路、集散公路和支路公路三类。干线公路可细分为主要干线公路和次要干线公路,集散公路分为主要集散公路与次要集散公路。公路功能在某种程度上决定了交通标志的使用对象、公路技术和交通条件以及路权等级等,因此公路功能应是交通标志设计中首要考虑因素,设计中要根据公路网规划、地区特点、公路交通特性等因素确定公路功能。

②公路技术等级。

公路技术等级是公路设计的根本依据,我国行业标准《公路工程技术标准》(JTG B01—2014)规定公路技术等级分为高速公路、一级公路、二级公路、三级公路和四级公路五个等级,应根据公路网规划、公路功能,并结合交通量论证确定公路技术等级。主要干线公路应选用高速公路,次要干线公路应选用二级及二级以上公路,主要集散公路宜选用一、二级公路,次要集散公路宜选取二、三级公路,支线公路宜选用三、四级公路。

公路线形指标、路面状况、路侧情况、构造物以及平面交叉和互通式立体交叉的分布情况,直接决定着交通标志是否需要设置以及设置的具体形式,公路技术等级直接决定了交通标志的设置规模和规格参数,是交通标志设计的重要考虑因素。

③路网布局。

在路网环境中,一次交通出行不再是沿着单一一条公路的线性出行,而是通过在多条不同功能和技术等级公路之间衔接转换的网状出行,因此公路在路网中的位置以及与周边路网的衔接情况,决定着交通流向和导引需求,与交通标志的设置层次、引导方向和控制信息等密切相关。

④交通条件。

交通组成、交通运行情况及车辆动力性能等交通条件是确定交通标志具体设置位置、形式、支撑结构等,设计内容的基础和依据,要充分考虑交通流向、交通组成、车辆特性、运行速度等因素。

⑤环境条件。

作为设置对象的公路所在区域的气候气象、地形地貌、自然环境等,也是标志设计的重要考虑因素,环境条件影响标志的设置位置、形式选择、结构设计和材料选择,交通标志要与所处环境相和谐一致,因地制宜。

⑥公路使用者及管理需求。

公路使用者除车辆驾驶员外,还包括行人、非机动车等,考虑不同公路使用者的出行需求,需要根据法律、法规、交通管理需求,设置禁令指示等与交通管理相关的交通标志,对公路使用者的行为进行禁止、限制及相应解除或指示。

(4)交通标志的设计应从便于驾驶员清晰辨识、正确理解、快速反应的角度出发,综合考虑公路功能、技术等级、路网布局、交通条件、环境条件、公路使用者及交通管理需求等因素,合理选择设置参数,科学确定设置方案。并应遵循下列原则:

①功能性。充分考虑公路的建设目的、条件、服务对象等因素，服务于公路功能的发挥。

②系统性。从系统角度出发，统筹交通标志与交通标线、信号灯、黄闪灯等其他交通安全设施的设计，不得相互矛盾或产生歧义。

③一致性。同一条公路，同类交通标志的设计原则、设置规模、外形风格应保持一致。

④协调性。交通标志的设置位置应与照明、监控、管线、绿化等其他设施相互协调，交通标志不得被其他设施遮挡。

4. 设计方法

交通标志的设计是一个复杂的过程，为了使设计过程更科学合理，除了要求设计人员具有专业知识和经验外，还要采用合理的设计方法，使设计的整个过程符合科学、合理的设计程序。

一般来说，公路交通标志和标线的设置要综合考虑路网、路线和路段不同层面的信息需求，采用总体布局、逐层推进、重点设置的方法，从“面—线—点”三个层面逐层推进。

(1)“面”的层面。

以公路网为出发点，运用交通工程理论分析路网中各层次公路交通流的特征；分析不同公路网层次条件、不同交通流条件以及不同用地布局条件下驾驶员对标志信息的需求特性，考虑整个路网的结构、交通流量流向和信息指引需求，对交通标志做出统筹规划，总体布局，确定引导方向、控制信息、设置层次和路权划分等。

(2)“线”的层面。

在路网环境下，针对设计项目所在公路单条路线的功能、技术等级、技术条件、交通条件和环境条件等特点，确定全线交通标志的设置规模和标准。一个路网的交通标志系统中包含很多种类的交通标志，数量巨大，对于一条路线或路网来说，如果没有统一的设置原则，要充分发挥交通标志的功能并不容易。因此，进行交通标志设计时，要从系统性、逻辑性和人性化角度对整个系统进行整体布局，根据路网规划、公路功能、技术等级、技术条件、交通条件、环境条件论证制定设置规模和标准，确定设计重点，以达到统一的建设标准。

(3)“点”的层面。

以公路网中的互通式立体交叉、服务区、平面交叉以及高风险路段等特殊点作为重要节点，有针对性地进行交通标志的设计，提供初步设置方案后，还要结合实地情况，从视觉性、安全性、整体布局性等方面进行检查，综合考虑，进行必要的标志类型合并或增减、信息和位置调整、形式和结构的优化，直到达到整个路网的连续和统一。

交通标志的设计方法具体如下：

(1)路网布局、交通流向和交通运行情况分析。

(2)区域路网诱导指示和控制信息选取。

(3)路段设计标准、设置规模和外形风格规划。

(4)重点路段安全特征和信息需求分析。

(5)整体协调性检验，局部优化调整。

5. 设计内容

交通标志设计的目的是利用标志实物上的图形或文字向驾驶员传达有关环境的信息，交通标志由信息、图形和硬件三个系统组成。信息系统是交通标志的根本，包括标志上显示的内容，内容如何组织，信息内容出现在哪个位置，不同标志上的内容如何在一个统一的信息网中彼此联系；图形系统是对信息系统的编码，包括文字、符号、箭头和颜色等元素以及元素的布局；硬件系统是标志的三维载体，包括形状、尺寸、安装连接方式、材料以及与周围环境风格上的关系等。

这三个系统相互联系、平衡，因此，总体来看交通标志的设计主要有信息布设、版面设计和结构设计三大系统，每个系统具体又包括下列设计内容：

(1)信息布设，重点解决的是交通标志的设置位置、标志类型和交通标志采用什么信息内容。

(2)版面设计，对交通标志具体外观特征进行设计，包括颜色、尺寸、图形、文字大小、位置及相互关系和版面尺寸。

(3)结构设计，包括交通标志的基础、支撑结构、标志板面与支撑结构的连接结构等部分材料、形式和结构计算以及工艺要求等。

#### 6. 文件编制

交通标志设计文件的编制应符合下列规定：

(1)交通标志设计文件中应包含路网关系图和交通标志平面布设图。

(2)路网关系图中应能清晰表达出所在区域周边道路名称及编号。

(3)平面交叉交通标志和标线应在同一布设图中进行标示。

(4)静态标志和可变信息标志应在同一平面布设图上进行标示。

(5)结构设计应提供结构分组类别和计算书。

### 二、设置原则(相关资源见二维码 2-2)

#### 1. 明确对象

公路交通标志应以不熟悉周围路网体系但对出行路线有所规划的公路使用者为设计对象，为其提供清晰明确、简洁的信息。公路使用者对周围环境并不是完全一无所知，而是指通过地图、导航或其他查询手段，对前往的目的地和途经路线有所了解，然后借助交通标志的指引能够顺利抵达目的地。

作为交通标志的设计对象，公路使用者要具备下列基本能力：

(1)能够基本正确理解交通标志的含义。

(2)基本明确到达目的地所要行驶的路径。

(3)基本具备公路、桥梁、隧道及夜间、恶劣气象等复杂条件下的安全驾驶知识。

(4)基本熟悉相关法律法规的基本规定。

#### 2. 系统布局

交通标志应针对具体路段情况，在交通安全综合分析的基础上进行系统布局和综合设置，与路段的实际交通运行状况相匹配。对潜在的交通安全隐患路段，应加强主动引导和警告提示；对多车道公路，应兼顾不同车道公路使用者对交通标志的视认效果；对气象不良路段，应加强静态标志与可变信息标志的协调设置。同一位置的交通标志数量不宜过多，交通标志之间不得相互矛盾。

#### 3. 合理设置

公路交通标志的具体设置要求如下：

(1)警告标志应设置在公路本身及沿线环境存在影响行车安全且不易被发现的危险地

点，并应在充分论证的基础上设置，不得过量使用，以免降低其警告效力。如在某些山区公路，部分路段急弯陡坡，线形指标比较低，如果设置大量警告标志，很容易导致驾驶员认知疲劳，对警示重视程度降低，可能会导致不良后果。

(2)禁令标志应设置在需要明确禁止或限制车辆、行人交通行为的路段起点附近醒目的位置。其中限制速度标志应综合考虑公路功能、技术等级、路侧开发程度、路线几何特征、运行速度、交通运行、交通事故和环境等因素，在交通安全综合分析的基础上，确定是否设置以及限速值和限速标志的形式，经主管部门认可后实施设置，并满足下列要求：

①宜实施分路段限速，路段限速值不宜频繁变化。

②限速值可不同于设计速度值。

③可根据不同车型运行特点和安全管理需求，采取分车型限速的方式。

④限速标志应与其他交通安全设施配合使用。

(3)指示标志应根据交通流组织和交通管理的需要，在驾驶员、行人容易产生迷惑处或必须遵守行驶规定处设置。

(4)指路标志应根据路网一体化的原则进行整体布局，做到信息关联有序，不得出现信息不足、不当或过载的现象。

对于多数的禁令、警告和指示标志，在设计过程中确定了标志的类型，标志的信息内容和版面也即确定，而对于指路标志，选择什么信息和以什么形式呈现信息尤为重要，因此要重视信息设计的过程。指路标志要根据公路指引的实际需求设置，对于指路标志引导过程中的信息应是关联有序的，不能在一个重要信息之间穿插其他信息而遗漏该信息，或重要信息前后显示不一致，重要指路信息要重复出现，保持连续性和一致性。

指路标志上所能呈现的指路信息是有限的，要梳理路网内主要道路、交通节点以及重要地区等信息，根据公路功能、交通流向和沿线城镇分布等情况，对指路信息进行分类，依距离、人口和社会经济发展程度进行排序，优先选取交通需求较大的信息指示。

(5)旅游区标志设置时应根据旅游景区的级别、路网情况等合理确定指引范围。当旅游区标志与其他交通标志冲突时，其他交通标志具有优先设置权限。在不引起信息超载的前提下，可将旅游景区名称信息合并到指路标志版面中。

(6)告示标志的设置，不得影响警告、禁令、指示和指路标志的设置和视认。

(7)平面交叉口是交通流冲突的交汇部分，也是公路交通最为复杂和事故率最高的部位，交叉口的有序运行直接影响着整个公路交通的畅通与安全。平面交叉设计的主要任务是在交通冲突情况下，正确地分配不同方向和不同类型的交通流，做到对不同交通流进行合理的分隔和路权分配，明确通行优先权，尽可能消除交通冲突点，引导车辆有序通过交叉口。

公路平面交叉处的交通标志应在综合考虑平面交叉的交通管理方式、物理形式、相交公路技术等级、交通流向等因素的基础上，遵循“路权清晰、渠化合理、导向明确、安全有序”的原则，合理确定不同交通标志综合设置方案，并与交通标线相互配合，引导车辆有序通过。

(8)交通标志要设置在车辆行进方向上易于看到的地方，在选择交通标志的设置地点时，要考虑驾驶员的反应能力、车辆的运行速度、道路宽度等因素，以保证交通标志的信息具有足够的视认性，顺利和完整地向公路使用者传递信息。

除特殊情况外，交通标志宜设置在车辆前进方向的右侧或车行道上方。当单向车道数大于或等于3条、交通量较大、大型车辆较多或公路线形影响右侧标志的视认性时，应根据交通工程原理对交通标志的具体设置位置进行计算论证。条件受限时，可在车辆前进方向的左侧

(即中央分隔带处)重复设置,视为正常位置的补充。

交通标志设置的具体位置应符合现行国家标准《道路交通标志和标线》(GB 5768)的规定,并满足下列要求:

①不得影响公路的停车视距和妨碍交通安全。

②交通标志间不得过近、相互遮挡,否则应采取互不遮挡的支撑结构。

③不得被上跨道路结构、照明设施、监控设施、绿化设施等其他设施遮挡。

④高速公路、一级干线公路交通标志不得设置于路侧净区内,必须设置时交通标志立柱应采用解体消能结构,或按护栏设置原则设置路侧护栏。

## 三、版面设计

交通标志版面设计是对交通标志的具体外观特征进行设计,包括:①颜色;②文字(中、英文等);③公路编号、出口编号;④里程数字;⑤箭头符号;⑥图形符号;⑦边框及相互位置关系等,解决交通标志如何被正确识别和理解的问题。

交通标志版面应清晰易懂、简洁美观、导向明确、不存歧义,不得误导方向。图形、文字、箭头、符号、图形及边框等设计要素布局时,应符合下列要求:

(1)应正确处理颜色、文字、箭头、符号、图形及边框的关系,使版面清晰、美观。版面美观得体、简洁大方是交通标志获得良好可辨性和易读性的前提。通过交通标志版面各要素的合理布置,保证公路使用者快速识别和理解清晰明确的交通导向关系。

(2)行间距、字间距以及地名排版的不当,不仅会造成版面不美观,还会影响驾驶员的认读和理解,甚至造成误解,因此规定注意字距和行(列)距的协调,汉字的字间距要明显小于行(列)间距。

(3)一个地名或专用词组不应写成两行或两列。

警告、禁令、指示等标志的形状、颜色和图案等在现行国家标准《道路交通标志和标线》(GB 5768)中已经有非常明确的规定,不允许变更,在交通标志设计过程中的版面设计主要是指指路标志、旅游区标志、告示标志等。

### 1. 文字

交通标志文字应采用汉字,根据需要可与外文、少数民族等其他文字并用。由于交通标志内采用较多种类的文字不仅占用版面,而且不利于驾驶员认读,因此规定交通标志中汉字与外文、少数民族等其他文字并用时,最多不宜超过两种。汉字应排在其他文字上方,少数民族地区可根据相关规定调整文字位置。如果标志上使用英文,地名用汉语拼音,第一个字母大写,其余小写;专用名词用英文,第一个字母大写,其余小写,根据需要也可全部大写。

交通标志是否采用中、英文或中文、少数民族文字对照,要考虑下列因素:

(1)公路的服务对象:如果公路使用者(包括驾驶员和乘客等)85%以上均为中国人,则指路标志要以中文为主,否则可考虑中、英文对照。但亚洲公路网和国家高速公路网上的指路标志建议采用中、英文两种文字,与我国相邻的日本、韩国等干线公路也大都采用当地文字与英文对照的方式。

(2)公路的使用功能:为使旅游观光地区的指路标志或其他公路上的旅游标志体现国际化与多样化,营造友好的旅游环境,可采用中、英文对照的方式。

(3)公路所在的区域:少数民族自治区的交通标志,根据地方相关法规或为突出民族特色，可采用中文与少数民族文字相对照的方式。

(4)主管部门批准：公路是否采用中、英文或少数民族文字，由设计单位与建设单位协商确定，但要报请省级主管部门批准后实施。

交通标志文字字符应规范、正确、工整，采用交通标志专用字体，汉字字高和字宽等高。非特殊情况，汉字或字母不得拉伸、压缩、翘曲或以其他方式调整。交通标志文字横写时应由左至右书写。

2. 图形

指示、禁令、警告标志多为图形标志。研究表明，在困难的视觉(如低亮度、快速显示等)条件下，图形符号信息不论在辨认速度还是在视认距离上均比文字信息要优越。采用图形符号来表示信息的另一优点是不受语言、文字的限制，只要设计的图案形象、直观，不同国家、民族和语言文字的驾驶员均可理解、认读。因此，以符号为主的交通标志受到联合国的推荐，并为世界上绝大多数国家优先采用。

当采用现行国家标准《道路交通标志和标线》(GB 5768)规定以外的图形或标志时，除应符合现行国家标准《道路交通标志和标线》(GB 5768)中的建议程序规定外，还应满足下列要求：

(1)标志内容宜采用图形方式，并应辅以文字说明。

(2)文字类禁令标志应为白底、红圈、红杠、黑文字，形状为圆形或矩形。

(3)文字类警告标志应为黄底黑边、黑文字，形状为三角形或矩形。

(4)旅游区指引标志中采用代表景点特征的平面图形时，应为棕底白图形，可进行特色化设计。

3. 边框和衬边

除个别标志外，标志边框的颜色应与标志的图形或字符的颜色一致；除指示标志外，标志衬边的颜色应与标志底色一致，个别标志除外。各类标志的边框和衬边见表2-2。

**各类标志边框和衬边**

表2-2

| 标志类别 | 边　框 | 衬　边 | 备　注 |
|---|---|---|---|
| 警告 | 黑色 | 黄色 | 叉形符号和斜杠符号除外 |
| 禁令 | 红色 | 白色 | 个别标志除外 |
| 指示 | — | 白色 | 白色衬边外无蓝色 |
| 指路 | 白色 | 蓝色或绿色 | |
| 旅游区 | 白色 | 棕色 | |
| 道路作业区 | 黑色 | 橙色 | 道路作业区所用禁令、指示等标志不变，只对警告、绕行等标志 |
| 辅助 | 黑色 | 白色 | |
| 告示 | 黑色 | 白色 | |

根据实际需要，交通标志可嵌套使用。现行国家标准《道路交通标志和标线》(GB 5768)规定，相同底色标志套用时，应使用边框；不同底色标志套用时，套用的禁令标志一般不使用衬边，套用的指路标志一般不使用边框，道路编号标志套用于指路标志上，也可使用边框，如图2-33所示。

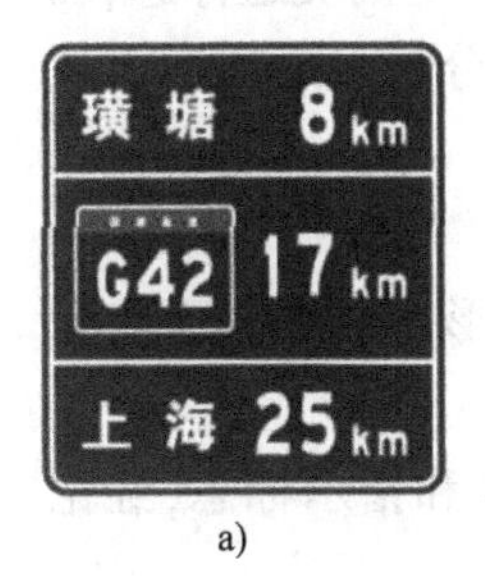


a)

b)

c)

图 2-33 标志套用示例

出于视认性考虑,同一版面中的禁令和指示标志不应多于 4 种。但在高速公路、隧道、特大桥路段入口,因前方道路交通管理信息较多,仅限于 4 种往往难以满足要求,故提出同一版面中的禁令或指示标志的数量不应多于 6 种的规定。当该处同一版面中禁令和指示信息多于 4 种或快速路、隧道、特大桥段入口多于 6 种时,要对拟在同一版面布置的禁令、指示标志根据其交通法规管理信息重要性进行拆分,做前后调整布置。

交通标志嵌套使用时,应满足下列要求:

(1)当禁令、指示标志套用于无边框的白色底板上时,为必须遵守标志,其标志版面尺寸和图形大小不应随意改变。

(2)禁令标志中的停车让行、减速让行标志,因其版面形状具有突出的视认性,故不得套用于无边框的白色底板上。

(3)禁令、指示标志下设辅助标志时,可将禁令、指示标志一起套用于无边框的白色底板上。

(4)在设置限制车辆行驶的禁令标志路段,在进入该路段前路口适当位置未设置相应提示和预告标志时,应在指路标志中嵌套禁令标志图形。

(5)高速公路和国道宜以编号标志形式嵌套于指路标志,城市道路名称宜采用蓝色底色嵌套于高速公路指路标志。

4. 尺寸

交通标志的尺寸和文字高度应符合现行国家标准《道路交通标志和标线》(GB 5768)的规定,除特殊规定外,根据设计速度确定。

现行国家标准《道路交通标志和标线》(GB 5768)规定了警告、禁令和指示标志的各部分尺寸的一般值要根据设计速度选取,可考虑设置路段的运行速度($V_{85}$)进行调整,还规定"除特殊规定外,指路标志汉字高度和一般值要根据设计速度选取,汉字字宽和字高相等,字高可考虑设置路段的运行速度($V_{85}$)进行调整"。

现行行业标准《公路项目安全性评价规范》(JTG B05)规定了当运行速度和设计速度差值大于 20km/h 时,要根据运行速度对该路段的相关技术指标进行评价。因此交通标志的尺寸和字高要根据设计速度确定,同一路段的设计速度与运行速度之差值大于 20km/h 时,综合考虑车道宽度、车道数、标志的设置位置等因素,宜按运行速度对版面规格和视认性加以检验,适当调整标志尺寸和字高。对新建公路,可按现行行业标准《公路项目安全性评价规范》(JTG B05)的规定对运行速度进行预测。

特殊情况下,经论证标志尺寸和文字大小可适当增大或减小。特殊情况指在实际公路环境下无法满足视认需求需要增大标志尺寸,或必须设置在隧道或特大型桥梁上的交通标志,因建筑界限或桥梁结构承载能力的限制而不得不减小标志尺寸时,经过论证分析可适当增大或减小。

交通标志的尺寸和文字高度具体应符合下列要求:

(1)指路标志应综合考虑文字高度、版面字数、其他文字并用需求、图形布置和版面美化等多种因素确定标志尺寸。

(2)设置在交通量较大、车道数较多或交通环境复杂路段的警告、禁令和指示标志,经论证可选取大于设计速度确定的标志尺寸或文字高度。

(3)设置在分隔带内等处的警告、禁令、指示标志,当采用柱式标志支撑结构设置空间受限制时,标志尺寸可采用最小值;三角形警告标志的边长不应小于0.6m;圆形禁令标志的直径不应小于0.5m;三角形禁令标志的边长不应小于0.6m;八角形禁令标志对角线长度不应小于0.5m;指示标志的直径(或短边边长)不应小于0.5m。

(4)设置在隧道或桥梁的指路标志,受建筑限界、结构承载能力限制时,可适当减小文字高度,但不应小于一般值的0.8倍,或采用高宽比为1:0.75以内的窄字体,但不得改变版面各要素之间的相互关系。

几个独立的交通标志必要时可组成一组,设置于同一门架式、悬臂式等支撑结构上,宜采用相同的版面形式、布局、板面高度或长度。这里主要是指矩形类标志,以实现尺寸统一和外形美观。

## 指路标志的版面设计

1.布局

指路标志版面应简洁、清晰地反映路线名称、地点、方向和距离等内容,信息布局应满足下列要求:

(1)地点距离标志中,地点应放在最左侧,地名由近而远、从上到下排列。

(2)同一方向表示两个目的地信息时,宜在一行或两行内按由近到远顺序,由左至右或由上至下排列。

(3)高速公路出口预告标志第一行应为出口连接的道路编号(名称)信息,第二行宜为连接道路所能到达的1~2个目的地信息。

2.箭头

指路标志中的指示箭头应以一定角度反映车辆的正确行驶方向,并符合下列要求:

(1)门架式标志或跨线桥上附着式标志的箭头,用来指示车行道的用途或行驶目的地时,箭头应向下,并指向该车行道的中心线,如图2-34a)所示。

(2)指示车辆前进方向而非专指某一车行道时,箭头应向上,如图2-34b)所示。

(3)用来指示出口方向时,箭头应倾斜向上,倾斜角度应能反映出口车行道的线形,如图2-34c)所示。

(4)平面交叉口指引标志表示直行方向的箭头应指向上方,表示转向方向的箭头应与转向车行道的线形保持一致。上下排列向上、向左、向右的3个方向指示时,应从上至下按向上、向左和向右的顺序排列，并且指向上、左的箭头应放在左侧，指向右的箭头应放在右侧；左右排列向上、向左和向右的3个方向指示时，应从左至右按向左、向上、向右的顺序排列。

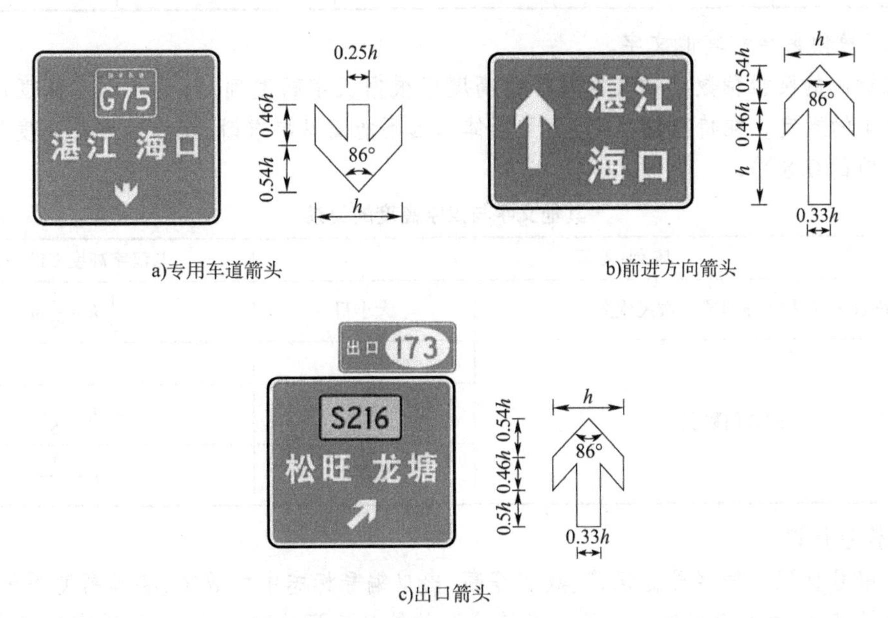


a)专用车道箭头　b)前进方向箭头

c)出口箭头

图2-34　出口箭头

(5)指示互通式立体交叉和多路平面交叉形式的标志，可采用与互通式立体交叉和平面交叉形式实际形式一致的曲线箭头，箭头图形应清晰易辨，不存歧义，避免过于复杂的图形。

指路标志中的箭头图形本身也是一种信息，需要驾驶员花时间来认读和理解，因此采用图形化的信息时，图形要简洁明了，导向清晰直接，如图2-35所示。对于复杂的平面交叉或互通式立体交叉，不适合采用完整几何布局形式作为图形信息，以免给驾驶员增加认读难度，带来安全隐患。

图2-35　图形化标志图案设计示例

(6)指路标志中，当指示箭头与地名信息、编号信息出现在同一版面内，上下排列时，方向箭头应设置在地名信息、编号信息的下方；左右排列时，向左、直行箭头应设置在左侧，向右箭头应设置在右侧。

3. 文字尺寸

(1)汉字。

除特殊规定外，指路标志汉字高度一般值应根据设计速度，按表2-3选取。汉字字宽和字高相等。字高可根据路段的运行速度($V_{85}$)进行调整。

**汉字高度与设计速度的关系** 表 2-3

| 设计速度(km/h) | 100~120 | 71~99 | 40~70 | <40 |
|---|---|---|---|---|
| 汉字高度 $h$(cm) | 60~70 | 50~60 | 35~50 | 25~30 |

(2)阿拉伯数字和其他文字。

指路标志的阿拉伯数字和其他文字的高度应根据汉字高度确定,其与汉字高度的关系宜符合表2-4的规定。在特殊情况下,由于具体原因不能满足要求时,经论证字符高度最小不应低于规定值的0.8倍。

**其他文字与汉字高度的关系** 表 2-4

<table>
<tr><th colspan="2">其他文字</th><th>与汉字高度 $h$ 的关系</th></tr>
<tr><td>拼音字母、拉丁字母或少数民族文字</td><td>大小写</td><td>$\frac{1}{3}h \sim \frac{1}{2}h$</td></tr>
<tr><td rowspan="3">阿拉伯数字</td><td>字高</td><td>$h$</td></tr>
<tr><td>字宽</td><td>$\frac{1}{2}h \sim \frac{4}{5}h$</td></tr>
<tr><td>笔画粗</td><td>$\frac{1}{6}h \sim \frac{1}{5}h$</td></tr>
</table>

(3)编号标识。

道路编号标识中的字母标识符、数字等高,出口编号标志中的数字、字母高度不等,其高度应根据设计速度,按表2-5选取。国家高速公路的编号标识的字母标识符、数字字高应符合现行国家标准《道路交通标志和标线》(GB 5768)的规定。标识在一般道路指路标志箭头杆中的道路编号或道路名称,字高可适当减小,一般取表2-3规定值的0.5~0.7倍,但道路编号或道路名称的汉字高度不应小于20cm,英文字母和阿拉伯数字高度不应小于15cm。设置在指路标志版面中的方向标志的字高可适当减小,但不应小于表2-3规定值的0.5倍。

**道路编号标志和出口编号标志的字母、数字高度** 表 2-5

<table>
<tr><th colspan="2">设计速度(km/h)</th><th>100~120</th><th>71~99</th><th>40~70</th><th><40</th></tr>
<tr><td rowspan="2">道路编号<br>(cm)</td><td>字母</td><td rowspan="2">40~50</td><td rowspan="2">35~40</td><td rowspan="2">25~30</td><td rowspan="2">15~20</td></tr>
<tr><td>数字</td></tr>
<tr><td rowspan="3">出口编号<br>(cm)</td><td>数字</td><td>40~50</td><td>35~40</td><td>25~30</td><td>—</td></tr>
<tr><td>字母</td><td colspan="4">约数字字高的2/3</td></tr>
<tr><td>“出口”</td><td colspan="4">25或30</td></tr>
</table>

(4)文字的间隔、行距等。

指路标志的汉字或其他文字的间隔、行距等宜符合表2-6的规定。

**文字的间隔、行距等的规定** 表 2-6

| 文字设置 | 与汉字高度 $h$ 的关系 |
|---|---|
| 字间隔 | $\frac{1}{10}h$ 以上 |
| 笔画粗 | $\frac{1}{14}h \sim \frac{1}{10}h$ |
| 字行距 | $\frac{1}{5}h \sim \frac{1}{3}h$ |
| 距标志边缘最小距离 | $\frac{2}{5}h$ |

4. 图形符号

指路标志中港口、火车站、机场等应同时采用图形符号，如图 2-36 所示，并符合现行国家标准《道路交通标志和标线》（GB 5768）的规定。“机场”符号中飞机机头向左、向上或向右的指向应与行车方向一致，如图 2-37 所示。

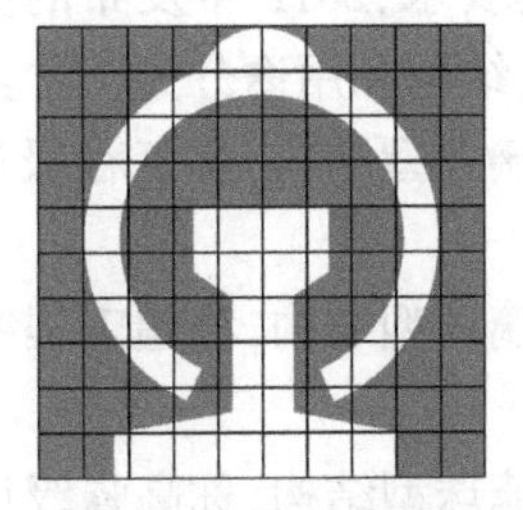
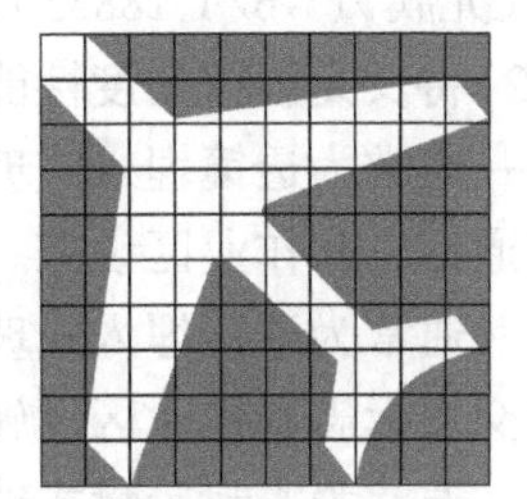

图 2-36　大型交通枢纽的标识

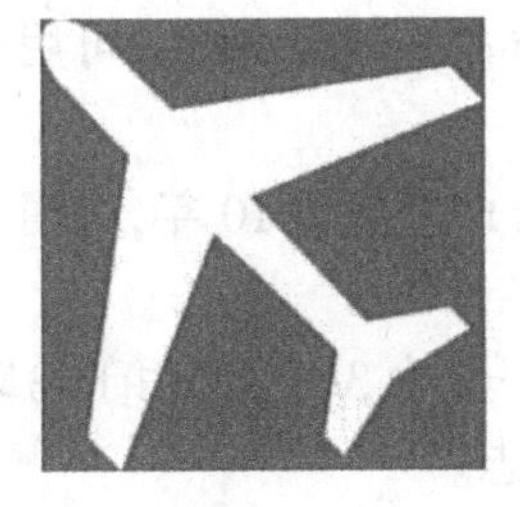

图 2-37　飞机机头设置的方向

## 四、材料

1. 要求（相关资源见二维码 2-3）

交通标志材料应具有足够的强度、耐久性和抗腐蚀能力，并应因地制宜地采用适用、经济、轻型、环保的材料和结构，适当兼顾美观性。

同一交通标志的标志面、标志底板和支撑结构所采用的各种材料应具有相容性，避免因电化作用、不同热膨胀系数或其他化学反应等造成标志板的锈蚀或损坏。

2. 标志面材料

设置交通标志是为了传递给驾驶员一定的信息，使驾驶员提前做出正确决策和行动，有助于保证机动性和安全性，因此交通标志的信息应是全天候可获取的。交通标志发展的初期，可供选择的交通标志材料不多，基本都是由各种颜色的油漆按照要求制成交通标志图案，这种标志在白天颜色的对比度赋予了标志较好的视认性，可在夜晚由于其亮度不够，不能够使交通标志的光线传递到驾驶员眼中，从而也就起不到传递信息的作用，使交通标志在夜间失去了应有的功能。

提高交通标志夜间的视认性，根本是要提高交通标志的亮度，目前有许多可用于交通标志的逆反射材料和提高亮度的方法，用逆反射材料制作标志版面和安装照明设施是提高交通标志视认性的主要途径。

（1）逆反射材料。

逆反射材料是通过其中含有的高折射率玻璃珠或微棱镜结构，将发射过来的光反射回去，从而给驾驶员提供清晰的可见度。逆反射材料在交通标志上的应用对交通标志的发展有重要意义，形成了反光交通标志，使交通标志在汽车前车灯的照射下，具有了夜间视认效果。从各国的交通安全实践来看，逆反射材料的应用是一种成本低廉且行之有效的措施，使用广泛，因此规定交通标志板面要采用逆反射材料。

反光膜是目前使用最广泛的交通标志反光材料，其光度性能、结构要符合现行国家标准《道路交通反光膜》(GB/T 18833)的要求，2012 年发布的国家标准《道路交通反光膜》(GB/T 18833—2012)将反光膜按光度性能、结构和用途分为 7 种类型：

Ⅰ类——通常为透镜埋入式玻璃珠型结构，称工程级反光膜，使用寿命一般为 7 年，可用于永久性交通标志和作业区设施。

Ⅱ类——通常为透镜埋入式玻璃珠型结构，称超工程级反光膜，使用寿命一般为 10 年，可用于永久性交通标志和作业区设施。

Ⅲ类——通常为密封胶囊式玻璃珠型结构，称高强级反光膜，使用寿命一般为 10 年，可用于永久性交通标志和作业区设施。

Ⅳ类——通常为微棱镜型结构，称超强级反光膜，使用寿命一般为 10 年，可用于永久性交通标志、作业区设施和轮廓标。

Ⅴ类——通常为微棱镜型结构，称大角度反光膜，使用寿命一般为 10 年，可用于永久性交通标志、作业区设施和轮廓标。

Ⅵ类——通常为微棱镜型结构，有金属镀层，使用寿命一般为 3 年，可用于轮廓标和交通柱，无金属镀层时也可用于作业区设施和字符较少的交通标志。

Ⅶ类——通常为微棱镜型结构，柔性材质，使用寿命一般为 3 年，可用于临时性交通标志和作业区设施。

用于交通标志的反光膜逆反射性能应符合现行国家标准《道路交通反光膜》(GB/T 18833)的规定，选择反光膜等级时，要综合考虑公路的功能、交通量和环境等各种因素，具体分析所设置标志的具体情况，考虑驾驶员的视觉、反应等特性，遵循下列原则：

①背景环境影响大、行驶速度快、交通量大的公路宜采用等级高的反光膜。例如多车道高速公路，驾驶员读懂标志并做出正确反应的时间里，行驶距离较远，采取相应的行动受周边交通流影响较大，宜选用逆反射性能好的反光膜，使驾驶员在较远处就能完成认读、开始行动。建议高速公路、一级公路可采用Ⅳ、Ⅴ类反光膜，二、三级公路可采用Ⅰ、Ⅱ类以上反光膜，四级公路可采用Ⅰ、Ⅱ类反光膜。

②交通量小的公路，根据实际情况可选用较其他公路等级低的反光膜。我国大量的农村公路建设资金和维护费用紧张，在考虑全寿命成本的基础上，对于交通量很小、事故不多的农村公路，可根据实际情况，适当使用等级低的反光膜。在条件许可的情况下，尽可能提高反光膜等级。

③在交通复杂、多车道、横断面变化、视距不良、观察角过大等特殊路段，禁令、警告标志的重要程度较高，宜采用比同一条公路其他交通标志等级高的反光膜，以增加标志被发现的概率，提高标志作用发挥的效力。

④门架式、悬臂式等悬空类交通标志，宜采用比路侧交通标志等级高的反光膜。根据有关单位的试验结果，门架式、悬臂式等悬空标志如采用与路侧同样等级的反光膜材料，则其反光效果只能达到路侧的 14% ~17%。如提高反光膜等级仍达不到反光效果，则可根据现行国家标准《道路交通标志和标线》(GB 5768)的规定采用照明或主动发光的方式。

⑤为提高交通标志的夜间视认性，发挥标志在夜间和雨雾天气等视线不良条件下的作用，受

雨、雾等不良天气影响路段的交通标志，宜采用等级高的反光膜。如提高反光膜等级仍达不到反光效果，则可根据现行国家标准《道路交通标志和标线》(GB 5768)的规定采用照明或主动发光的方式。

反光膜的逆反射性能与规定的入射角和观测角条件下的逆反射系数有关，车辆前照灯光对标志入射角增大(包括车辆前照灯光与标志板面法线的纵向与横向夹角)，也将使标志逆反射性能下降。在下列情况下设置的禁令、指示、警告标志，宜采用V类反光膜，以提高其大角度逆反射性能与视认性：

①高速公路、一级公路主线小半径曲线及立体交叉小半径匝道路段。

②交通较为复杂、视距不良、观察角过大的平面交叉或路段。

③单向有三条或三条以上车道时。

④公路横断面发生变化时。

⑤大型车辆所占比例很大时。

(2)安装照明设施。

安装照明设施是通过在交通标志版面外部或内部安装光源，利用外来光源提高交通标志的亮度。近年来，随着新材料、新方法的不断涌现，特别是高亮发光二极管(LED)等器材和材料的发展，主动发光技术也越来越多地应用在交通标志上，可以有效地弥补逆反射材料在曲线路段、光源干扰、逆光条件、雨雪雾等恶劣天气下的视认不足，因此规定受线形、视觉环境、日照、气象条件等因素影响视认性的路段，交通标志可采用主动发光形式、安装照明设施或者采用其他新材料和方法，只要不产生照度不均、眩光、跳闪等现象，不影响昼夜条件下标志形状、颜色及视认和理解的一致性即可。

隧道内车辆行驶与一般道路上的车辆行驶在交通安全环境上有所不同，主要是反映在照明、视野、通风等的变化，有不少隧道还有横断面变化。所有这些都可能会对交通安全产生比一般道路更大的影响，特别是隧道内指示紧急电话、消防设备、人行横洞、行车横洞、疏散等标志，在任何情况下都要更为便于识别和醒目。因此，隧道内指示紧急电话、消防设备、人行横洞、行车横洞、疏散等标志，宜采用主动发光或照明式标志。主动发光标志和照明式标志的材料及制作要求应符合现行国家标准《道路交通标志和标线》(GB 5768)的规定。

可变信息标志应根据标志的类型、显示内容、控制方式、节能环保、经济性等要求，选择显示方式及材料。

3. 标志底板材料

交通标志底板可采用铝合金板、挤压成型的铝合金型材、薄钢板、合成树脂类板材等板材制造，板材相关指标及制作应符合现行国家标准《道路交通标志板及支撑件》(GB/T 23827)的规定，底板厚度应满足强度要求。

选用交通标志底板的板材时，要根据公路等级、所在位置的气象条件、经济条件等，综合考虑各种材料的力学、耐久性能、施工方便等因素确定。大型标志板(大于$5m^2$)推荐采用铝合金板，铝合金板具有质量轻、强度高、耐腐蚀、耐磨等优点。对面积在$15m^2$以上的超大型标志的板面结构可分块制作，现场拼装，为便于运输、安装及养护，通常采用挤压成型的铝合金板拼接而成。但应尽可能减少分块数量，并且拼接缝不得与标志中的图形、文字和重要符号相重合，保证拼接后标志板面整体强度不低于整板。

4. 支撑结构材料

交通标志的支撑结构采用的材料应满足下列要求：

(1)交通标志立柱、横梁等可采用钢管、H 型钢、槽钢、木材、合成材料及钢筋混凝土等材料制作,立柱、横梁在长度方向不应拼接,立柱、横梁端部应设置柱帽。钢管、H 型钢、槽钢等型钢作为标志的立柱、横梁,具有强度高、加工性能好的优点,但易腐蚀,因此要进行防腐处理。钢管混凝土兼具钢管和混凝土的优点,强度高、变形小,在标志立柱高度大于 10m 以上时具有明显优势。等级较低、交通量很小的公路或临时性的交通标志可以采用木柱。

(2)对交通标志的钢构件,必须进行除锈防腐处理才能使用,可采用热浸镀锌工艺。

(3)交通标志一般采用钢筋混凝土扩大基础。当基础过大或基础设置处土质不良时,可采用桩基础,例如位于软基路段的落地式交通标志。标志立柱的埋设深度,取决于板面承受外力的大小和地基承载力。位于桥梁段的单柱式交通标志可采用钢支撑结构作为基础,附着在桥梁上。

5. 材料再利用

对于公路改扩建工程或交通标志更换工程,在满足使用功能和保证工程质量的前提下,对交通标志材料应根据实际情况进行再利用。

交通标志材料的再利用可通过更换反光膜、更换板面、标志移位、版面内容增删等方法实现。在满足使用功能和保证工程质量的前提下,结合工程需要和标志自身性能状况,交通标志的再利用通常采用下列方案:

(1)作为材料加以利用。对于标志板面材料、背面支撑材料等,尽量考虑采用与原公路所用材料采用相同或相近的材料规格,这样原标志虽然不能作为整体加以利用,但如背面支撑用的钢管、铝合金滑槽等可以作为配件加以充分利用。

(2)变换板面后易地加以利用。原公路主线上的标志,随着扩建后标志汉字高度的增加而大部分需要重新设置时,该部分标志板面可以作为其他尺寸适宜的标志板面加以充分利用。

(3)原标志视情况可直接在新路中加以利用。若标志反光膜性能下降,可以更换反光膜。

(4)改作临时标志。部分支架已锈蚀,无法再在新路上继续使用的交通标志,可改作临时交通标志加以利用。

## 五、支撑方式和结构

1. 支撑方式

交通标志的支撑方式分为柱式、悬臂式、门架式及附着式等。合理选择交通标志的支撑方式有助于保持交通标志的视认性和有效性。采取什么样的支撑方式,要根据设置位置的交通量、车型构成、车道数、构造物分布、路侧条件及承受的风荷载大小等因素综合确定。

(1)柱式。

柱式支撑一般有单柱式、多柱式。

①单柱式是标志板安装在一根立柱上,如图 2-38a)所示。适用于中、小型尺寸的警告、禁令、指示标志和小型指路标志。

②多柱式是标志板安装在两根或两根以上立柱上,如图 2-38b)所示。适用于长方形的指示或指路标志。

柱式标志内边缘不应侵入道路建筑限界,一般距车行道或人行道的外侧边缘或土路肩不小于 25cm。标志板下缘距路面的高度一般为 150 ~ 250cm。设置在小型车比例较大的城市道路时，下缘距地面的高度可根据实际情况减小，但不宜小于120cm。设置在有行人、非机动车的路侧时，设置高度应大于180cm。

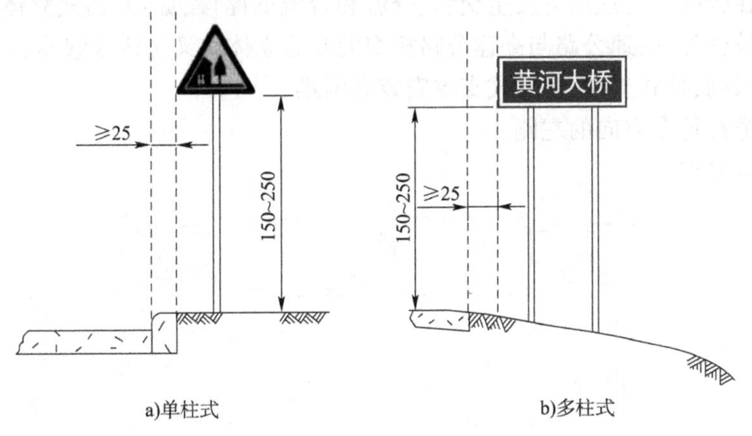


a)单柱式　　b)多柱式

图2-38　柱式支撑(尺寸单位:cm)

采用柱式支撑，当地形条件受限时，在满足行车安全和标志使用功能的情况下，标志板可采用不对称安装方式。

(2)悬臂式。

悬臂式支撑是标志板安装于悬臂上，如图2-39所示。标志下缘离地面的高度应大于该道路规定净空高度。

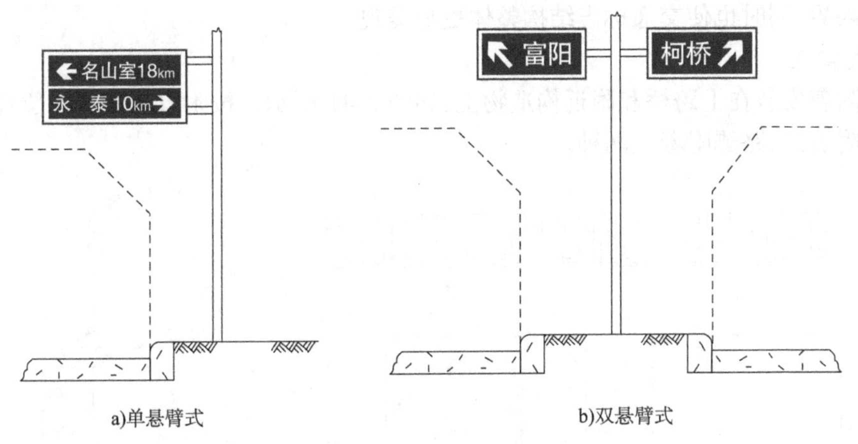


a)单悬臂式　　b)双悬臂式

图2-39　悬臂式支撑

悬臂式支撑适用于以下情况：

①柱式支撑安装有困难。

②道路较宽、交通量较大、外侧车道大型车辆阻挡内侧车道小型车辆驾驶员视线。

③视距或视线受限制。

④景观上有要求。

(3)门架式支撑。

门架式支撑是标志安装在门架上，如图2-40所示。标志下缘离地面的高度应大于该道路规定的净空高度。

门架式支撑适用于以下情况：

①多车道道路(同向三车道以上)需要分别指示各车道去向。

②交通量较大、外侧车道大型车辆阻挡内侧车道小型车辆驾驶员视线。

③交通流在较高运行速度下发生交织、分流和合流的路段,如:互通式立体交叉间隔距离较近标志设置较密处、高速公路与高速公路相交的互通立体交叉主线区域等。

④受空间限制,柱式支撑、悬臂式支撑安装有困难。

⑤出口匝道在行车方向的左侧。

⑥景观上有要求。

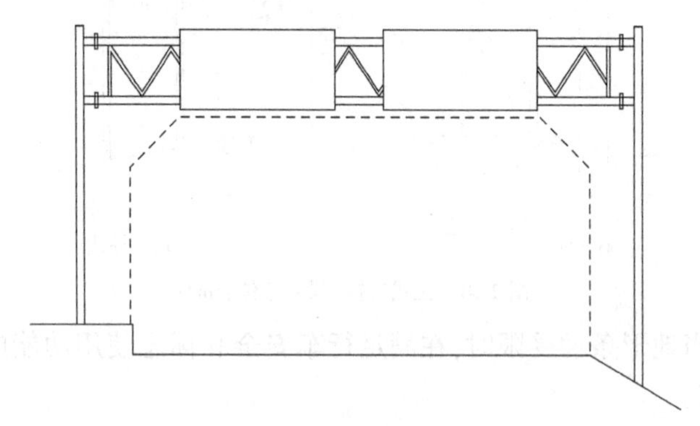

图 2-40 门架式支撑

悬臂式及门架式标志的横梁应设置向上的预拱度,其数值不应小于永久作用下结构材料产生的挠度值。设置预拱度的目的主要是抵消因永久作用产生的下垂,以免使交通标志结构侵入建筑限界,同时也使交通标志结构整体更加美观。

(4)附着式。

标志附着安装在上跨桥和附近构造物上,如图 2-41 所示。按附着板面所处位置不同分车行道上方附着式、路侧附着式两种。

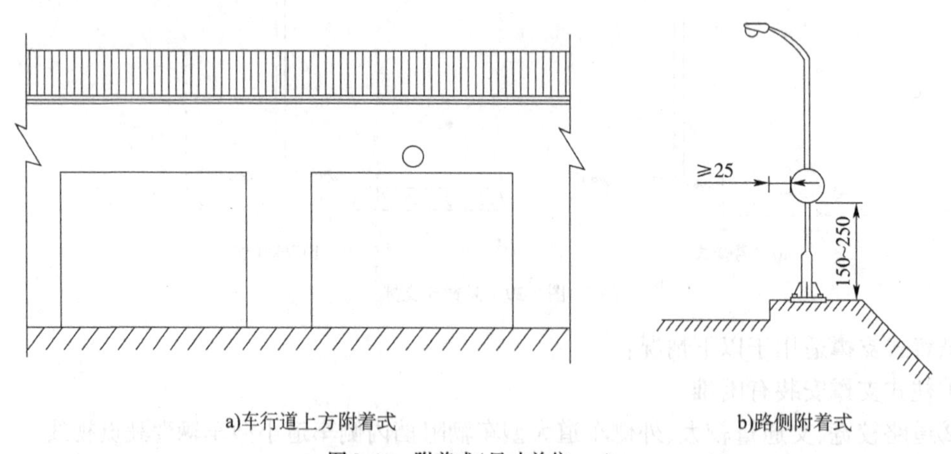


a)车行道上方附着式　　b)路侧附着式

图 2-41 附着式(尺寸单位:cm)

附着式标志的安装高度应符合柱式和门架式的规定。

根据标志的具体设置位置灵活设计标志结构形式,如公路沿线设置有上跨天桥、渡槽等构造物,路侧设置有高挡土墙、照明灯杆或者隧道内需要设置交通标志等条件下,在满足建筑限界要求的前提下,可采用附着式支撑方式,同时还可通过改善路侧安装条件(如修剪路侧种植物、清除或移开路侧障碍物等)或将交通标志安装在路侧较高位置处等方法改善视认条件。

出口标志设置在互通出口三角端内,起着标识出口位置,使驾驶员确认出口的作用。当互通式立体交叉出口匝道位于上跨桥梁后且距离较近时,容易造成对匝道出口及三角端出口标志的遮挡,因此通常将三角端出口标志附着于上跨桥梁,或在上跨桥梁上增设一处附着式出口标志,如图2-42所示。

图2-42　标志附着于上跨桥梁

对出口编号标志与其附着的主标志板之间的连接方式应进行受力计算,选择合适的连接方式。标志结构上可采用可拆卸式防松防盗螺母,其平均防御、防松力矩不宜小于200N·m。

2. 结构

交通标志立柱采用解体消能结构时,其设计应符合下列要求:

(1)充分考虑立柱解体后对其他车辆及行人可能造成的危险,公交车站和行人集中区域不宜使用。

(2)不宜设置在排水边沟、陡边坡及其他易导致碰撞时车辆跳跃的位置。

(3)确保可解体装置不影响其在风荷载等作用下的受力安全和耐久性。

(4)车辆碰撞解体消能结构后,残留在路面或地面以上的不可解体部分高度不宜超过10cm。

(5)当解体消能结构中设有用电设备时,应采取有效措施防止车辆碰撞后引发火灾和触电事故。

(6)解体消能结构的安全性能应通过实车碰撞试验验证,试验方法和安全性能评价标准可参照现行行业标准《公路护栏安全性能评价标准》(JTG B05-01)的规定。

设置在路侧的交通标志(尤其是立柱)对驶出路外的车辆来说,是一种障碍物。从路侧安全角度考虑,路侧交通标志距离公路越远越好,因此标志的视认性和路侧安全要求是一对矛盾,在设计时要兼顾这两方面的需求。由于土地短缺等原因,我国公路的交通标志大多数位于路侧计算净区宽度范围内。高速公路、一级公路路侧计算净区宽度范围内的交通标志要根据标志结构的规格采用解体消能结构或设置护栏加以防护;对位于其他公路路侧计算净区宽度内的交通标志,宜进行必要的警告提示,以保证行车安全。

## 六、安装角度

除特殊规定外,标志安装应使其板面垂直于行车方向,视实际情况调整其水平或俯仰角度。

(1)路侧标志应尽量减少标志板面对驾驶员的眩光。

(2)标志安装角度宜根据设置地点公路的平、竖曲线线形进行调整。

(3)路侧标志应尽可能与公路中线垂直或成一定角度。其中,禁令和指示标志为0°~45°,如图2-43a)所示;指路和警告标志为0°~10°,如图2-43b)所示。

(4)门架、悬臂、车行道上方附着式标志的板面应垂直于公路行车方向,并且板面宜前倾0°~15°,如图2-43c)所示。

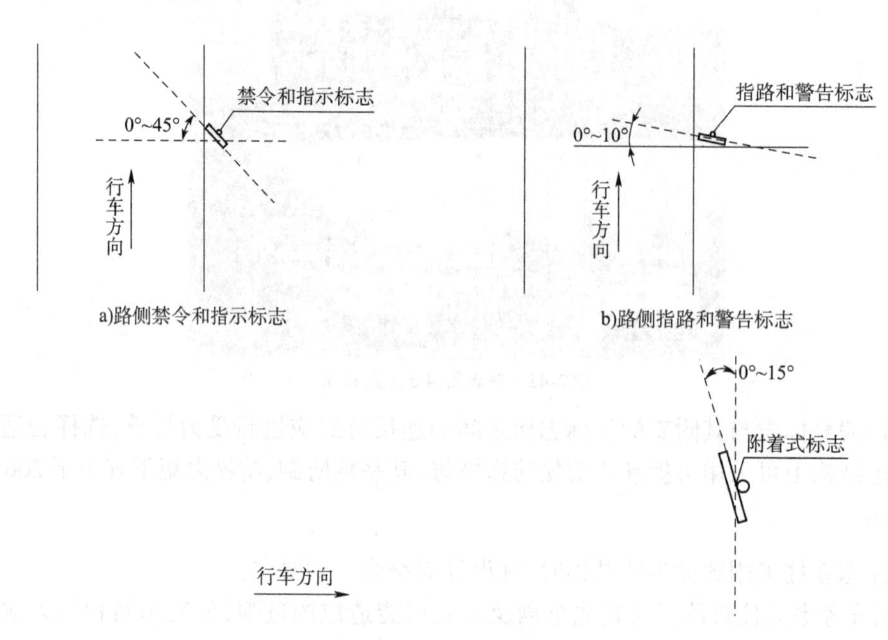


图2-43 标志安装角度示意

## 思考与练习

1. 简述交通标志设计的基本要求和设置原则。
2. 交通标志的版面设计内容有哪些?
3. 简述交通标志面、标志底板、支撑结构的材料要求。
4. 简述交通标志支撑方式的适用条件和结构设计要求。
5. 简述交通标志安装角度的要求。

# 单元三 交通标志的施工

## 知识目标

1. 熟悉交通标志的施工内容;
2. 掌握交通标志施工质量过程控制内容及项目。

能够进行交通标志的施工及质量过程控制。

## 一、基本要求

交通标志应按施工准备、基础施工、立柱和横梁等构件及标志板加工制作、交通标志安装等工序进行施工。

(1)施工准备。

交通标志施工前,施工人员应熟悉设计文件,掌握设计要点,并核查设计图纸是否齐全、清晰、准确,及时发现问题并解决,进行技术交底。

(2)发现下列问题,应结合设计图纸、监理验收资料等对现场条件进行检查、验收。根据不同交通标志施工技术要求,对前道工序进行检查,发现问题应查明原因,提交建设单位进行处理,整改验收合格后方能进行后续工程的施工。

①桥梁、隧道段的交通标志基础无预留预埋或预留位置、预埋基础不满足设计要求。

②交通标志的设置位置与通信管道、电力管线等隐蔽工程冲突。

③交通标志之间以及与可变信息标志等设施相互干扰。

④照明灯杆、上跨桥梁、路侧挡墙、声屏障、绿化等设施遮挡交通标志。

⑤与设计不符或与其他设施冲突的其他情况。

## 二、材料

(1)除设计文件另行规定外,交通标志所用材料应符合下列要求。

①标志底板及支撑件所用材料的结构尺寸、外观质量、防腐层质量和材料力学性能等应符合现行国家标准《道路交通标志板及支撑件》(GB/T 23827)的规定。

②逆反射材料的外观质量、光度性能、色度性能、抗冲击性能、耐溶剂性能、耐盐雾腐蚀性能、耐高低温性能、耐候性能等应符合现行国家标准《道路交通反光膜》(GB/T 18833)的规定。

③交通标志的立柱、横梁等构件应符合现行国家标准《结构用无缝钢管》(GB/T 8162)、《直缝电焊钢管》(GB/T 13793)等的规定。

④交通标志基础、里程碑、百米桩、公路界碑等所用的钢筋、水泥、细集料、粗集料、拌和用水、外加剂等材料的技术指标应符合现行行业标准《公路桥涵施工技术规范》(JTG/T 3650)的规定。

(2)材料进场时,应检查出厂质量证明书、检测报告和外观,对不同类型及生产厂家的材料应分批抽取试样进行检测,检测方法应符合现行国家和行业标准的规定,合格后方可使用。改扩建工程中拆除的标志底板、钢构件等材料,应按现行行业标准《公路交通安全设施施工技术规范》(JTG/T 3671)规定的方法进行质量检验通过后,方可再利用。

(3)除设计文件另行规定外,预埋在混凝土基础中的钢构件可不进行防腐处理,其他钢构件均应按照现行国家标准《公路交通工程钢构件防腐技术条件》(GB/T 18226)及下列要求进行防腐处理:

①所有钢构件,在进行防腐处理前,均应进行表面除锈、脱脂等处理。

②螺栓、螺母、垫圈等紧固件和连接件经热浸镀锌处理后,应清理螺纹或进行离心分离处理。

③钢构件进场时应对防腐层厚度进行检查,每一构件的上、中、下断面表面用涂层测厚仪测四点取均值,防腐层厚度应符合设计要求。

## 三、施工(相关资源见二维码 2-4、2-5)

### 1. 基础施工(相关资源见二维码 2-6)

交通标志基础施工应按下列工序和规定进行:

(1)基坑开挖。基础应于放样定点后开挖,基坑的位置和几何尺寸均应满足设计文件的要求,基坑开挖时应对施工现场周围进行保护。双柱或多柱基础不宜同时施工。对开挖的基坑四周应进行围封,设立明显的警示标志。

(2)基底处理。基坑开挖后应平整基底、清理坑壁、检测基底的地基承载力。设计文件未具体规定时,地基承载力可采取直观或触探等方法进行检测。每个基坑应至少选取一个检测点,地基承载力应符合质量过程控制的规定。出现软弱地基等不良地质条件时,应按设计文件的规定对基坑进行处理。

(3)模板安装。基坑验收合格后,在基础混凝土外露部分和基坑上沿以下 10~20cm 位置安装模板,然后按设计文件要求安装钢筋和绑扎。模板的制作、安装以及钢筋绑扎、安装应符合现行行业标准《公路桥涵施工技术规范》(JTG/T 3650)规定。

(4)法兰盘安装。模板和钢筋验收合格后,在浇筑混凝土之前应按照设计图纸准确安装底座法兰盘,可在与公路中心线平行和垂直的方向各拉一条线作为定位线,然后在侧模板上中分画线,放置法兰盘时应确保基础纵横轴线与法兰盘纵横轴线两两重合。预埋地脚螺栓应与法兰盘垂直固定,底座法兰盘应安置水平。

(5)混凝土浇筑。法兰盘安放合格后,应固定底座法兰盘和地脚螺栓,然后开始浇筑混凝土,混凝土的强度应符合设计要求,混凝土的浇筑应符合现行行业标准《公路桥涵施工技术规范》(JTG/T 3650)规定。混凝土的浇筑不应影响地脚螺栓和法兰盘的位置。

(6)调整养护。混凝土浇筑完成后,应再次对法兰盘水平情况进行检查、调整。应将法兰盘表面擦拭干净,不得留有混凝土或其他异物,预埋螺栓的外露部分应清理干净并采取保护措施。对基础外露部分进行抹平后,应按照现行行业标准《公路桥涵施工技术规范》(JTG/T 3650)规定进行混凝土养护。拆模时间应根据气温和混凝土强度确定,夏季宜在混凝土终凝后 24h,冬季混凝土强度不宜低于 5MPa,拆模不得破坏混凝土表面和棱角。

(7)基础回填。基础的回填土应分层夯实,与相邻地面齐平。

### 2. 钢构件加工和运输

根据施工放样协调后的标志基础实际位置、净空要求和设计文件确定立柱和横梁的加工长度;悬臂、门架式标志横梁制作应按照设计文件的要求设置预拱度;所有钢构件的切割、钻孔、冲孔、焊接等加工均应按现行行业标准《公路桥涵施工技术规范》(JTG/T 3650)和设计文件的要求,在防腐处理之前完成;所有钢构件在运输过程中不应出现变形或损坏,不应损伤防腐层,宜采用保护性包装材料进行隔离保护。

### 3. 标志底板制作加工

标志底板应根据设计尺寸在工厂进行加工成型,并根据设计文件的要求进行加固、拼接、冲孔、卷边等工序。标志板面应平整,无裂缝、无刻痕。

大型标志底板需要拼接时,拼接处应保证紧凑、密实,不严密的拼缝会导致灰尘、水汽进入,影响反光膜的粘贴效果。铆钉应与铝板无明显缝隙,拼接后标志板面应平整,不得有错台,如果铆钉与铝合金板间隙过大,或与铝合金板不在同一水平面上,贴膜后,铆钉周围会产生气泡。

加工完成后,对标志底板应进行打磨、清洗、干燥等工艺处理,以增加微观的粘贴面积,去除加工过程中留存的大量油脂,确保粘贴效果。清洗处理完成后直到粘贴反光膜前,不得用手直接触摸标志底板,亦不应再与油脂或其他污物接触。

4. 标志底板再利用

鼓励采用各种交通标志底板再利用的工艺,前提条件是板面要平整干净,不影响新反光膜的使用效果。去除原有反光膜重新利用标志底板时,应将原有反光膜和残胶彻底去除,并对板面进行清洁和打磨。去除旧标志板残胶可以采用以下方法:把乙酸乙酯等溶剂装入喷壶中,然后将溶剂喷洒在要去除残胶的板面上,喷洒完后,静置约 2 ~ 3min,让溶剂对残胶进行充分浸润和溶解,然后用油灰刀将已经溶解的残胶刮下,集中收集。

采用外套法利用标志底板时,板面不得出现明显的变形或翘曲。重新利用交通标志底板时,对加强肋、边框应按设计文件的规定进行调整、加固。对连接紧固件应按设计文件和本规范的规定进行防腐处理。

5. 反光膜粘贴

标志面加工过程中,贴反光膜是最关键的工序。在标志板面粘贴反光膜时,其制作加工应符合下列要求:

(1)标志反光膜应在干净、无尘土、若温度不低于 18℃、相对湿度在 20% ~50% 的车间内,按照反光膜产品的要求进行粘贴。若温度过低,对胶的粘贴性能有不利影响。

(2)版面的形状、颜色、文字、箭头、编号、图形及边框等应按现行国家标准《道路交通标志和标线》(GB 5768)和设计文件的规定制作。

驾驶员对交通标志的认读是在快速行驶中进行的,要确保驾驶员有足够时间去发现标志、判断、认读、理解和采取行动。为了保证良好的视认性,交通标志的形状、图案和颜色等要严格执行现行国家标准《道路交通标志和标线》(GB 5768)的规定,汉字、拉丁字母、阿拉伯数字要采用交通标志专用字体,严格按照现行国家标准《道路交通标志和标线》(GB 5768)及设计文件的规定执行字高和间距等要求,才能获得最佳效果。

(3)反光膜制作和粘贴工艺可根据标志特点和实际条件进行选择,所选工艺不得影响反光膜颜色、反光性和耐候性等指标。除特殊情况外,宜采用机器贴膜。

反光文字、符号和图案的制作工艺有很多,包括贴膜、丝网印刷、电刻膜和数码打印等,在保证所有交通标志各项性能和耐候性满足要求的前提下,可以根据标志特点和实际条件选择制作工艺。

①贴膜方法主要有手工和机器贴膜两种:手工贴膜工艺较为成熟,在粘贴好的底膜上,将刻字机做好的字膜进行人工粘贴,但对操作人员的技术要求比较高,适合以文字和简单图案为主的交通标志;机器贴膜,由于反光膜所受到的粘贴压力均匀连续,粘贴后标志面平整光滑、无皱纹、起泡、条纹、变形等,其粘贴效果要好于手工贴膜,因此除现场贴膜的情况外,鼓励采用机器贴膜,采用手工贴膜工艺时至少底膜的粘贴要在专用的贴膜机上进行。

②丝网印刷需要定制网板,适合大批量制作图案固定、板面较小的警告、禁令等标志。

③电刻膜是将标志字体镂空,贴敷于白色反光膜表面,呈现白色文字,适合制作绿底白字或蓝底白字的标志。

④数码打印是将不同颜色的透光油墨打印在反光膜上，形成文字、符号和图案，解决了传统工艺刻字、扣字、画线、定位造成的差异，在制作图案复杂、颜色多变的各类标志方面具有优势。

(4)新设置的交通标志应采用同一品牌、同一批次的反光膜。

(5)反光膜拼接应符合下列规定：

①标志底板的长度或宽度小于反光膜产品的最大宽度时，不得拼接。

②当不能避免拼接时，应使用反光膜产品的最大宽度进行拼接，距标志板边缘50mm之内，不得有贯通的拼接缝。

③反光膜拼接有平接和搭接两种方式。搭接时宜竖向拼接，压接宽度不应小于5mm。拼接缝垂直于地面时，拼缝里的水会在冲洗灰尘后自然流出，而水平的情况下可能导致水和灰尘积存，因此对拼接缝方向做出了规定。在反光膜搭接时，为防止接缝处可能产生反光膜翘曲，规定在反光膜搭接粘贴后，反光膜自行开裂前，要沿着搭接缝将反光膜切割断开，并刮压，如图2-44所示。

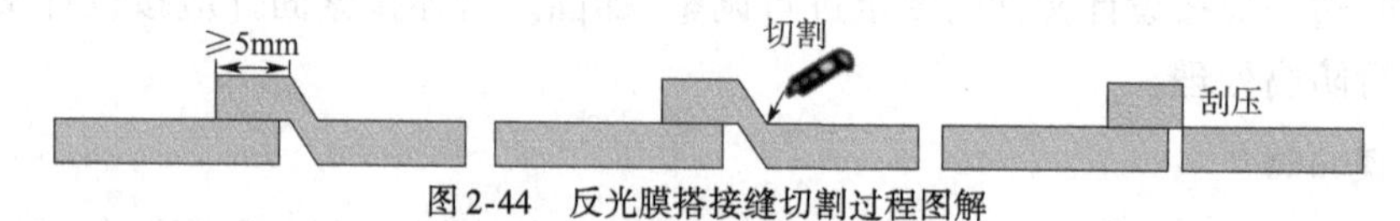


图2-44　反光膜搭接缝切割过程图解

④棱镜型反光膜应平接。棱镜型反光膜搭接时，有极大可能会发生翘曲，导致版面不平整，棱镜型反光膜只能平接。平接接缝间隙不应超过1mm，平接缝应垂直于地面，不得平行于地面。

6. 标志面包装、贮存及运输

通常反光膜在粘贴24h后，其背胶和铝板之间才能完成100%的黏结强度，因此要求标志贴膜完成后要在通风干燥的室内竖直存放24h以上，确保背胶完全发挥作用，再移出室外进行贮存或安装。贮存时应竖直放置，不得水平堆叠，并不得浸泡在积水中。

为防止标志面运输和搬运过程中，摩擦划刻，刮伤反光膜，因此要求运输时对标志面进行固定，不得碰撞、挤压标志面，保证表面平整、不变形。标志面要竖直放置，并采用隔离材料保护。在到达目的地后应立即去除隔离保护，以避免高温高湿环境造成反光膜起皱。

7. 交通标志现场安装(相关资源见二维码2-7)

交通标志现场安装应符合下列要求：

(1)标志支撑结构应在基础混凝土强度达到设计强度的80%以上后，经监理工程师批准后安装。

(2)标志板安装前应依据设计文件对交通标志基础、立柱和标志板一一进行核对。检查标志板、支撑结构是否存在裂缝、变形等影响安装的缺陷。

(3)小型交通标志可在立柱安装固定后安装标志板，门架、悬臂等交通标志宜将交通标志板安装后整体吊装。紧固件的紧固方法应符合设计要求，加劲法兰盘与底座法兰盘应水平、密合，拧紧螺栓后支柱不得倾斜。

(4)大型标志板现场拼接时，拼缝应平顺、紧密，缝宽不大于3mm，不得影响标志中图形、文字和重要符号的视认性，板面应保持平整，不得有错台，整体强度应不低于单板强度。

(5)标志架安装时应利用水平尺校正立柱竖直度，最后用扳手把螺栓均匀拧紧，用水泥砂浆对加劲法兰盘与基础之间的缝隙进行封闭。

(6)标志板安装到位后,应调整标志板面平整度,根据设置地点公路的平、竖曲线线形调整标志板安装角度,标志板安装角度应满足设计文件要求,设计文件无要求时,应符合下列要求:

①路侧标志宜与公路中线垂直或成一定角度,其中,禁令和指示标志为0°~45°,指路和警告标志为0°~10°。

②悬臂、门架或附着式支撑结构标志板面应垂直于公路行车方向,标志板面宜前倾0°~15°。

(7)标志板安装完毕后应进行板面清洁,清洁过程中不应损坏标志面或产生其他缺陷。

8. 里程碑、百米桩、公路界碑的施工

里程碑、百米桩、公路界碑应按设计文件要求的里程准确定位和设置。里程碑、百米桩、公路界碑等混凝土预制件的施工及强度应符合现行行业标准《公路桥涵施工技术规范》(JTG/T 3650)和设计文件的规定。除设计文件另有规定外,里程碑、百米桩、公路界碑应按照现行国家标准《道路交通标志和标线》(GB 5768)的规定制作。

## 四、质量过程控制

(1)交通标志基础施工过程应按下列规定进行质量控制:

①基础应依据设计位置放样,门架式交通标志两个立柱中心之间的连线应与道路中心线垂直,允许偏差为±1°。

②基坑尺寸不应小于设计值,基础埋深应符合设计要求。

③基坑的地基承载力应满足设计文件的规定。设计文件中未规定时,地基承载力应不小于150kPa。

④钢筋应平直、无弯折,表面应洁净,无油渍、漆皮、鳞锈。对每片受力钢筋网,应在中断面取一点进行检查,钢筋位置允许偏差见表2-7。

钢筋位置允许偏差 表2-7

| 检查项目 | 允许偏差 | |
|---|---|---|
| 受力钢筋间距(mm) | ±10 | |
| 钢筋骨架尺寸(mm) | 长 | ±10 |
| | 宽、高 | ±5 |
| 保护层厚度(mm) | ±10,0 | |

⑤模板不得有移位和凸出,应对其平面位置、顶部高程、节点联系及纵横向稳定性进行检查,模板安装规定值或允许偏差见表2-8。

钢筋位置允许偏差 表2-8

| 检查项目 | 规定值或允许偏差 |
|---|---|
| 模板高程(mm) | ±10 |
| 模板内部尺寸(mm) | ±20 |
| 相邻两板表面高低差(mm) | ≤2 |
| 表面平整度(mm) | ≤5 |
| 预埋件中心线位置(mm) | ±3 |

⑥浇筑混凝土前后均应用水平尺等仪器检查法兰盘的水平情况,法兰盘平整度应符合表2-9的规定,预埋件应齐全,地脚螺栓外露部分应妥善保护。

⑦混凝土外露表面应密实、平整，蜂窝、麻面面积不超过结构同侧面积的0.5%，不得有肉眼可见的明显裂缝。混凝土强度检测应符合现行行业标准《公路工程质量检验评定标准　第一册　土建工程》(JTG F80/1)的规定。

⑧基础顶面平整度应符合表2-9的规定。

**交通标志施工质量过程控制项目**　　表2-9

| 项次 | 检查项目 | 规定值或允许偏差 | 检查方法 |
|---|---|---|---|
| 1 | 标志面反光膜逆反射系数($cd \cdot lx^{-1} \cdot m^{-2}$) | 满足设计要求 | 逆反射系数测试仪 |
| 2 | 标志板下缘至路面净空高度(mm) | +100,0 | 经纬仪、全站仪或尺量 |
| 3 | 柱式标志板、悬臂式和门架式标志立柱的内边缘距土路肩边缘线距离(mm) | 满足设计要求 | 尺量 |
| 4 | 立柱竖直度(mm/m) | ≤3 | 垂线法 |
| 5 | 基础顶面平整度(mm) | ≤4 | 尺量 |
| 6 | 法兰盘平整度(mm/m) | ≤4 | 水平尺量 |
| 7 | 标志基础尺寸(mm) | +100，-50 | 尺量 |

(2)钢构件安装前应按下列规定进行质量检查：

①所有钢构件应无变形或损坏。

②所有钢构件防腐层应均匀、颜色一致，不得有流挂、滴瘤或多余结块，表面应无缺漏、损伤等缺陷。

③用钢卷尺或游标卡尺测量立柱、横梁的断面尺寸，应符合设计要求，用钢尺测量标志立柱、横梁的制作长度，与经现场调整确定的长度允许偏差为±5mm。

④法兰盘尺寸应正确，连接紧密，无裂纹、未熔合、夹渣、凹槽等缺陷。抱箍、扣压块、螺栓、螺母等紧固件应符合设计要求。

(3)交通标志立柱等支撑结构安装应按下列规定进行质量控制：

①标志立柱、横梁的焊接部分质量应符合现行行业标准《公路桥涵施工技术规范》(JTG/T 3650)的规定，无裂缝、未熔合、夹渣等缺陷。

②应用垂线、直尺或经纬仪由相互垂直的两个方向测量检查立柱竖直度，允许偏差应符合表2-9的规定。

③各部位连接螺栓应齐全、拧紧程度应一致。

(4)标志面制作应按下列规定进行质量检查：

①标志面应清洁干净、平整完好，无起皱、开裂、缺损或凹凸变形，标志面任一处面积为500mm×500mm的表面上，气泡总面积不得大于$10mm^2$。

②用钢卷尺或万能尺等检查外形尺寸，外形尺寸允许偏差为±5mm。标志板长度大于1.2m时，允许偏差为其外形尺寸的±0.5%，板面不平度不应大于7mm/m。

③反光膜拼接应符合其制作加工的要求。

④标志面汉字、拉丁字母、阿拉伯数字的字体应采用交通标志专用字体，并符合现行国家标准《道路交通标志和标线》(GB 5768)和设计文件的规定。

(5)交通标志板安装应按下列规定进行质量检查：

①柱式标志板、悬臂式和门架式标志立柱的内边缘距土路肩边缘线的距离应符合设计文

件要求或表 2-9 的规定。

②悬臂、门架式等标志板最不利处下缘距路面高差应符合设计文件要求或表 2-9 规定。

③标志板安装后应平整，安装角度应符合交通标志现场安装的有关规定。

(6)施工过程中应加强质量检查，各检查项目应符合表 2-9 的规定。

(7)标志安装后，宜检查所有标志夜间视认性。检查时，应在夜间采用小客车和大货车按照限制速度值行驶，要求在车灯照射下，标志板底色和字符应清晰明亮、颜色均匀，不得出现明暗不均现象。

(8)根据需要，在开放交通后，可结合交通标志反光膜设计使用年限，每隔半年或定期对其逆反射系数进行 1 次跟踪检测。

满足要求的交通标志逆反射系数才能保障其夜间视认效果。交通标志反光膜随着时间的推移，性能将有所下降。为避免劣质反光膜初期检测合格但容易老化、反光性能下降严重的问题，建议持续监测其使用期间逆反射性能的衰减情况，可以结合其设计使用年限，每隔半年或定期对其逆反射系数进行 1 次跟踪检测，根据合同约定和检测结果进行处理。

## 思考与练习

1. 简述交通标志的施工内容。
2. 交通标志施工质量过程控制项目有哪些？

# 模块三　交通标线

## 单元一　基本知识

1. 了解交通标线的概念；
2. 掌握交通标线的分类方法；
3. 掌握各类交通标线的作用及颜色、尺寸。

能够识读各类交通标线的含义。

### 一、交通标线简介

1. 概念

道路交通标线是由施划或安装于道路上的各种线条、箭头、文字、图案及立面标记、实体标记、突起路标和轮廓标等所构成的交通设施，它的作用是向道路使用者传递有关道路交通的规则、警告、指引等信息，可以与标志配合使用，也可以单独使用。

各等级公路和城市快速路、主干路应按现行国家标准《道路交通标志和标线》(GB 5768)的规定设置反光交通标线。其他道路可根据需要设置标线。

设置于路面的道路交通标线应使用抗滑材料，标线表面的抗滑性能一般应不低于所在路段路面的抗滑性能。连续设置的实线类标线，应每隔15m左右设置排水缝，其他标线有可能阻水时，应沿排水方向设置排水缝，排水缝宽度一般为3～5cm。

2. 分类(相关资源见二维码3-1)

(1)道路交通标线按功能可分为以下三类。

①指示标线：指示车行道、行车方向、路面边缘、人行道、停车位、停靠站及减速丘等的标线。

②禁止标线：告示道路交通的遵行、禁止、限制等特殊规定的标线。

③警告标线：促使道路使用者了解道路上的特殊情况，提高警觉，准备应变防范措施的标线。

(2)道路交通标线按设置方式可分为以下三类。

①纵向标线：沿道路行车方向设置的标线。

②横向标线：与道路行车方向交叉设置的标线。

③其他标线：字符标记或其他形式标线。

(3)道路交通标线按形态可分为以下四类。

①线条:施划于路面、缘石或立面上的实线或虚线。

②字符:施划于路面上的文字、数字及各种图形、符号。

③突起路标:安装于路面上用于标示车道分界、边缘、分合流、弯道、危险路段、路宽变化、路面障碍物位置等的反光体或不反光体。

④轮廓标:安装于道路两侧,用以指示道路边界轮廓、道路的前进方向的反光柱(或反光片)。

3. 颜色

道路交通标线的颜色为白色、黄色、蓝色或橙色,路面图形标记中可出现红色或黑色的图案或文字。道路交通标线的形式、颜色及含义具体如下:

(1)白色虚线。

划于路段中时,用以分隔同向行驶的交通流;划于路口时,用以引导车辆行进。

(2)白色实线。

划于路段中时,用以分隔同向行驶的机动车、机动车和非机动车,或指示车行道的边缘;划于路口时,用作导向车道线或停止线,或用以引导车辆行驶轨迹;划为停车位标线时,指示收费停车位。

(3)黄色虚线。

划于路段中时,用以分隔对向行驶的交通流或作为公交专用车道线;划于交叉口时,用以告示非机动车禁止驶入的范围或用于连接相邻道路中心线的路口导向线;划于路侧或缘石上时,表示禁止路边长时停放车辆。

(4)黄色实线。

划于路段中时,用以分隔对向行驶的交通流或作为公交车、校车专用停靠站标线;划于路侧或缘石上时,表示禁止路边停放车辆;划为网格线时,表示禁止停车的区域;划为停车位标线时,表示专属停车位。

(5)双白虚线。

划于路口,作为减速让行线。

(6)双白实线。

划于路口,作为停车让行线。

(7)白色虚实线。

用于指示车辆可临时跨线行驶的车行道边缘,虚线侧允许车辆临时跨越,实线侧禁止车辆跨越。

(8)双黄实线。

划于路段中,用以分隔对向行驶的交通流。

(9)双黄虚线。

划于城市道路路段中,用于指示潮汐车道。

(10)黄色虚实线。

划于路段中时,用以分隔对向行驶的交通流,实线侧禁止车辆越线,虚线侧准许车辆临时越线。

(11)橙色虚、实线。

用于作业区标线。

(12)蓝色虚、实线。

作为非机动车专用道标线;划为停车位标线时,指示免费停车位。

## 二、种类

1. 指示标线

(1)纵向标线包括:

①可跨越对向车行道分界线(图3-1)。

可跨越对向车行道分界线(也可称为可跨越道路中心线)为黄色虚线,用于分隔对向行驶的交通流。一般设在道路中线上,但不限于一定设在道路的几何中心线上。车辆在保证安全的情况下,可以越线超车或转弯。凡路面宽度可划两条及以上机动车道的双向行驶的道路,在允许车辆越线超车或转弯时,应划可跨越对向车行道分界线。

可跨越对向车行道分界线为单黄虚线,线段及间隔长分别为400cm和600cm,一般线宽为15cm,在交通量非常小的农村公路、专属专用道路等特殊应用情况下,线宽可采用10cm。

②可跨越同向车行道分界线(图3-2)。

可跨越同向车行道分界线为白色虚线,用来分隔同向行驶的交通流,设在同向行驶的车行道分界上。在保证安全的情况下,允许车辆短时越线行驶。同一行驶方向有两条或两条以上车行道,并允许车辆变换车道或短时跨越车行道分界线行驶时,应划可跨越同向车行道分界线。

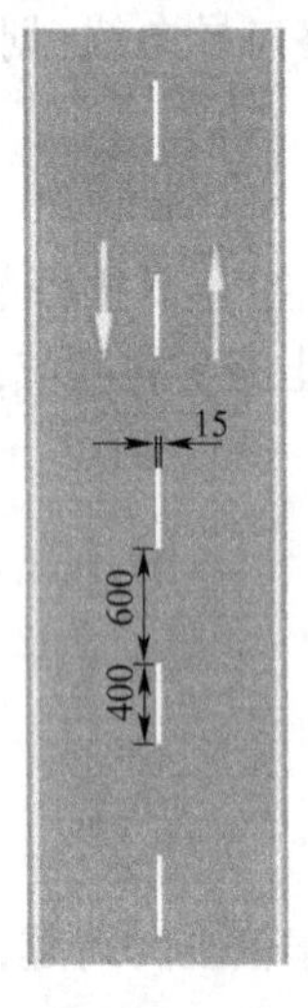


图3-1 可跨越对向车行道分界线(尺寸单位:cm)

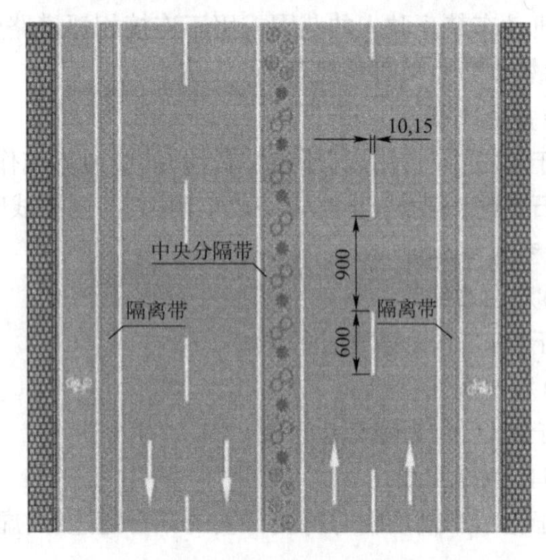


图3-2 可跨越同向车行道分界线(尺寸单位:cm)

可跨越同向车行道分界线一般线宽为10cm或15cm,在交通量非常小的农村公路、专属专用道路等特殊应用情况下,线宽可采用8cm。设计速度不小于60km/h的道路,可跨越同向车行道分界线线段及间隔长分别为600cm和900cm;设计速度小于60km/h的道路,可跨越同向车行道分界线线段及间隔长分别为200cm和400cm。

③潮汐车道线(图3-3)。

车辆行驶方向可随交通管理需要进行变化的车道称为潮汐车道,以两条黄色虚线并列组成的双黄虚线作为其指示标线,指示潮汐车道的位置。应使用相应的可变标志、车道行车方向信号控制设施来配合实现车道行车方向随需要变化的功能,可配合使用相应的物理隔离设施。

黄色虚线的宽度为15cm，线段与间隔长度应与同一路段的可跨越同向车行道分界线一致。两条线之间的间距一般在10～15cm之间。在确保车行道宽度条件下，两条线之间的横向间距可适当调整。

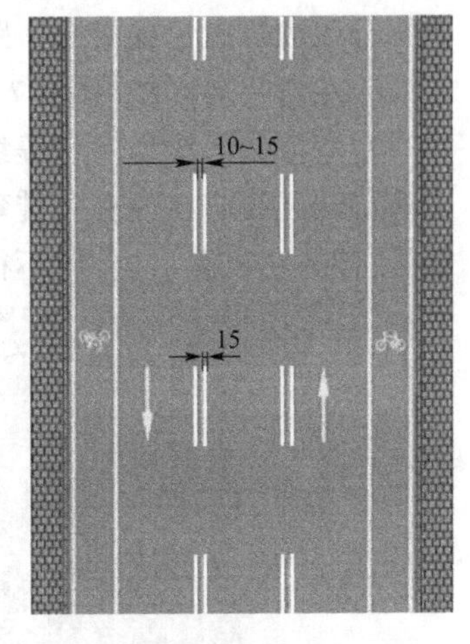

图3-3　潮汐车道线（尺寸单位：cm）

④车行道边缘线。

车行道边缘线用以指示机动车道的边缘或用以划分机动车道与非机动车道的分界。用以划分机动车道与非机动车道分界时，也可称作机非分界线。

A. 车行道边缘白色实线（图3-4）：用于指示禁止车辆跨越的车行道边缘或机非分界。双向四车道及以上道路除出入口、交叉口及允许路边停车的特殊路段外，所有车行道边缘上应设置车行道边缘白色实线，双向三车道及以下道路可不设置，但下列情况下应在车行道边缘施划白色实线：道路的窄桥及其上下游路段；采用道路设计极限指标的曲线段及其上下游路段；交通流发生合流或分流的路段；路面宽度发生变化的路段；路侧障碍物距车行道较近的路段；经常出现大雾等影响安全行车天气的路段；非机动车或行人较多的机非混行路段。

车行道边缘白色实线一般线宽为15cm或20cm，在交通量非常小的农村公路、专属专用道路等特殊应用情况下，车行道边缘白色实线的线宽可采用10cm。车行道边缘白色实线可采用振动标线的形式。

B. 车行道边缘白色虚线（图3-5）：用以指示车辆可临时越线行驶的车行道边缘。跨越边缘虚线行驶的车辆应避让其他正常行驶的车辆、非机动车和行人。在出入口、交叉口及允许路边停车路段等允许机动车跨越边缘线的地方，可设置车行道边缘白色虚线。城市道路相邻出入口间距小于或等于100m时，车行道边缘虚线可连续设置。

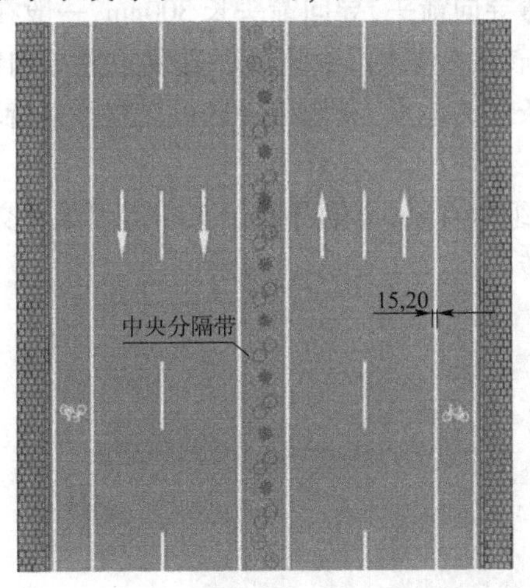

图3-4　车行道边缘白色实线（尺寸单位：cm）

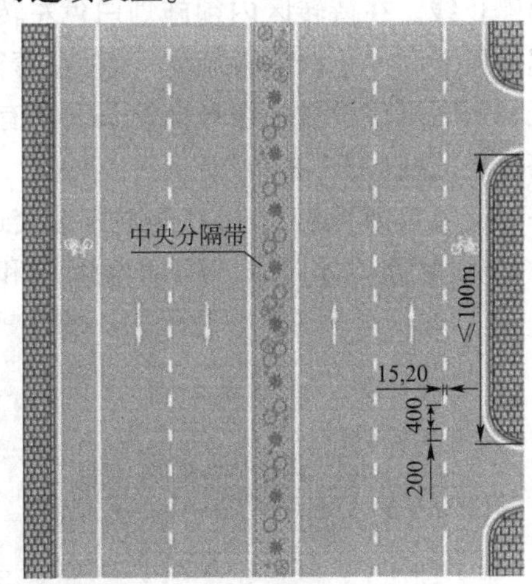

图3-5　车行道边缘白色虚线（尺寸单位：cm）

车行道边缘白色虚线的一般线宽为15cm或20cm，在交通量非常小的农村公路、专属专用道路等特殊应用情况下，车行道边缘白色虚线的线宽可采用10cm。车行道边缘白色虚线的虚线线段及间隔长分别为200cm和400cm。

C. 车行道边缘白色虚实线（图3-6）：虚线侧允许车辆越线行驶，实线侧不允许车辆越线行驶，用以规范车辆行驶轨迹。在必要的地点，如公交车站邻近路段、允许路边停车路段等，可设置车行道边缘白色虚实线。跨线行驶的车辆,应避让其他正常行驶的车辆、非机动车和行人。

⑤左弯待转区线(图3-7)。

左弯待转区线为白色虚线,用来指示左转弯车辆在直行时段进入待转区等待左转的位置。左弯待转区线应在设有左转弯专用信号且辟有左转弯专用车道时使用,设于左转弯专用车道前端,伸入交叉路口内,但不得妨碍对向直行车辆的正常行驶。

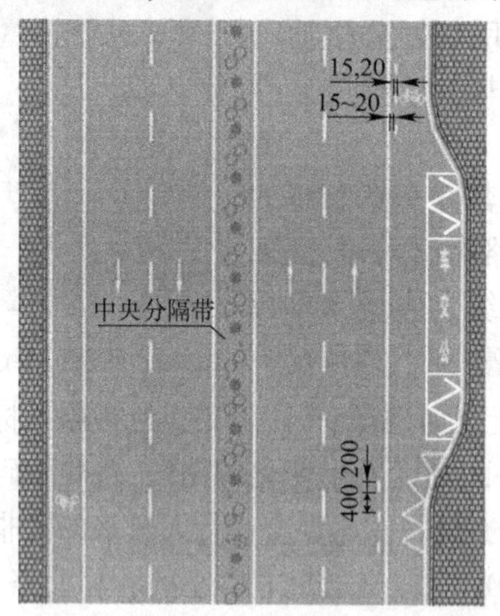


图3-6 车行道边缘白色虚实线(尺寸单位:cm)

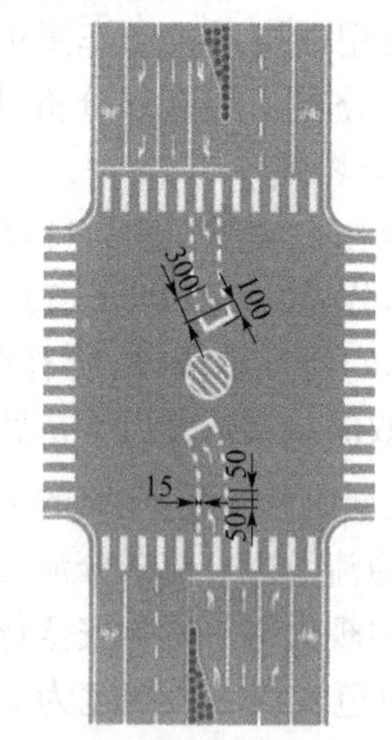


图3-7 左弯待转区线(尺寸单位:cm)

车行道边缘白色虚实线的一般线宽为15cm或20cm,在交通量非常小的农村公路、专属专用道路等特殊应用情况下,车行道边缘白色虚实线的线宽可采用10cm。车行道边缘白色虚实线的虚实线间距为15~20cm,虚线线段及间隔长分别为200cm和400cm。

左弯待转区线为两条平行并略带弧形的白虚线,线宽15cm,线段及间隔长均为50cm,其前端应划停止线。在待转区内须施划白色左转弯导向箭头,导向箭头长300cm,一般在左弯待转区的起始位置和停止线前各施划一组,左弯待转区较长时,中间可以重复设置导向箭头,左弯待转区较短时可仅设置一组导向箭头。在有条件的地点,左弯待转区可设置多条待转车道。

⑥路口导向线(图3-8)。

在平面交叉口面积较大、形状不规则或交通组织复杂,车辆寻找出口车道困难或交通流交织严重时,应设置路口导向线,辅助车辆行驶和转向。

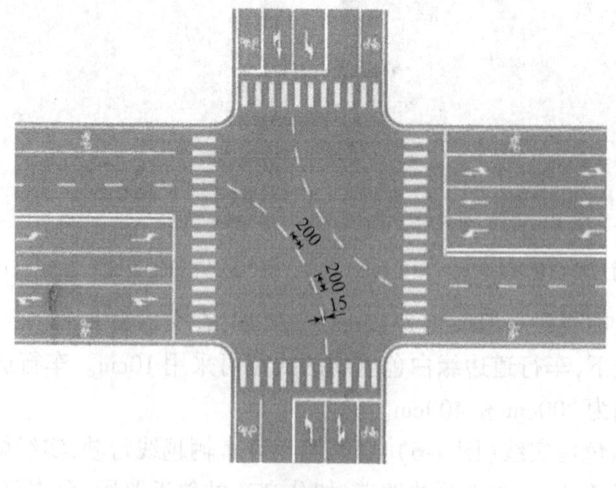


图3-8 路口导向线(尺寸单位:cm)

路口导向线为虚线，线段长 200cm，间隔 200cm，线宽 15cm。连接同向车行道分界线或机非分界线的路口导向线为白色圆曲（或直）虚线；连接对向车行道分界线的路口导向线为黄色圆曲（或直）虚线。

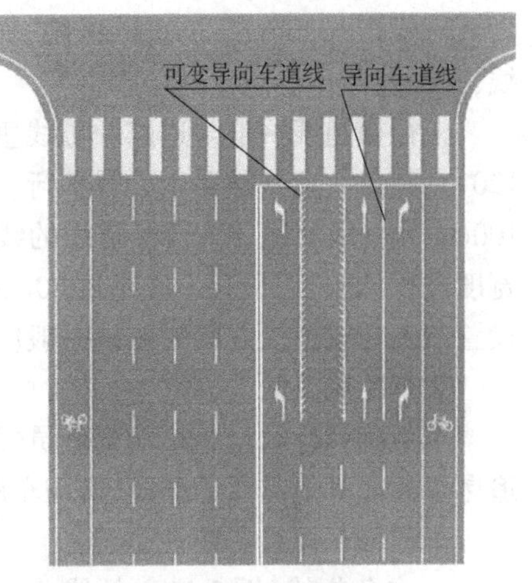


图 3-9 导向车道线

⑦导向车道线（图 3-9）。

设置于路口驶入段的车行道分界线称作导向车道线，用以指示车辆应按导向方向行驶的导向车道的位置。

导向方向固定的导向车道线为白色实线，一般线宽为 10cm 或 15cm，在交通量非常小的农村公路、专属专用道路等特殊应用情况下，线宽可采用 8cm。导向车道线施划长度应根据路口的几何线形及交通管理需要确定，一般不小于 30m。

可变导向车道线用于指示导向方向随需要可变的导向车道的位置。设置长度应不小于其他导向车道线的设置长度，施划了可变导向车道标线的导向车道内不应设置导向箭头。可变导向车道线应与可变的车道行驶方向标志配合使用。进入可变导向车道的车辆应按车道行驶方向标志显示的指向行驶。

（2）横向标线包括：

①人行横道线（图 3-10）。

人行横道线为白色平行粗实线（又称斑马线），既标示一定条件下准许行人横穿道路的路径，又警示机动车驾驶员注意行人及非机动车过街。

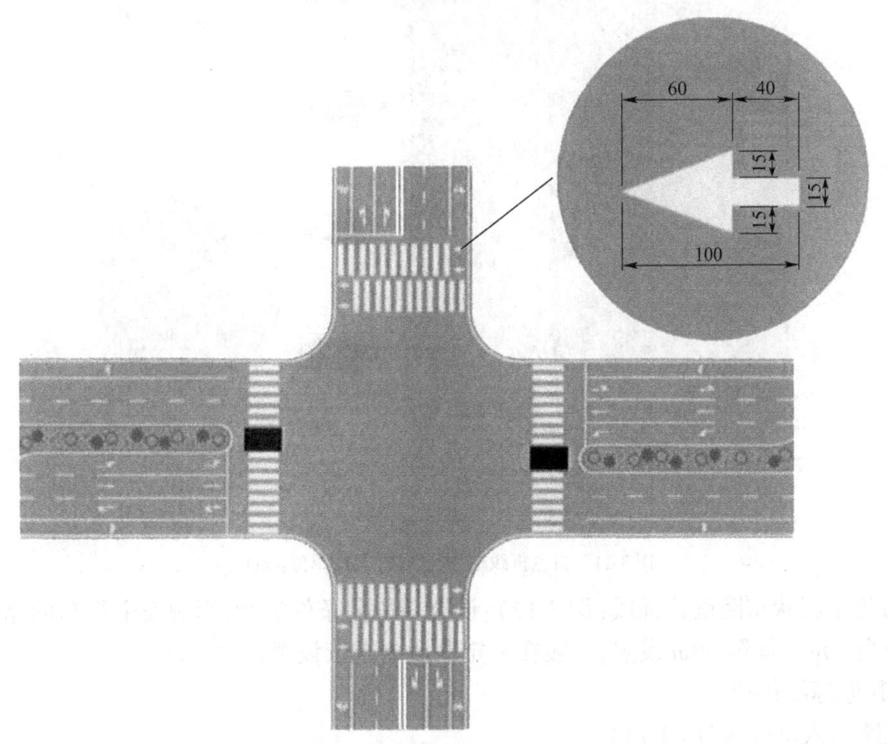


图 3-10 人行横道线（尺寸单位：cm）

道路交叉口和行人横过道路较为集中的路段中无过街天桥、地下通道等过街设施时，应施划人行横道线；学校、幼儿园、医院、养老院门前的道路没有行人过街设施的，应施划人行横道线，并设置指示标志。

人行横道线一般与道路中心线垂直，特殊情况下，其与中心线夹角不宜小于60°（或大于120°），其条纹应与道路中心线平行；人行横道线的最小宽度为300cm，并可根据行人交通量以100cm为一级加宽。人行横道线的线宽为40cm或45cm，线间隔一般为60cm，可根据车行道宽度进行调整，但最大不应超过80cm。人行横道线的设置间距根据实际需要确定，但路段上设置的人行横道线之间的距离一般应大于150m。

②车距确认线。

车距确认标线作为车辆驾驶员保持行车安全距离的参考，视需要设于较长直线段、易发生追尾事故或其他需要的路段，应与车距确认标志配合使用。

车距确认标线有两种类型：

A. 白色折线（图3-11）：标线总宽300cm，线条宽40cm或45cm，从确认基点0m开始，每隔5m设置一道标线，连续设置两道为一组，间隔50m重复设置5组，也可在较长路段内连续设置多组。

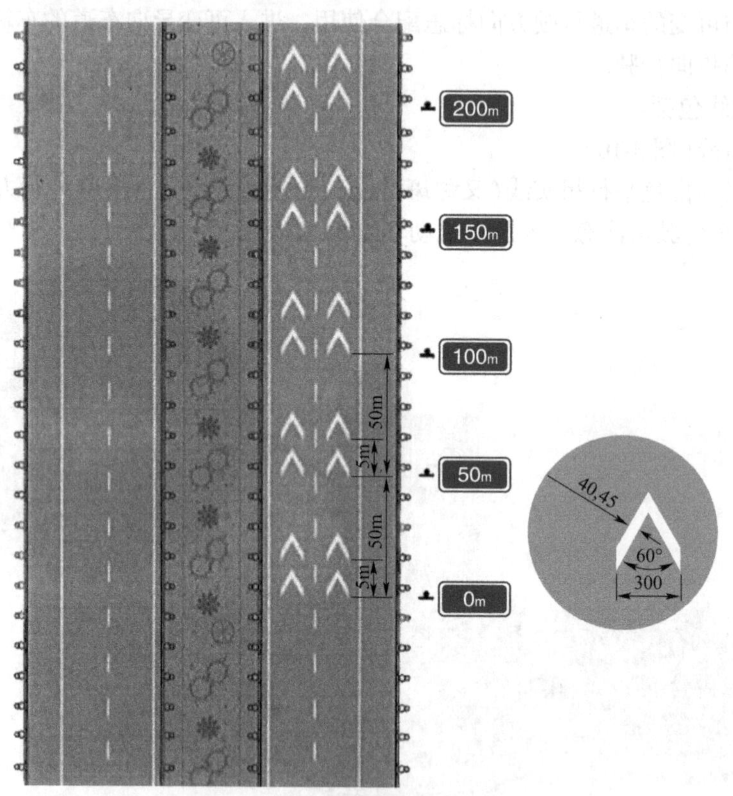


图3-11　白色折线车距确认线（尺寸单位：cm）

B. 白色半圆状车距确认标线（图3-12）：设置于气象条件复杂，影响安全行车的路段两侧，半圆半径为30cm，间隔50m设置，一般在一定路段内连续设置。

（3）其他标线包括：

①道路出入口标线（图3-13）。

道路出入口标线用于引导驶入或驶出车辆的运行轨迹，提供安全交汇，减少与突出缘石碰撞的可能，一般由出入口的纵向标线和三角地带标线组成。

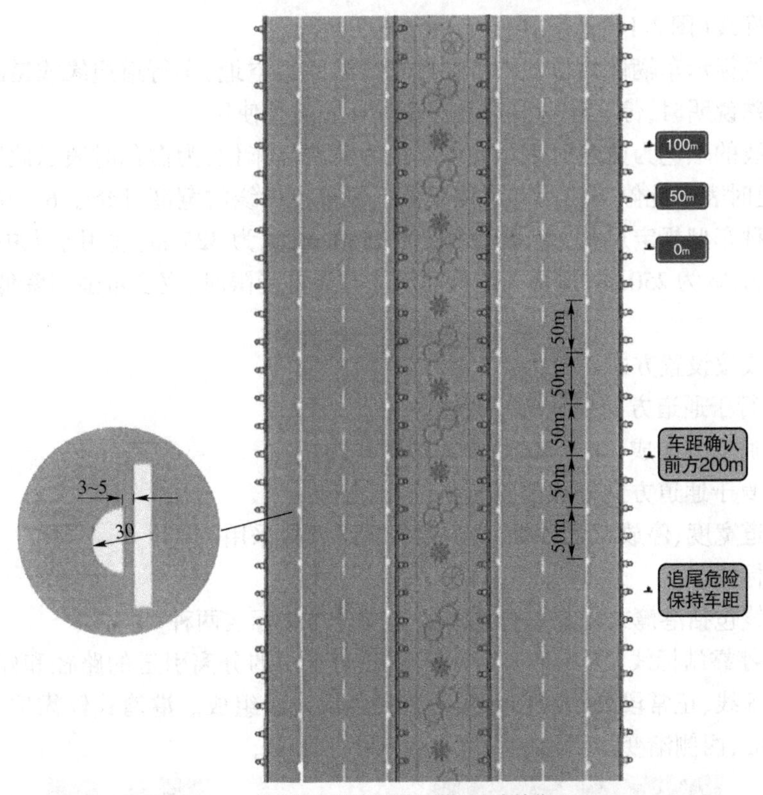


图 3-12　白色半圆状车距确认线(尺寸单位:cm)

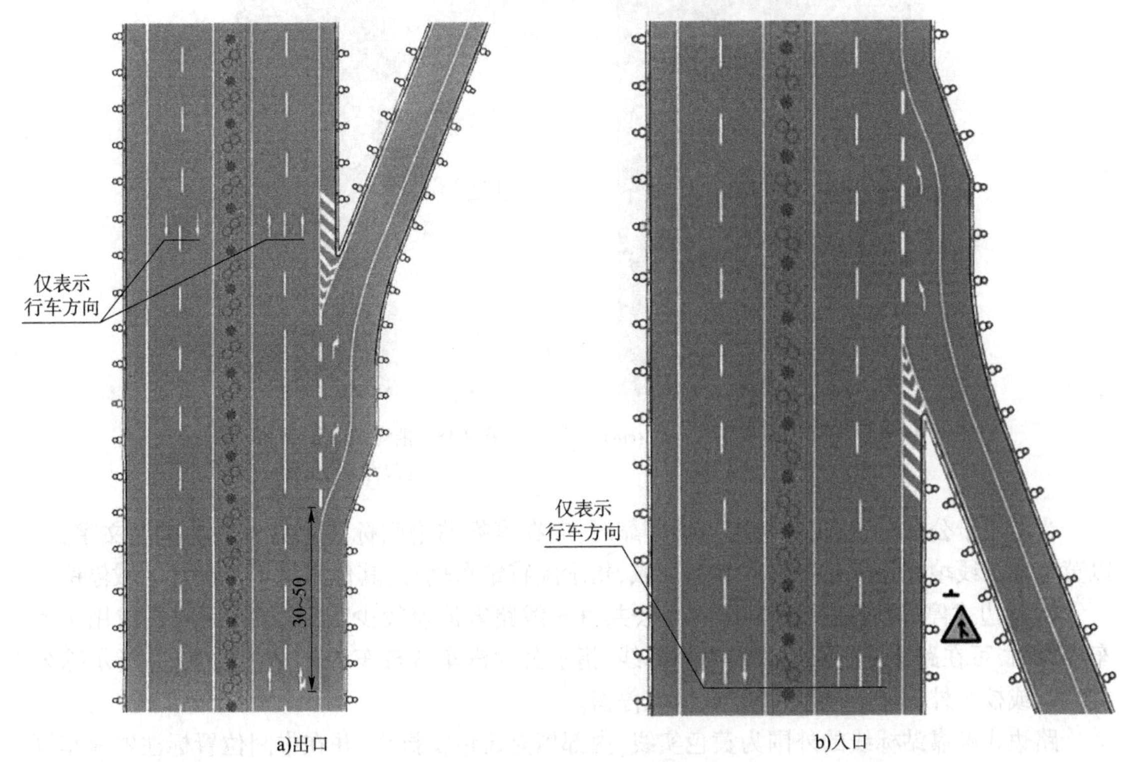


图 3-13　道路出入口标线

出入口标线的颜色为白色,应结合出入口的形式和具体线形进行设计布置。

②停车位标线(图 3-14)。

停车位标线标示车辆停放位置。可在停车场或路边空地,车行道边缘或道路中间适当位置设置。无特殊说明时,停车位标线应和停车场标志配合使用。

停车位标线的颜色为蓝色时表示此停车位为免费停车位,为白色时表示此停车位为收费停车位,为黄色时表示此停车位为专属停车位。停车位标线的宽度可介于 6 ~ 10cm 之间。停车位标线按两种车型规定尺寸,上限尺寸长为 1560cm,宽为 325cm,适用于大中型车辆,下限尺寸长为 600cm,宽为 250cm,适用于小型车辆。在条件受限时,宽度可适当降低,但最小不应低于 200cm。

停车位标线按设置方式可分为:

A. 车辆平行于通道方向停放的平行式。

B. 车辆与通道方向成 30° ~60°角停放的倾斜式。

C. 车辆垂直于通道方向停放的垂直式。

可根据通道宽度、停放车辆种类、交通量等情况选择采用。

③停靠站标线。

停靠站标线包括港湾式停靠站标线和路边式停靠站标线两种。

A. 港湾式停靠站标线(图 3-15):标示车辆通向专门的分离引道的路径和停靠位置,由渐变段引道白色虚线、正常段外边缘白色实线或白色填充线组成。港湾式停靠站正常段的长度一般不小于 30m,两侧渐变段引道的长度一般不小于 25m。

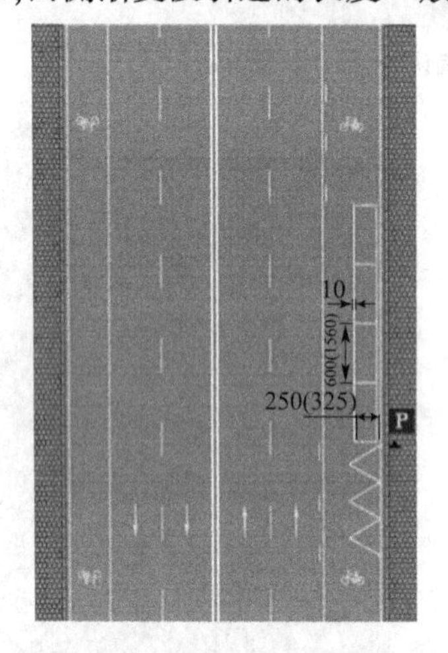


图 3-14　停车位标线(尺寸单位:cm)

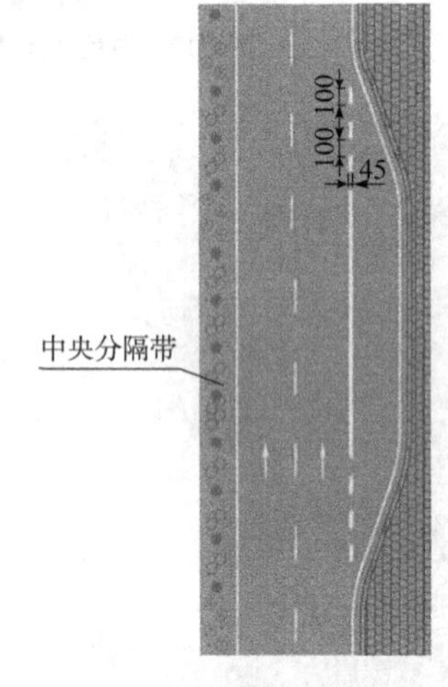


图 3-15　港湾式停靠站标线(尺寸单位:cm)

当专用于公交车、校车等特定车辆停靠时,应在停靠站中间标注停靠车辆的类型文字,并以黄色实折线填充停靠站正常段其他区域,指示除特定车辆外,其他车辆不得在此区域停留。

B. 路边式停靠站标线(图 3-16):当公共汽车线路客流量较少、道路条件受限制或用于校车停靠时,可在路边施划路边式停靠站标线,指示公共汽车或校车停靠站的位置,并指示除公共汽车或校车外,其他车辆不得在此区域停留。

路边式停靠站标线的外围为黄色实线,内部填充黄色实折线,并在中间位置标注停靠车辆的类型文字。路边式停靠站的尺寸需考虑客流量大小、停靠站公共汽车线路数量等因素确定,长度一般不小于 25m。

④减速丘标线(图3-17)。

布置减速丘的路段,应在减速丘前设置减速丘标线,以提前告知道路使用者。减速丘标线由设置在减速丘上的标记和设置在减速丘上游的前置标线组成。减速丘标线应采用反光标线。减速丘与人行横道联合设置时,可省略减速丘上的标记部分,但应标示出减速丘的边缘。

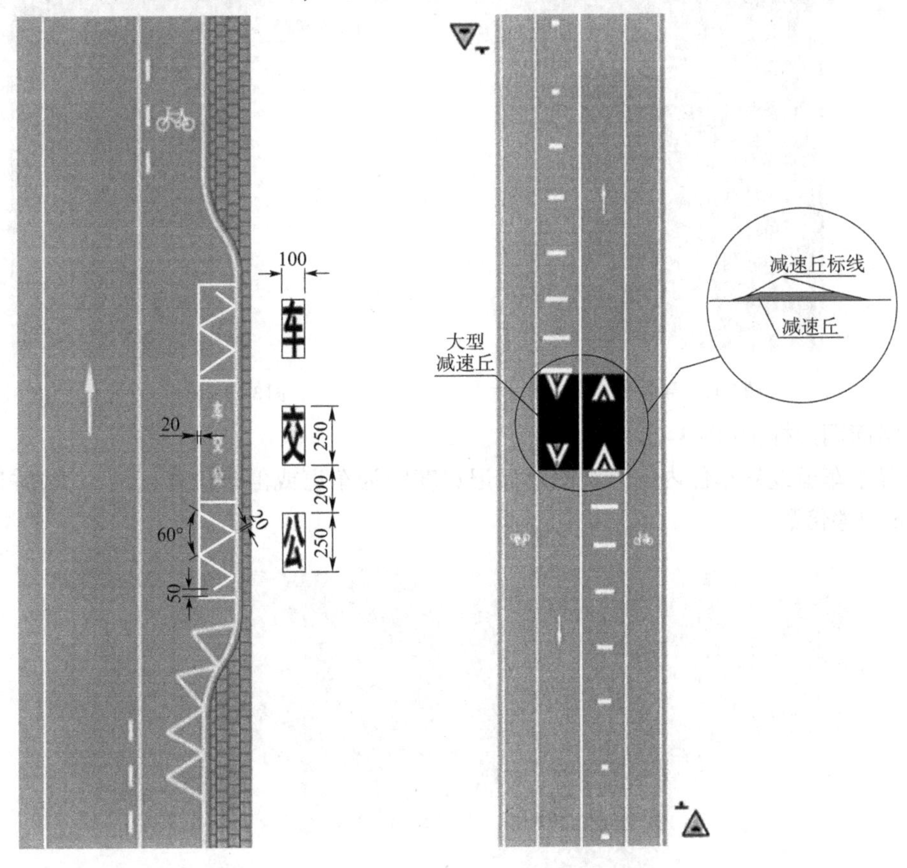


图3-16　路边式停靠站标线(尺寸单位:cm)

图3-17　减速丘标线

⑤导向箭头(图3-18)。

导向箭头用以指示车辆的行驶方向。

在行驶方向受限制的交叉入口车道内,车道数减少路段的缩减车道内,设有专用车道的交叉口或路段,畸形、复杂的交叉口,渠化后的车道内应设置导向箭头。

导向箭头的颜色为白色,可根据实际车道导向需要设置,组合使用时不宜超过两种方向。除掉头车辆外,其他车辆的行驶方向均应遵循导向箭头的指示。机动车在有禁止掉头或者禁止左转弯标志、标线的地点以及在铁路道口、人行横道、桥梁、急弯、陡坡、隧道或者容易发生危险的路段,不得掉头,在没有禁止掉头或者没有禁止左转弯标志、标线且道路条件允许的地点可以掉头,但不得妨碍正常行驶的其他车辆和行人的通行。

⑥路面文字标记(图3-19)。

路面文字标记是利用路面文字指示或限制车辆行驶的标记。路面文字标记的高度应根据道路设计速度确定。路面文字标记可包括道路行驶方向的指示信息、特定时间段指示信息、出口提示信息等内容。汉字标记应沿车辆行驶方向由近及远竖向排列,数字标记沿车辆行驶方向横向排列。

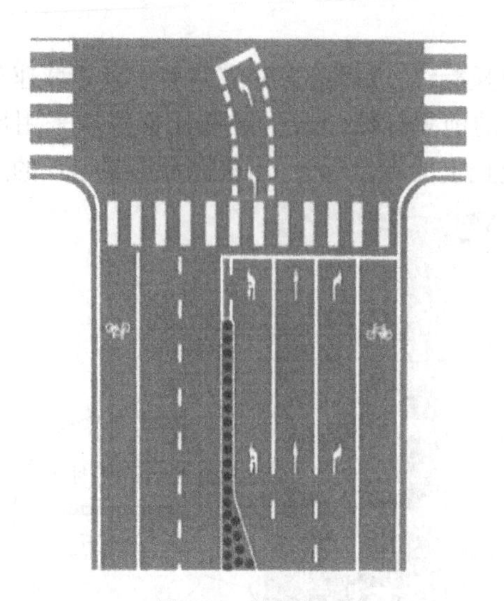

图 3-18　导向箭头

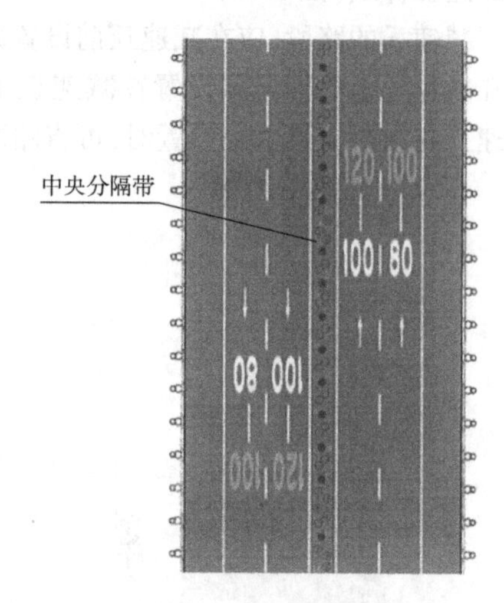


图 3-19　路面文字标记

⑦路面图形标记(图 3-20)。

设置于车道或停车位内的路面图形标记宽度应为车道或停车位宽度的一半,并四舍五入取 10cm 的整倍数。

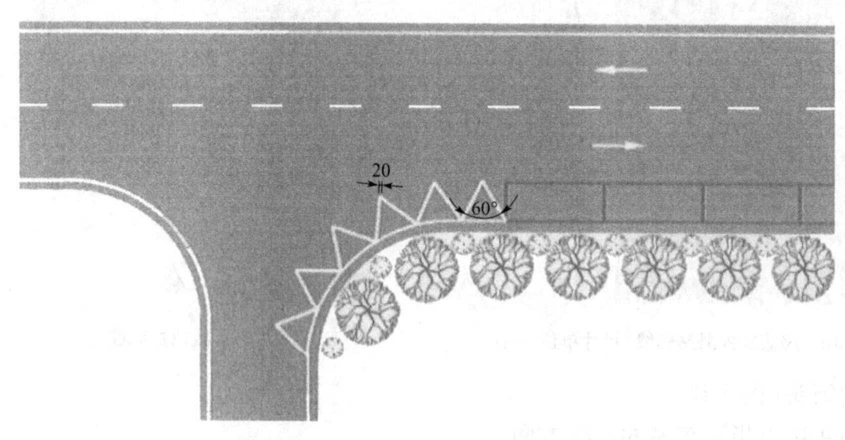


图 3-20　路面图形标记(尺寸单位:cm)

2. 禁止标线

(1)纵向标线包括:

①禁止跨越对向车行道分界线。

禁止跨越对向车行道分界线(也可称为禁止跨越道路中心线)有双黄实线、黄色虚实线和单黄实线三种类型,用于分隔对向行驶的交通流,并禁止双方向或一个方向车辆越线或压线行驶。一般设在道路中线上,但不限于一定设在道路的几何中心线上。

A. 双黄实线(图 3-21):作为禁止跨越对向车行道分界线时,禁止双方向车辆越线或压线行驶。一般施划于单方向有两条或两条以上机动车道而没有设置实体中央分隔带的道路上,除交叉路口或允许车辆左转弯(或掉头)路段外,均应连续设置,可采用振动标线的形式。黄色实线线宽一般为 15cm,特殊情况下可降低至 10cm,两标线的间隔一般为 10 ~ 30cm。

B. 黄色虚实线(图 3-22):作为禁止跨越对向车行道分界线时,实线一侧禁止车辆越线或压线行驶，虚线一侧准许车辆暂时越线或转弯。越线行驶的车辆应避让正常行驶的车辆。中心黄色虚实线可用作双向通行的三条机动车道道路的对向车行道分界线以及需要实行单侧禁止超车的其他道路的对向车行道分界线。标线线宽一般为 15cm，特殊情况下可降低至 10cm，两标线的间隔一般为 10cm ~ 30cm，虚线段与间隔长分别为 400cm 和 600cm。

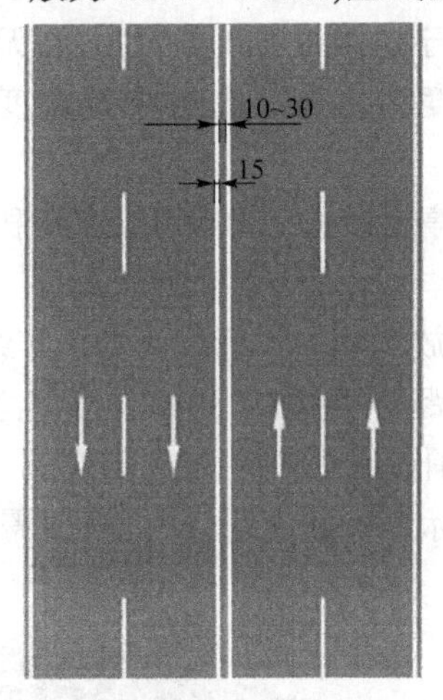


图 3-21 双黄实线禁止跨越对向车行道分界线(尺寸单位:cm)

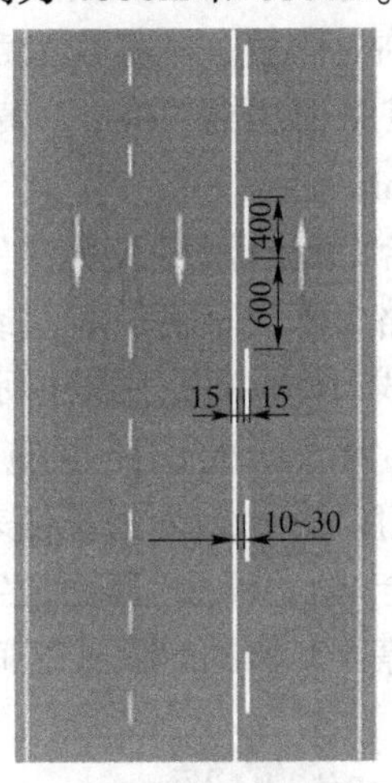


图 3-22 黄色虚实线禁止跨越对向车行道分界线(尺寸单位:cm)

C. 黄色单实线(图 3-23)：作为禁止跨越对向车行道分界线时，禁止双方向车辆越线或压线行驶。一般施划于单方向只有一条车道或一条机动车道和一条非机动车道道路、视距受限制的竖曲线、平曲线路段及有其他危险需要禁止超车的路段，可采用振动标线的形式。标线线宽 15cm，在路面较宽时，为保证车行道宽度不大于 3.75m，黄色单实线线宽可以适当增加，最大为 30cm。

②禁止跨越同向车行道分界线(图 3-24)。

用于禁止车辆跨越车行道分界线进行变换车道或借道超车。设于交通繁杂而同向有多条车行道的桥梁、隧道、弯道、坡道、车行道宽度渐变路段、交叉口驶入段、接近人行横道线的路段或其他认为需要禁止变换车道的路段。

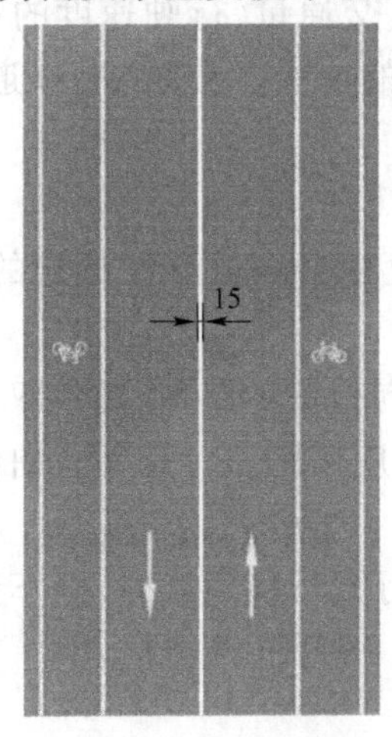


图 3-23 黄色单实线禁止跨越对向车行道分界线(尺寸单位:cm)

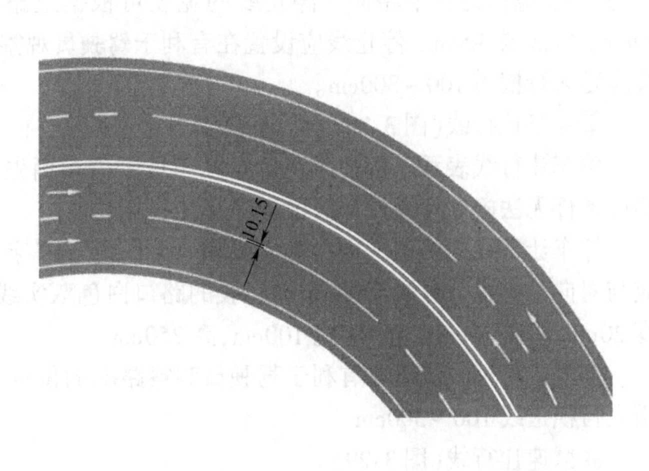


图 3-24 禁止跨越同向车行道分界线(尺寸单位:cm)

本标线为白色实线，一般线宽为10cm或15cm，交通量非常小的农村公路、专属专用道路等特殊应用情况下，线宽可采用8cm，可采用振动标线的形式。

③禁止停车线。

A. 禁止长时停车线(图3-25)：用以禁止路边长时停、放车辆，但一般情况下允许装卸货物或上下人员等的临时停放。本标线为黄色虚线，施划于道路缘石正面及顶面，无缘石的道路可施划于路面上，距路面边缘30cm。黄色虚线的宽度为15cm，或与缘石宽度相同，线段长100cm，间隔100cm。

本标线可配合“禁止停放”路面文字和禁止长时停放标志一并使用，并可根据需要在辅助标志上标明禁止路边停放车辆的时间或区间。

B. 禁止停车线(图3-26)：用以指示禁止路边停、放车辆。本标线为黄色实线，施划于道路缘石正面及顶面，无缘石的道路可施划于路面上，距路面边缘30cm。黄色实线的宽度为15cm，或与缘石宽度相同，施划的长度表示禁停的范围。

本标线可配合“禁止停放”路面文字和禁止停放标志一并使用，并可根据需要在辅助标志上标明禁止路边停放车辆的时间或区间。

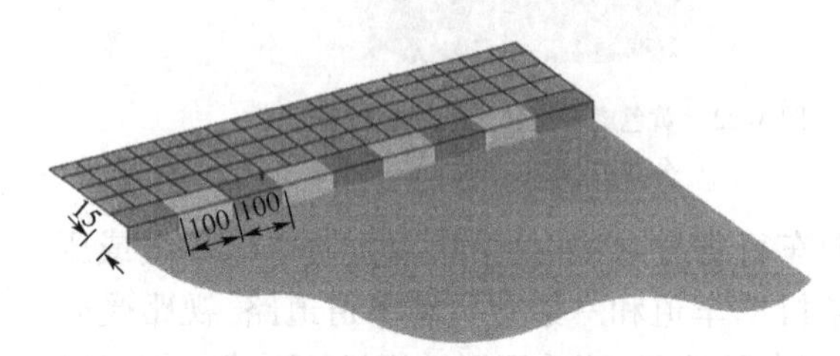


图3-25 禁止长时停车线(尺寸单位：cm)

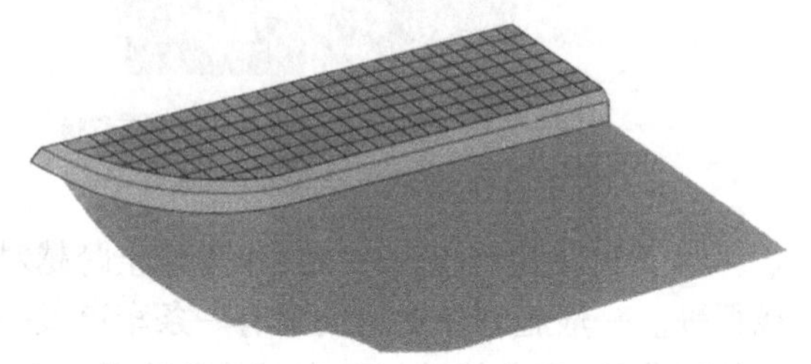

图3-26 禁止停车线

(2)横向标线包括：

①停止线(图3-27)。

表示车辆让行、等候放行等情况下的停车位置。可施划于交叉路口、铁路平交道口、左弯待转区的前端、人行横道线前及其他需要车辆停止的位置。

停止线为白色实线。双向行驶的路口，停止线应与对向车行道分界线连接；单向行驶的路口，其长度应横跨整个路面。停止线的宽度可根据道路等级、交通量、行驶速度的不同选用20cm、30cm或40cm。停止线应设置在有利于驾驶员观察路况的位置。设有人行横道时，停止线应距人行横道100~300cm。

②停车让行线(图3-28)。

停车让行线表示车辆在此路口应停车让干道车辆先行，设有“停车让行”标志的路口，除路面条件无法施划标线外均应设置停车让行标线。

停车让行线为两条平行白色实线和一个白色“停”字。双向行驶的路口，白色双实线长度应与对向车行道分界线连接；单向行驶的路口白色双实线长度应横跨整个路面。白色实线宽度20cm，间隔20cm，“停”字宽100cm，高250cm。

停车让行标线应设在有利于驾驶员观察路况的位置。如有人行横道线时，停车让行线应距人行横道线100~300cm。

③减速让行线(图3-29)。

减速让行线表示车辆在此路口应减速让干道车辆先行。设有“减速让行”标志的路口，除路面条件无法施划标线外均应设置减速让行标线。

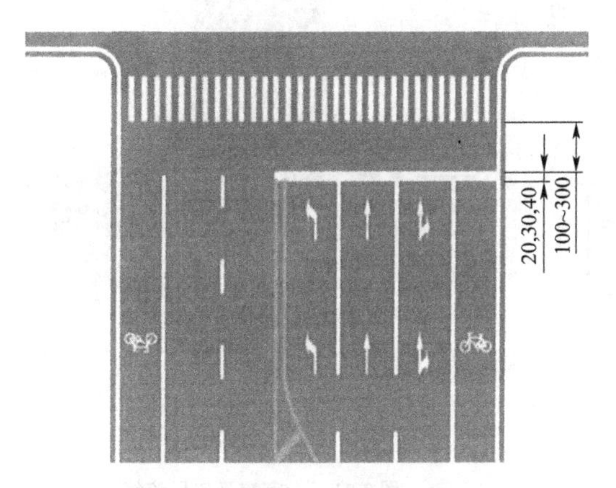


图 3-27　停止线(尺寸单位:cm)

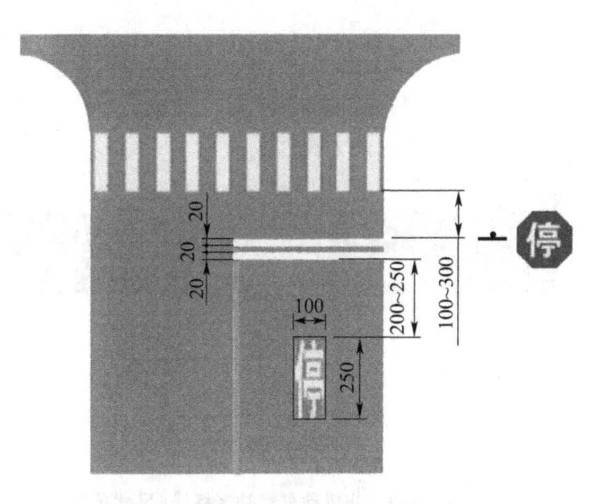


图 3-28　停车让行线(尺寸单位:cm)

减速让行线为两条平行的虚线和一个倒三角形,颜色为白色。双向行驶的路口,白色虚线长度应与对向车行道分界线连接;单向行驶的路口,白色虚线长度应横跨整个路面。虚线宽 20cm,两条虚线间隔 20cm。倒三角形底宽 120cm,高 300cm。

减速让行标线应设在有利于驾驶员观察路况的位置。如有人行横道线时,减速让行线应距人行横道线 100~300cm。

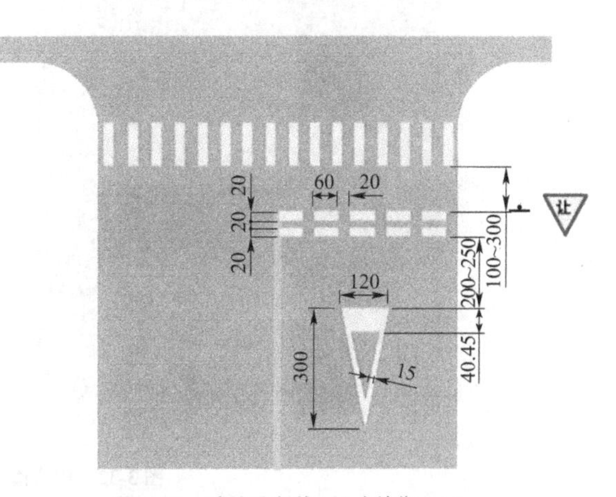


图 3-29　减速让行线(尺寸单位:cm)

(3)其他标线包括:

①非机动车禁驶区标线(图 3-30)。

在无专用左转弯相位信号控制的较大路口或其他需要规范非机动车行驶轨迹的路口内,可设非机动车禁驶区标线,用以告示非机动车使用者在路口内禁止驶人的范围。非机动车禁驶区范围以机动车道外侧边缘为界,可配合设置中心圈。左转弯非机动车应沿禁驶区范围外绕行,且两次停车,其停止线长度不应小于相应非机动车道宽度。

②导流线(图 3-31)。

表示车辆需按规定的路线行驶,不得压线或越线行驶。主要用于过宽、不规则或行驶条件比较复杂的交叉路口,立体交叉的匝道口或其他特殊地点。导流线应根据交叉路口的地形和交通流量、流向情况进行设计。

导流线的颜色为白色,与道路中心线相连时,也可用黄色。标线形式可分为单实线、V 形线和斜纹线三种。外围线宽 15cm 或 20cm,内部填充线宽为 40cm 或 45cm,间隔 100cm,倾斜角为 45°。

③中心圈(图 3-32)。

可设在平面交叉路口的中心,用以区分车辆大、小转弯或作为交叉口车辆左右转弯的指示,车辆不得压线行驶。

中心圈有圆形和菱形两种形式,颜色为白色。中心圈直径及形状应根据交叉路口大小确定,圆形的直径不小于 120cm,菱形的对角线长度不小于 150cm。

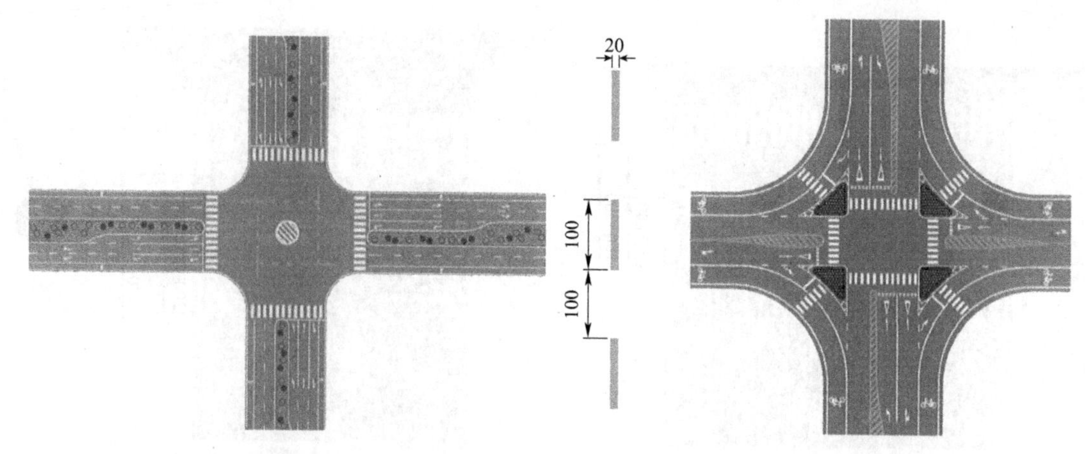


图 3-30　非机动车禁驶区标线(尺寸单位:cm)

图 3-31　十字交叉口导流线

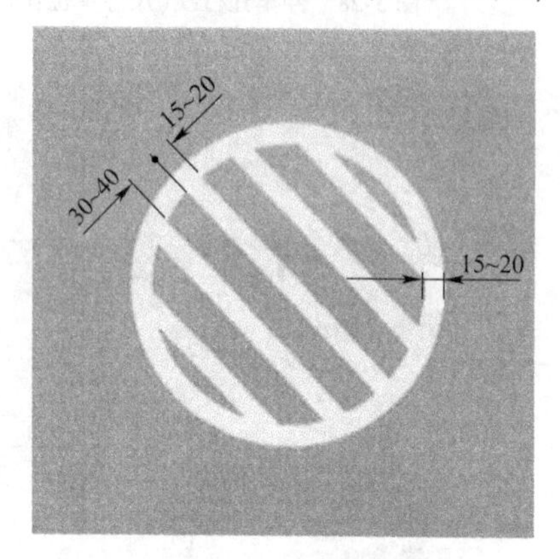


a)圆形中心圈

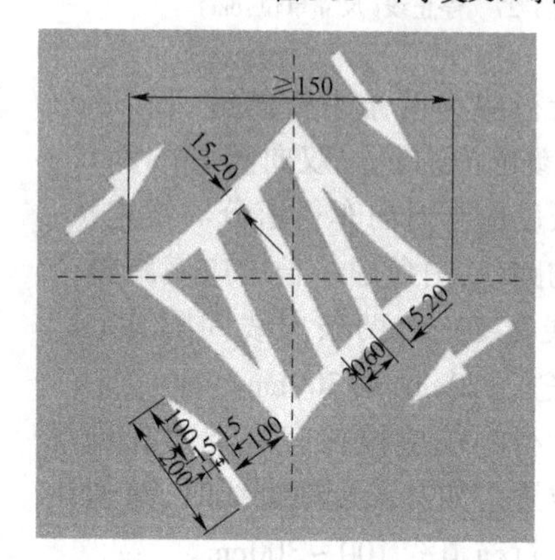


b)菱形中心圈

图 3-32　中心圈(尺寸单位:cm)

④网状线(图 3-33)。

用以标示禁止以任何原因停车的区域,视需要划设于易发生临时停车造成堵塞的交叉路口、出入口及其他需要设置的位置。

标线颜色为黄色,外围线宽 20cm,内部网格线与外边框夹角为 45°,内部网格线宽 10cm,斜线间隔 100 ~ 500cm。

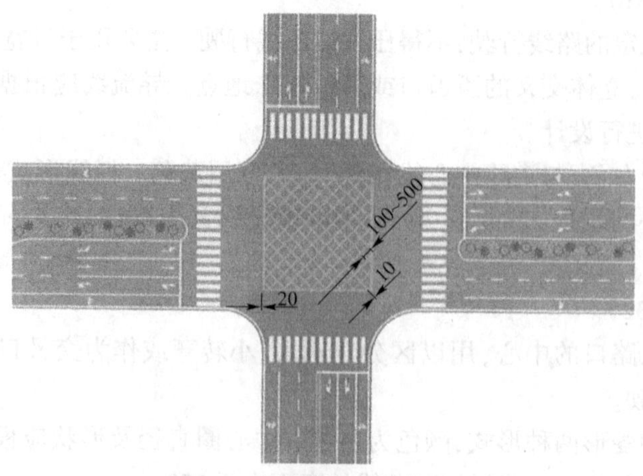


图 3-33　网状线(尺寸单位:cm)

⑤车种专用车道线。

A. 公交专用车道线(图3-34):由黄色虚线及白色文字组成,表示除公交车外,其他车辆及行人不得进入该车道。黄色虚线的线段长和间隔均为400cm,线宽为20cm或25cm。标写的文字为:公交专用或BRT专用。如该车道为分时专用车道,可在文字下加标公交车专用的时间。

公交专用车道线从起点开始施划,每经过一个交叉口重复出现一次字符。如交叉口间隔距离较长,也可在中间适当地点增加施划字符。公交专用车道与非机动车道临近设置,且无机非隔离带时,应配合设置机非分道线。公交专用车道线应与公交专用车道标志配合设置。

B. 小型车专用车道线(图3-35):在车行道内施划"小型车"路面文字,表示该车行道为小型车专用车道。

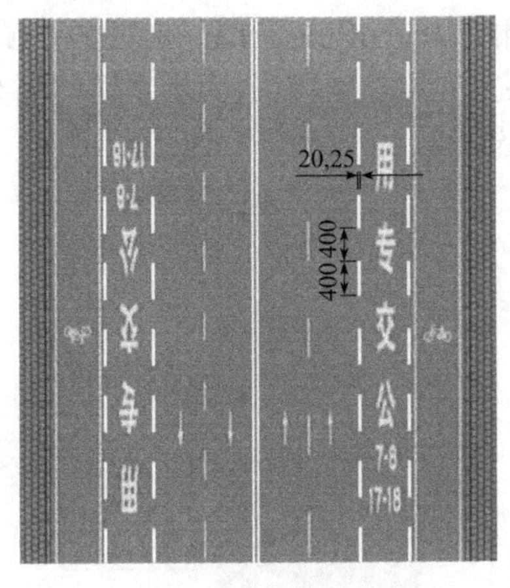


图3-34 公交专用车道线(尺寸单位:cm)

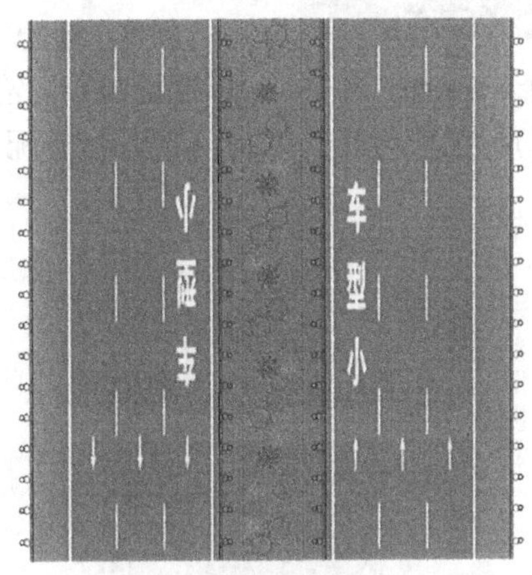


图3-35 小型车专用车道线

C. 大型车道标线(图3-36):在车行道内施划"大型车"路面文字,表示大型车应在该车道内行驶。

D. 多乘员车辆专用车道线(图3-37):由白色虚线及白色文字组成,表示该车行道为有多个乘车人的多乘员车辆专用的车道,未载乘客或乘员数未达规定的车辆不得入内行驶。白色虚线的线段长度和间隔均为400cm,线宽为20cm或25cm。标写的文字为:多乘员专用。如该车道为分时专用车道,可在文字下加标专用的时间。多乘员车辆专用车道线应与多乘员车辆专用车道标志配合设置。

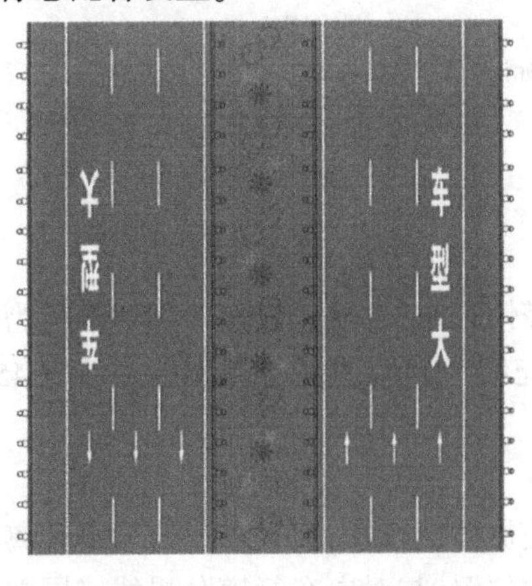


图3-36 大型车专用车道线

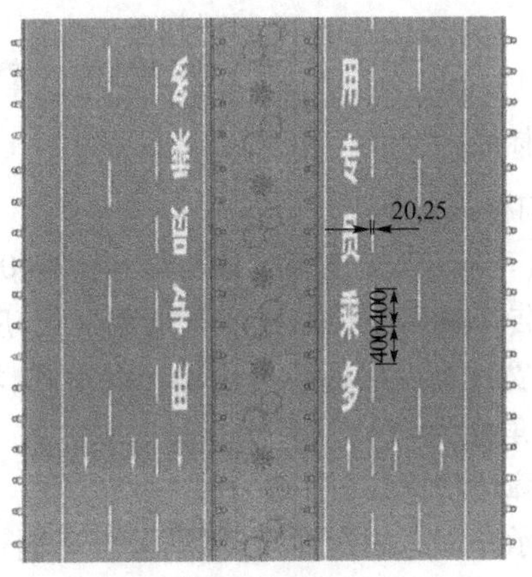


图3-37 多乘员车辆专用车道线(尺寸单位:cm)

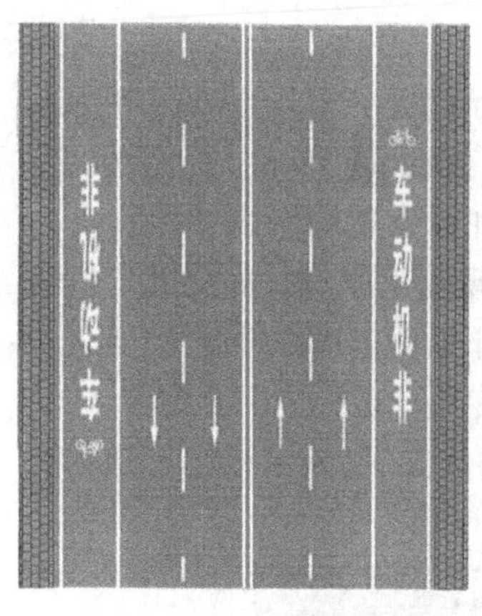

图 3-38　非机动车道线

E. 非机动车道线(图 3-38):由车道线、非机动车标记图案和"非机动车"文字组成,一般情况下可仅采用非机动车标记图案而不标文字标记。除特殊点段外,该车道为非机动车道,机动车不得进入。非机动车道标线颜色为蓝色时,表示此车道仅供非机动车行驶,行人及其他车辆不得进入。

⑥禁止掉头(转弯)标记(图 3-39)。

用于禁止车辆掉头或转弯的路口或区间。禁止掉头(转弯)标记由黄色导向箭头和黄色叉形标记左右组合而成,黄色叉形标记位于左侧,如本车道为限时禁止掉头(转弯)车道,应在禁止掉头(转弯)标记下附加禁止掉头(转弯)时间段的黄色文字。叉形标记与导向箭头宽度及长度相同,两者之间间隔 50cm。禁止掉头(转弯)标记应与禁止掉头(转弯)标志配合设置。

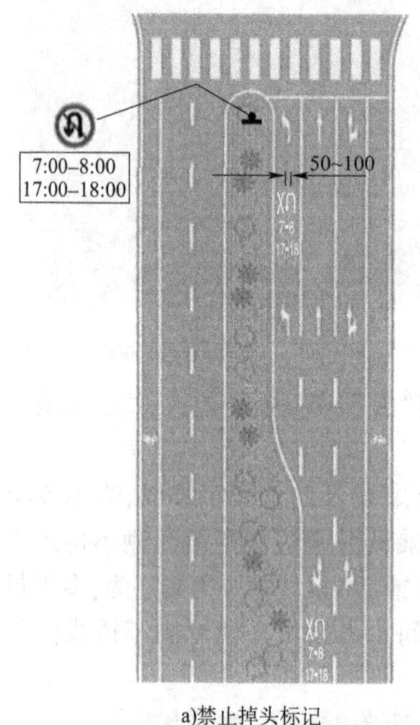

a)禁止掉头标记

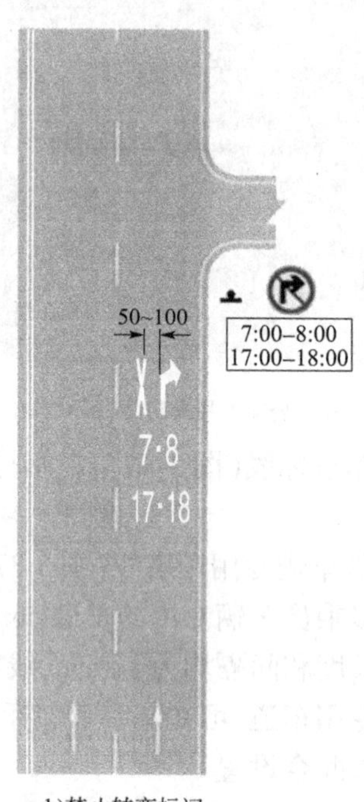

b)禁止转弯标记

图 3-39　禁止掉头(转弯)标记(尺寸单位:cm)

3. 警告标线

(1)纵向标线包括:

①路面(车行道)宽度渐变段标线(图 3-40)。

用以警告车辆驾驶员路宽或车道数变化,应谨慎行车,并禁止超车。标线颜色为黄色。路面(车行道)宽度渐变段标线可用填充线形式,填充线为倾斜的平行粗实线。线宽 45cm,间隔 100cm,倾斜角度为 45°。

②接近障碍物标线(图 3-41)。

用以指示路面有固定性障碍物,警告车辆驾驶员谨慎行车,引导交通流顺畅驶离障碍物区域。接近障碍物标线的颜色,应根据障碍物所在的位置,与对向车行道分界线或同向车行道分界线的颜色一致。

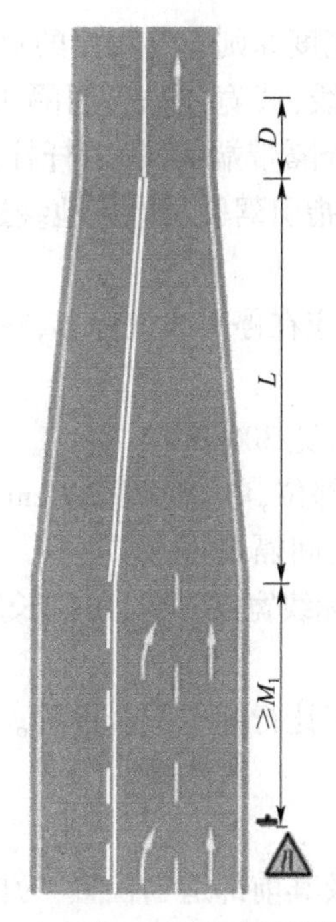


a)三车道变双车道渐变段标线

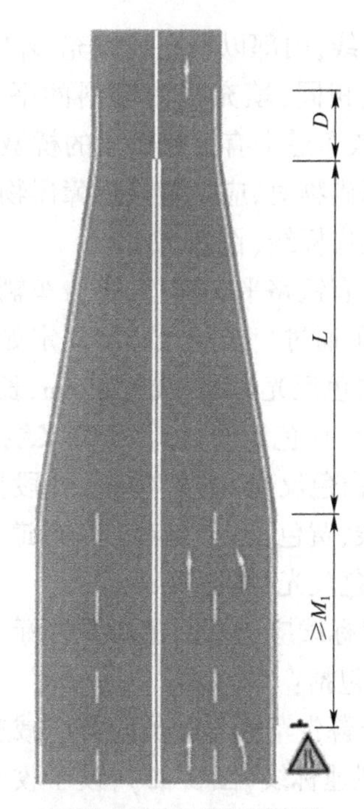


b)四车道变双车道渐变段标线

图 3-40　路面(车行道)宽度渐变段标线

*L*-渐变段长度;$M_1$-安全停车视距;*D*-路宽缩减终点标线延长距离

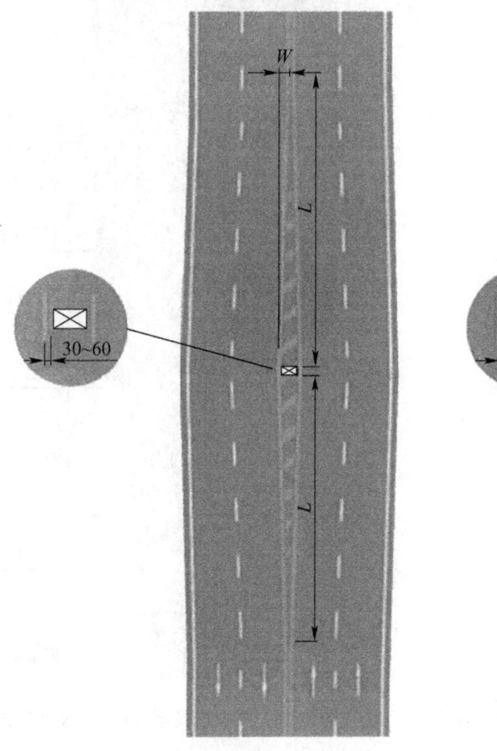


a)双向四车道道路接近道路中心障碍物标线

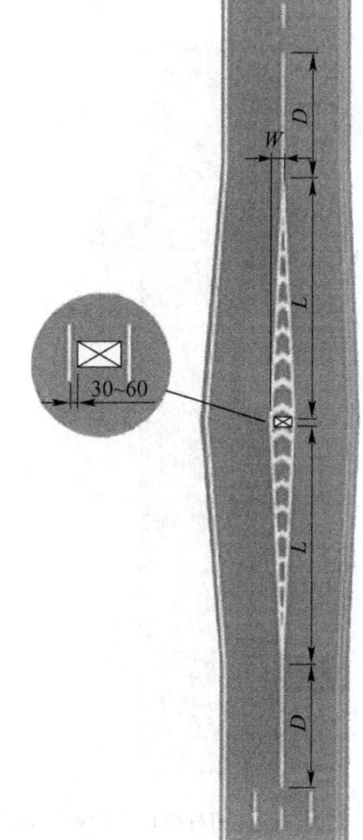


b)接近车行道中障碍物标线

图 3-41　接近障碍物标线(尺寸单位:cm)

*L*-渐变段长度;*D*-标线延长距离

标线外廓为实线，内部以填充线填充，外廓实线宽度原则上与相接的对向车行道分界线或同向车行道分界线相同，填充线为倾斜的平行粗实线，线宽 45cm，间隔 100cm，倾斜角度为 45°。当道路中心或车道中有上跨桥梁的桥墩、中央分隔带端头、标志杆柱及其他可能对行车安全构成威胁的障碍物时，应设置接近障碍物标线来指引驾驶员顺利地绕过障碍物。

③铁路平交道口标线（图 3-42）。

用以指示前方有铁路平交道口，警告车辆驾驶员应在停车线处停车，在确认安全情况下或信号灯放行时，才可通过。线条及标字规定如下：

A. 交叉线为白色反光标线，线宽 40cm，长 600cm，宽 300cm。

B. "铁路"标字，白色反光，标写于交叉线的左右部位，单个字高 200cm，宽 70cm。

C. 横向虚线，白色反光，线宽 40cm，线段长 60cm，间隔 60cm。

D. 禁止超车线，黄色反光，与对向车行道分界线标线宽度一致，每侧长度应大于 30m。

E. 停止线，白色反光，线宽 40cm。

铁路平交道口标线应与铁路道口警告标志及停车让行标志配合设置。

（2）横向标线包括：

减速标线用于警告车辆驾驶员前方应减速慢行。

A. 收费广场减速标线（图 3-43）：设于收费广场及其前部适当位置，为白色反光虚线，根据设置位置的不同，可以是单虚线、双虚线或三虚线，垂直于行车方向设置。

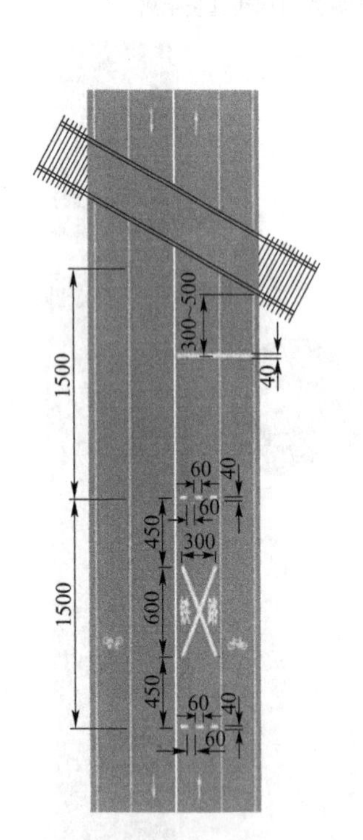


图 3-42　铁路平交道口标线（尺寸单位：cm）

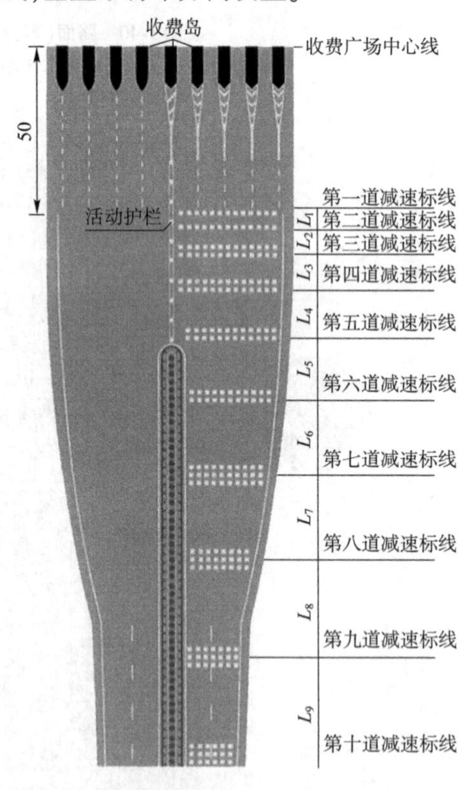


图 3-43　收费广场减速标线（尺寸单位：m）

收费广场减速标线应按以下原则配置：使驶向收费车道的车辆通过各标线间隔的时间大致相等，以利于行驶速度逐步降低，减速度一般设计为 $1.8m/s^2$。第一道减速标线设置于距广场中心线 50m 的地方。视收费广场长度、景观及管理需求，收费广场减速标线设置数量以

5道(最少)至12道(最多)为宜。

B. 车行道减速标线(图3-44):设置于弯路、坡路、隧道洞口前、长下坡路段及其他需要减速的路段前或路段中的机动车行车道内,分为车行道横向减速标线和车行道纵向减速标线,可用振动标线的形式。

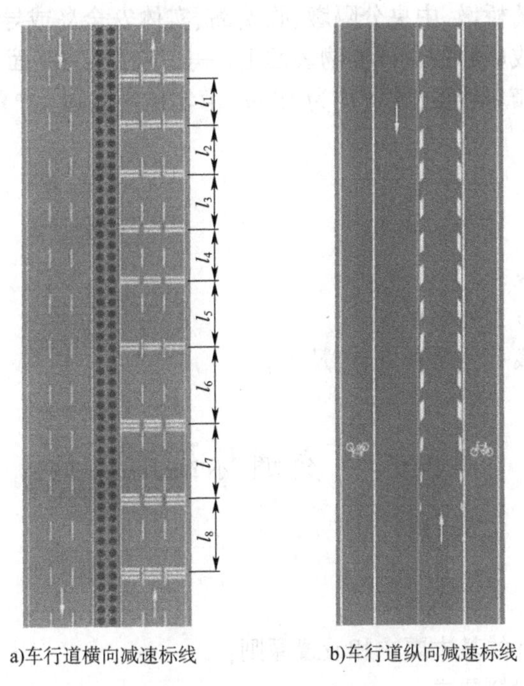


a)车行道横向减速标线　　b)车行道纵向减速标线

图3-44　车行道减速标线

车行道横向减速标线为一组垂直于车道中心线的白色标线,线宽45cm,线与线间距45cm。车行道横向减速标线的设置间隔应使车辆通过各标线间隔的时间大致相等,以利于行驶速度逐步降低,减速度一般设计为$1.8m/s^2$。

车行道纵向减速标线为一组平行于车行道分界线的菱形块虚线。在车行道纵向减速标线的起始位置,设置30m的渐变段,菱形块虚线由窄变宽。

(3)其他标线包括:

①立面标记(图3-45)。

立面标记用以提醒驾驶员注意,在车行道或近旁有高出路面的构造物。可设在靠近道路净空范围的跨线桥、渡槽等的墩柱立面、隧道洞口侧墙端面及其他障碍物立面上,一般应涂至距路面2.5m以上的高度。

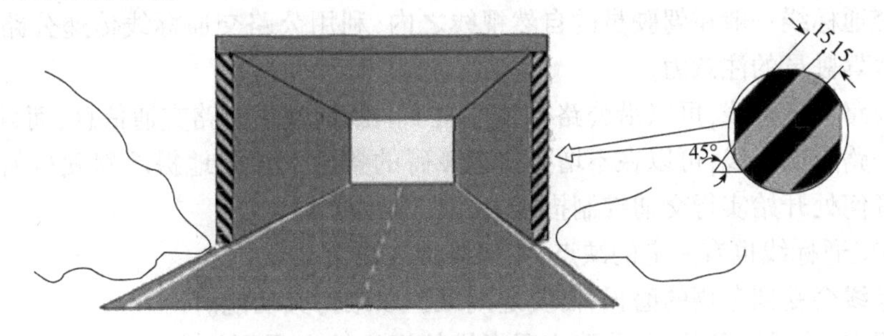


图3-45　立面标记(尺寸单位:cm)

标线为黄黑相间的倾斜线条，斜线倾角为45°，线宽均为15cm。设置时应把向下倾斜的一边朝向车行道。

②实体标记。

实体标记用以给出道路净空范围内实体构造物的轮廓，提醒驾驶员注意。可设在靠近道路净空范围的上跨桥梁的桥墩、中央分隔墩、收费岛、实体安全岛或导流岛、灯座、标志基座及其他可能对行车安全构成威胁的立体实物表面上，一般应涂至距路面2.5m以上的高度。

标线为黄黑相间的倾斜线条，线宽均为15cm，由实体中间以45°角向两边施划，向下倾斜的一边朝向车行道。

**思考与练习**

1. 简述交通标线的概念。
2. 交通标线的分类方法有哪些？
3. 简述各类交通标线的作用及颜色、尺寸。

# 单元二　交通标线的设计

**知识目标**

1. 掌握交通标线设计的基本要求和设置原则；
2. 了解交通标线的材料要求。

**能力目标**

能够进行具体路段交通标线的设计。

## 一、基本要求

公路交通标线是由施划或安装于公路上的各种线条、箭头、文字、图案及立面标记、实体标记、突起路标等所构成的交通设施，它的作用是向公路使用者传递有关公路交通的规则、警告、指引等信息。

公路交通标线是重要的交通控制设施，合理设置的交通标线对于保障公路交通流的平稳有序运行、保障公路交通的安全和效率、明确并保护各方交通参与者的通行权具有重要意义。

(1)利用公路交通标线传递信息的优点体现在以下几点：

①公路交通标线一般在驾驶员的自然视线之内，利用公路交通标线传递公路交通信息不会过多地分散驾驶员的注意力。

②利用公路交通标线，可以沿公路行驶方向不间断地提供公路交通信息，而且成本较低。

③利用公路交通标线，可以在不增加行车障碍的条件下清晰地提示驾驶员何处应该采取控制动作或者何处开始实行交通控制措施。

(2)公路交通标线也有一定的缺点，主要体现在以下几点：

①交通标线会受到车辆的磨损，需要定期维护以维持其功能。

②路面积水、冰雪等条件下，公路交通标线的视认性会受到较大的影响，部分不反光的公

路交通标线在夜间或视距不良条件下难以发挥作用。

③标线材料或施工控制不当时，大面积连续设置的标线会降低路面附着系数。

④标线可视性会受到公路平纵曲线的影响，尤其是与公路行车方向成角度设置的横向标线，在交通量较大的条件下，还会被前方车辆遮盖。

⑤标线所提供的距离信息有限，不能利用标线提供预告等较长途的交通信息。

⑥受驾驶员视角的影响，路面文字、图形等沿公路横向设置的标线，必须进行必要的变形或拉长，以便于驾驶员视认和理解。

公路交通标线可以与其他交通控制设施，如交通标志、信号灯等结合使用，共同传递公路交通管理的信息，也可单独使用，起到其他交通设施难以实现的作用。尽管标线有其应用上的局限性，但其在交通控制方面的重要作用是无法替代的。

现行国家标准《道路交通标志和标线》(GB 5768)规定了交通标线的分类、颜色、形状、字符、图形和尺寸。现行国家标准《道路交通标线质量要求和检测方法》(GB/T 16311)规定了道路交通标线颜色的色度性能、光度性能、抗滑性能等。现行行业标准《公路交通标志和标线设置规范》(JTG D82)规定了各类交通标志和标线的设置原则和设置方法。现行行业标准《公路交通安全设施设计规范》(JTG D81)强调了交通标线作为交通安全设施的功能，规范了设计原则，明确了设计关键路径，提出了一般实用性和特殊可用性的原则。

1. 公路交通标线设计总体要求

(1)交通标线的设计应充分考虑人、车、路、环境等各方面因素，并进行全面的调查和分析，以保证设计具有针对性和系统性。

(2)交通标线的设置应与交通组织及交通运行情况相匹配。交通标线的设计应能正确引导交通，确保车辆有序行驶。

(3)交通标线应与公路几何设计相协调。

(4)交通标线应与交通标志等其他设施配合使用，其含义不得相互矛盾。

(5)交通标线所用材料应具有良好的耐久性、抗滑性、施工方便性和经济性，在正常使用年限内，均应具有良好的视认性。

2. 交通标线设计实施顺序

(1)收集公路横断面、互通式立体交叉、平面交叉、服务设施、桥梁隧道、气候条件等基础资料。

(2)综合考虑公路条件、交通条件、环境条件、交通管理需要和标线材料特点等因素，科学、合理地设置交通标线。

3. 交通标线设计关键路径

(1)公路技术条件分析，包括技术等级、车道数、设计速度、断面变化、路线交叉等。

(2)确定标线的设置标准与规模，包括根据需要设置的彩色防滑标线等。

(3)一般路段交通标线设计，包括纵向标线、横向标线、其他标线等。

(4)特殊路段交通标线设计，如隧道出入口路段等；特殊路段应作为一个独立的设计单元，并考虑交通标志、标线和护栏等设施的综合设置。

(5)复杂区域交通标线设计，如路线交叉、收费广场等。

交通标线应采用反光标线，在交通标线正常使用年限内，交通标线的逆反射亮度系数应满足夜间视认性要求。突起路标与标线涂料配合使用时，应选用定向反光型，其颜色应与标线颜色一致。设置于对向车行道分界线、隧道内的突起路标，应采用双向反光型。

标线设置中需要注意两个可能影响交通安全的问题：一是较大面积设置的标线表面抗滑的问题；二是标线可能阻水，在标线前形成水膜。

## 二、设置原则(相关资源见二维码 3-2)

### 1. 一般路段的交通标线设置要求

(1)高速公路和一级公路一般路段，要设置同向车行道分界线，分隔同向行驶的交通流；在右侧路肩和靠近中央分隔带处设置车行道边缘线，用以指示车行道边缘。同向车行道分界线的一般线宽为 10cm 或 15cm，条件允许时宜选用 15cm 线宽。车行道边缘线的一般线宽为 15cm 或 20cm，条件允许时宜选用 20cm 线宽，如图 3-46 所示。

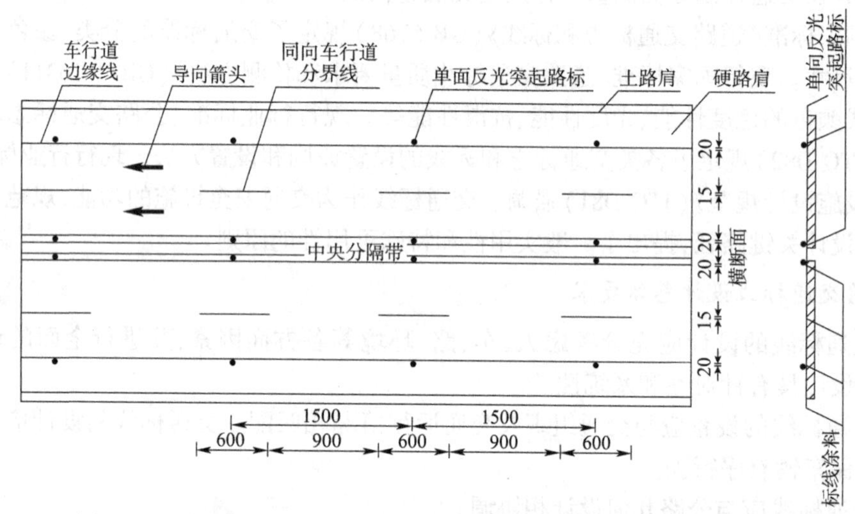


图 3-46　设计速度 100km/h 的高速公路一般路段标线设计示例(尺寸单位：mm)

(2)二级及二级以下公路，除单车道外，应设置对向车行道分界线；下列路段应设置车行道边缘线：

①公路的窄桥及其上下游路段。

②采用最低公路设计指标的曲线段及其上下游路段。

③交通流发生合流或分流的路段。

④路面宽度发生变化的路段。

⑤路侧障碍物距车行道较近的路段。

⑥经常出现大雾等影响安全行车天气的路段。

⑦非机动车或行人较多的机非混行路段。

二级公路其他路段宜设置车行道边缘线，三、四级公路的其他路段可不设置。

对向车行道分界线一般线宽为 15cm，交通量非常小的农村公路、专用道路等特殊情况下，线宽可采用 10cm。车行道边缘线可选用 15cm 线宽。

(3)二级公路设置慢车道时，应设置对向车行道分界线、同向车行道分界线和车行道边缘线。

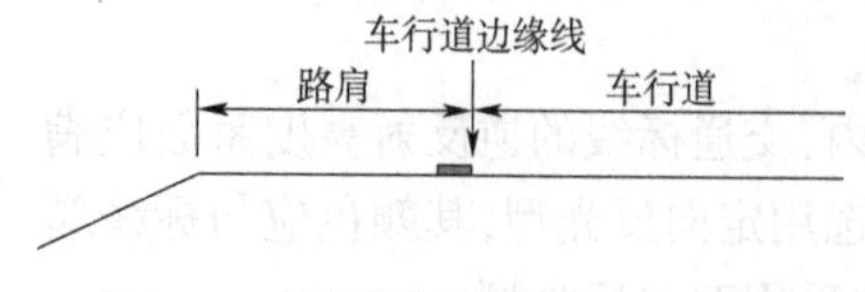


图 3-47　车行道边缘线横向布置示意图

(4)车行道边缘线应设置于公路两侧紧靠车行道的硬路肩或非机动车道内，以保证车行道的有效宽度，如图 3-47 所示。对于未设置硬路肩的公路，车行道边缘线应设置于公路两侧紧靠车行道的外边缘处。同向车行道分界线应设置于同向行驶的车行道分界处。

(5)交通标线宽度宜符合表3-1的规定。

**路面标线宽度** 表3-1

| 设计速度(km/h) | | 车行道边缘线(cm) | 同向车行道分界线(cm) | 对向车行道分界线(cm) |
|---|---|---|---|---|
| 120、100 | | 20 | 15 | — |
| 80、60 | 高速公路、一级公路 | 20 | 15 | — |
| | 二级公路 | 15 | 10 | 15 |
| 40、30 | | 15 | 10 | 15 |
| 20 | 双车道 | 10 | — | 10 |
| | 单车道 | 10 | — | — |

2. 特殊路段的交通标线设置要求

(1)在交通繁杂而同向有多条车行道的桥梁路段(经常出现强侧向风)、隧道出入口路段、急弯陡坡路段、平面交叉驶入路段、接近人行横道线的路段,路况或气象环境相对比较复杂,车辆变换车道将对其他车辆影响较大,发生交通事故的后果严重度高,需要车辆各行其道,应设置禁止跨越同向车行道分界线,线宽与车行道分界线一致。

(2)二级及以下的公路桥梁段与路基段同宽时,对向车行道分界线在桥梁长度范围应设置双黄实线或单黄实线,在桥梁引道两端大于160m范围应设置黄色虚实线,如图3-48a)所示。公路桥梁窄于路基段且宽度小于6m时,在桥梁及两端渐变段范围内不划对向车行道分界线,如图3-48b)所示。

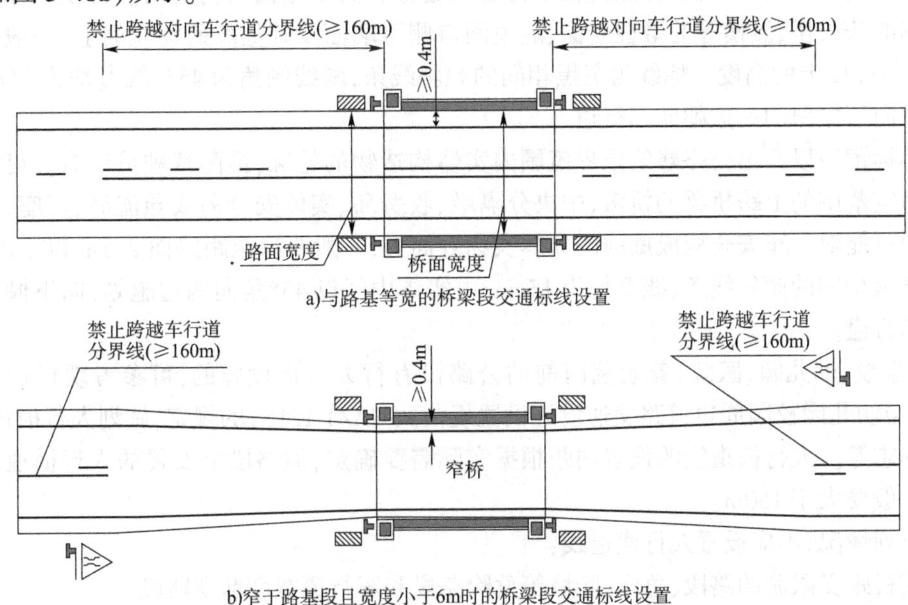

a)与路基等宽的桥梁段交通标线设置

b)窄于路基段且宽度小于6m时的桥梁段交通标线设置

图3-48 二级及二级以下公路在桥梁段的标线设置示例

(3)事故统计表明,无论是高速公路还是其他等级的公路,端墙式隧道出入口往往是事故多发点,事故形态以车辆与隧道端墙正面碰撞为主。因此,建议隧道洞口交通安全设施的设计作为独立的设计单元,交通标线的设计与交通标志、护栏、视线诱导等设施进行统筹考虑,综合设置。

(4)爬坡车道处交通标线应连续设置，沿行车方向左侧渐变段处设置长100cm、间距100cm的虚线，正常段设置实线，沿行车方向右侧应设置车行道边缘线，在渐变段处过渡到与标准路段的车行道边缘线相接。虚线、实线的宽度与标准路段的车行道边缘线相同，如图3-49所示。

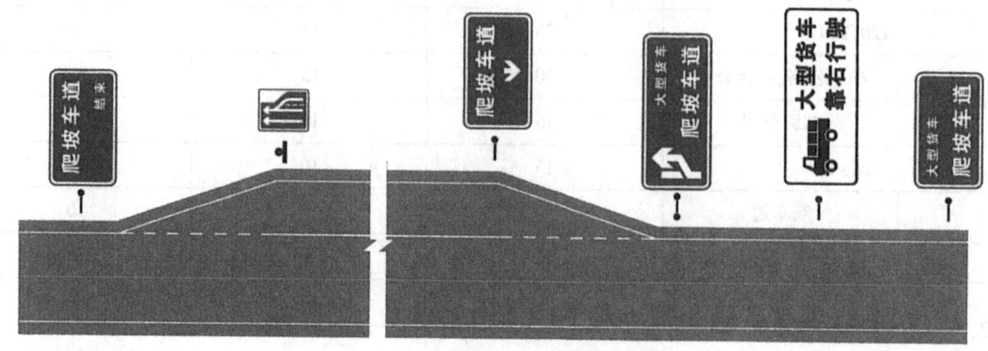


图3-49 爬坡车道处交通标线设置示例

(5)当公路中心或车行道中有上跨桥梁的桥墩、中央分隔带端头、标志杆柱及其他可能对行车安全构成威胁的障碍物时，应设置接近障碍物标线以指示路面有固定性障碍物，警告驾驶员谨慎行车，引导交通流顺畅驶离障碍物区域。

(6)在靠近公路建筑限界范围的跨线桥、渡槽等的墩柱立面、隧道洞口侧墙端面及其他障碍物立面上，中央分隔墩、收费岛、实体安全岛或导流岛、灯座、标志基座及其他可能对行车安全构成威胁的立体实物表面上，应设置立面标记或实体标记。

立面标记用以提醒驾驶员注意，在车行道或近旁有高出路面的构造物。可设在靠近道路净空范围的跨线桥、渡槽等的墩柱立面、隧道洞口侧墙端面及其他障碍物立面上，一般要涂至距路面2.5m以上的高度。标线为黄黑相间的倾斜线条，斜线倾角为45°，线宽均为15cm。设置时要把向下倾斜的一边朝向车行道。

实体标记用以给出公路建筑限界范围内实体构造物的轮廓，提醒驾驶员注意。可设在靠近公路净空范围的上跨桥梁的桥墩、中央分隔墩、收费岛、实体安全岛或导流岛、灯座、标志基座及其他可能对行车安全构成威胁的立体实物表面上，一般要涂至距路面2.5m以上的高度。标线为黄黑相间的倾斜线条，线宽均为15cm，由实体中间以45°角向两边施划，向下倾斜的一边朝向车行道。

(7)学校、幼儿园、医院、养老院门前的公路没有行人过街设施的，可参考现行行业标准《中小学与幼儿园校园周边道路交通设施设置规范》(GA/T 1215)的规定，施划人行横道线，设置指示标志等。人行横道线的设置间距根据实际需要确定，但路段上设置的人行横道线之间的距离一般要大于150m。

遇下列情况，不应设置人行横道线：

①在视距受限制的路段、急弯、陡坡等危险路段和车行道宽度渐变路段。

②设有人行天桥或人行地道等供行人穿越公路的设施处，以及其前后200m范围路段内。

③公交站位前后30m范围路段内。

在无信号灯控制的路段中设置人行横道线时，要在到达人行横道线前的路面上设置停止线和人行横道线预告标识，并配合设置人行横道指示标志，视需要也可增设人行横道警告标志。

(8)在公路宽度或车行道数量发生变化的路段应设置过渡标线，同时要设置车行道边缘白色实线,并可以采用振动标线的形式。

(9)需要车辆减速的路段可设置纵向或横向减速标线。减速标线的应用要注意标线的排水和防滑。车行道横向减速标线可用振动标线的形式。减速标线的设置宜与限速标志或解除限速标志相互配合。

(10)考虑到积雪、视线等因素,二级及二级以下公路上设置减速丘设施时,应在距其前后各30m的范围内设置减速丘预告标线。减速丘预告标线应与减速丘标志配合设置。

(11)穿城公路交通标线的设置除应满足现行行业标准《公路交通安全设施设计规范》(JTG D81)的要求外,尚应考虑城市道路交通标线的设置要求。

(12)路面文字标记主要是利用路面文字,指示或限制车辆行驶的标记,如最高限速、车道指示(快车道、慢车道)等。当公路同向车道数大于2条或因地形条件等的限制无法设置交通标志时,可采用设置路面文字标记的方法。为增加视认效果,可选择上坡路段设置,考虑到交通量增加后车辆之间的互相影响,路面文字标记应按由近到远的顺序排列,字数不宜超过3个,设置规格应符合表3-2的规定。最高限速值应按一个文字处理。

**公路路面文字标记规格** 表3-2

| 设计速度(km/h) | 字高(cm) | 字宽(cm) | 纵向间距(cm) |
|---|---|---|---|
| 120、100 | 900 | 300 | 600 |
| 80、60 | 600 | 200 | 400 |
| 40、30、20 | 300 | 100 | 200 |

3. 互通式立体交叉、服务区、停车区出入口交通标线的设置要求

(1)互通式立体交叉、服务区、停车区出入口交通标线应准确反映交通流组织的原则。出入口标线用于引导驶入或驶出车辆的运行轨迹,提供安全交汇,减少与突出路缘石碰撞的可能性,包括出入口的横向标线、三角地带(分流鼻、汇流鼻)的标线,要结合出入口的形式和具体线形进行设计布置。

为保证公路出入口路段正常的行车秩序,保障车辆安全顺畅地驶入或驶出公路,宜在公路出入口路段(加减速车道)适当位置设置禁止跨越同向车行道分界线。

(2)互通式立体交叉、服务区、停车区出入口的导向车道内,应设置导向箭头标明各车道的行驶方向。导向箭头的规格、重复设置次数可参考表3-3选取。出口导向箭头应以减速车道渐变点为基准点,入口导向箭头应以加速车道起点为基准点。

**导向箭头的尺寸及设置次数** 表3-3

| 设计速度(km/h) | 120、100 | 80、60 | 40、30、20 |
|---|---|---|---|
| 导向箭头长度(m) | 9 | 6 | 3 |
| 重复设置次数 | ≥3 | 3 | ≥2 |

(3)服务区、停车区场区范围内,应根据场区交通组织设计及功能规划,分别设置停车位标线、车行道分界线、导向箭头等交通标线。

4. 平面交叉渠化标线的设置要求

(1)平面交叉标线按设置位置分为下列两类:

①交叉路口出入部分的路面标线:在交叉路口出入部分,按需要设置车行道分界线、导向

车道线、车行道导向箭头、左(右)转弯导向线等各种路面标线,以明确指示驶入和驶出交叉路口交通流的行驶位置和前进方向。

②交叉路口内的路面标线:交叉路口内是指停止线内侧的交叉口区域。在交叉路口内可以按需要设置停止线、停车让行线、减速让行线、人行横道线、非机动车禁驶区线、中心圈等标线,以指示车辆的停止位置和行人及非机动车的通过位置,还可按需要设置左转弯待转区、导流线等标线,以指示交叉口内机动车的行驶轨迹,从而引导交通流顺利、平稳地通过交叉口。

(2)三级及三级以上公路之间形成的平面交叉应进行渠化设计,并设置渠化标线,有条件时宜设置渠化岛,路缘石高度不宜超过10cm;其他公路形成的平面交叉应设置与停车或减速让行标志配合使用的让行线。

(3)平面交叉渠化标线应结合平面交叉实际情况和交通流实际特点进行设计和设置;有条件时宜开辟左、右转弯专用车道。

为开辟交叉口专用车道,首先需要考虑适当的路口加宽与适当的路口车道宽度缩减,上述措施无法满足要求或受条件限制无法实施时,按优先次序可依次采用缩小中央分隔带的宽度、缩小中央分隔带宽度并缩小车行道宽度、偏移道路中心线并缩小车行道宽度、缩小路肩或非机动车道的宽度等方法开辟交叉口专用车道。

(4)平面交叉渠化应以减少冲突点、使车辆安全快捷通过为原则,进行科学合理的渠化。

(5)平面交叉交通标线的设置应明确主次公路路权,完善停车让行、减速让行等与路权相关的标线的设置,并加强交通标志和交通标线的综合设置。

(6)平面交叉处实体岛周边应设置完善的交通安全设施。

5. 收费广场交通标线的设置要求

(1)收费广场前的公路上要设置车行道横向减速标线,用于警告车辆驾驶员前方要减速慢行。减速标线设于收费广场及其前部适当位置,为白色反光虚线,根据设置位置的不同,可以是单虚线、双虚线或三虚线,垂直于行车方向设置。

收费广场各条减速标线的设置间距应根据驶入速度、广场长度经计算确定,并按以下原则配置:使驶向收费车道的车辆通过各标线间隔的时间大致相等,以利于行驶速度逐步降低,减速度一般设计为$1.8m/s^2$。

(2)收费岛迎车流方向应设置收费岛地面标线,用以标示收费车道的位置,为通过车辆提供清晰标记。收费岛上应设置实体标记。

(3)收费广场出口端可设置部分同向车行道分界线。在收费广场空间允许的情况下,车行道分界线可适当延长。

(4)设置ETC车道的收费广场,应在ETC车道内设置ETC车道路面文字和标记,并配合设置有关指示和禁令标志。

(5)单向收费车道数大于5条的收费广场,宜在交通组织分析的基础上单独设计。

我国一些公路主线和匝道收费广场规模宏大,有些收费车道数量多达几十个,收费方式涵盖了人工收费、电子不停车收费(ETC)、计重收费等,收费车道包括小客车专用、超宽车辆专用、其他车辆专用等。因地形限制等原因,不同公路各类方式的收费岛设置位置有所不同,如ETC有些设置在中间位置,有些设置在路侧位置;一些收费车道采用了复式收费的模式。

基于上述原因,对于超宽的公路收费广场(单向收费车道数大于5条),建议在交通组织分析的基础上,并与相连接公路一定长度路段综合考虑,开展单独设计,以维护收费广场的交通秩序,提高其通行能力。

6. 隧道出入口路段交通标线的设置要求

(1)隧道入口应设置立面标记;宽度窄于路基或桥梁的隧道入口前30~50m范围的右侧硬路肩内应设置导流线;隧道入口前150m范围应设置禁止跨越同向车行道分界线,线宽与车行道分界线一致;可根据需要设置振动型减速标线或彩色防滑标线,如图3-50所示。

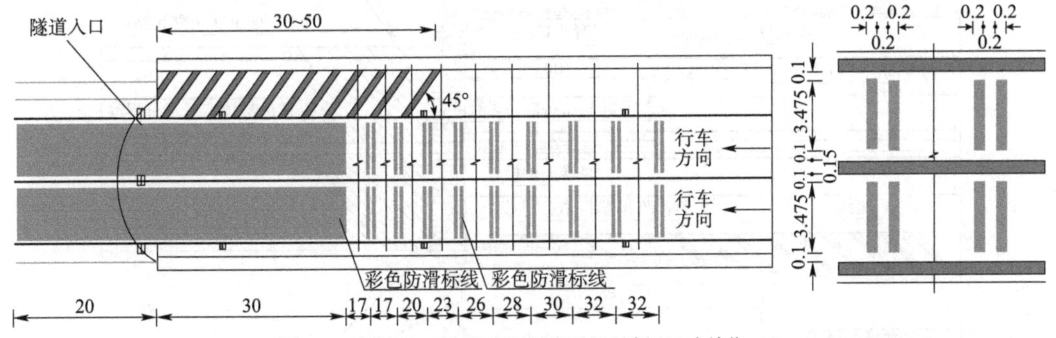


图3-50 隧道入口路段交通标线设置示例(尺寸单位:m)

(2)隧道出口后100m范围应设置禁止跨越同向车行道分界线,线宽与车行道分界线一致;隧道出口后一定长度的硬路肩可设置导流线;可根据需要设置彩色防滑标线,如图3-51所示。

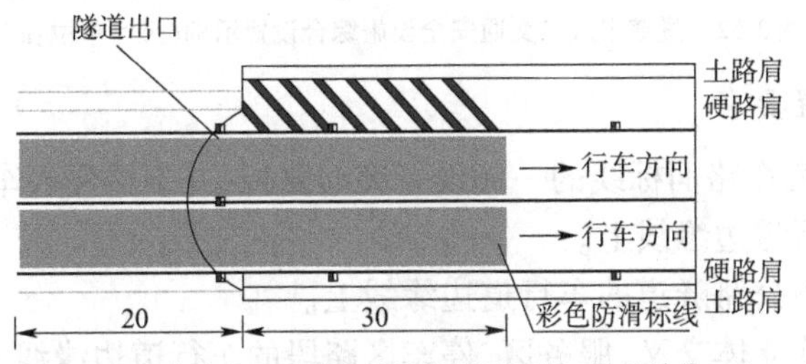


图3-51 隧道出口路段交通标线设置示例(尺寸单位:m)

(3)隧道洞口交通安全设施的设计作为独立的设计单元,交通标线的设计与交通标志、护栏、视线诱导等设施进行统筹考虑,综合设置,如图3-52所示。

7. 长大下坡路段交通标线的设置要求

(1)长大下坡路段交通标线可结合实际情况设置彩色防滑标线、横向或纵向减速标线、振动型标线等新型标线。

(2)长大下坡路段交通标线应与交通标志配合设置。

(3)长大下坡路段交通标线的设置应避免对驾驶员行车产生不利影响。

长大下坡路段交通标线的设置一般有两种目的:其一是促使驾驶员减速慢行,这类标线主要包括视觉减速标线、横向减速标线等;其二是提醒驾驶员注意,这类标线主要包括振动型减速标线、振动型车行道边缘线等。振动型减速标线一般设置于危险点前方,提醒驾驶员注意安全,避免设置于危险点处,以免对驾驶员安全行车产生不利影响。

8. 服务设施场区内交通标线的设置要求

(1)服务设施场区交通标线的设置应根据房建工程中相关场区规划及设计确定。

(2)服务设施场区交通标线的设计应与交通流流向相匹配。

(3)应加强与分隔带或隔离设施的配合使用。

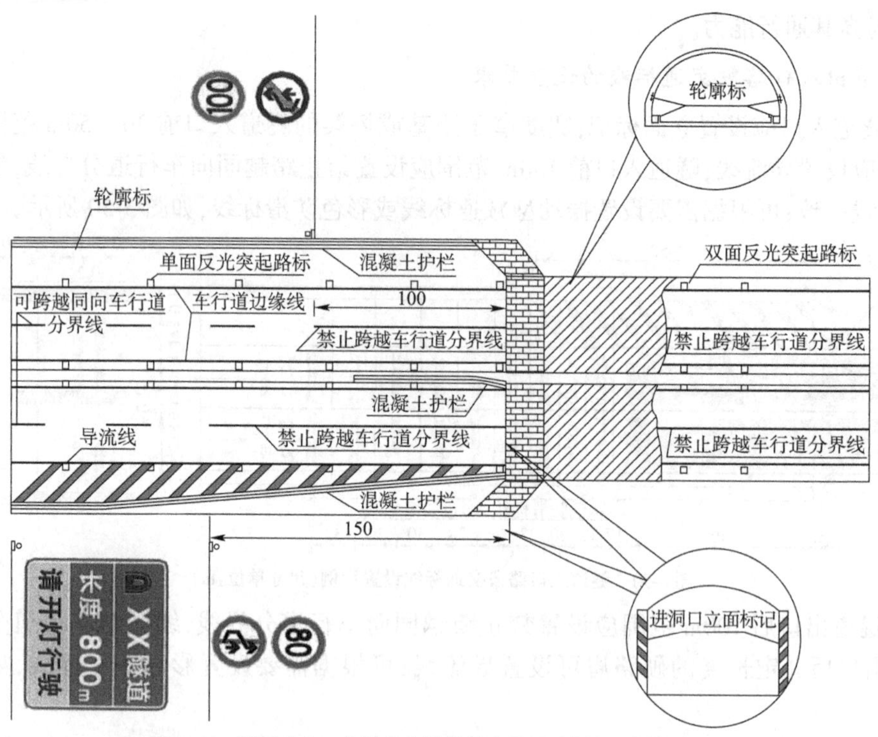


图 3-52　隧道出入口交通安全设施综合设置示例(尺寸单位:m)

9. 突起路标的设置要求

(1)下列情况下,宜在路面标线的一侧设置突起路标,并不得侵入车行道内:

①高速公路的车行道边缘线上。

②一级及一级以下公路隧道的车行道边缘线上。

③一级公路互通式立体交叉、服务区、停车区路段的车行道边缘线上。

④互通式立体交叉匝道出入口路段。

(2)隧道的车行道分界线上宜设置突起路标。

(3)下列情况下,可设置突起路标:

①高速公路的车行道分界线上。

②一级公路的车行道边缘线、车行道分界线上。

③纵向减速标线上。

④二级、三级公路的导流线及小半径平曲线、公路变窄、路面障碍物等危险路段。

(4)突起路标可单独设置成车行道边缘线和车行道分界线。

(5)隧道路段、雾区路段等可根据需要设置主动发光型突起路标。冬季积雪路段可不设置突起路标。

(6)突起路标的壳体颜色、设置位置、间距应符合现行国家标准《道路交通标志和标线》(CB 5768)的规定。

## 三、材料

1. 交通标线材料(相关资源见二维码 3-3)

交通标线涂料可分为液态溶剂型、固态热熔型、液态双组分、液态水性和抗滑型等,其技术指标应符合国家现行标准《路面标线涂料》(JT/T 280)和《道路交通标线质量要求和检测方法》(GB/T 16311)的要求。

交通标线应采用反光标线,在正常使用年限内,白色反光标线的逆反射亮度系数不应低于 $80mcd \cdot m^{-2} \cdot lx^{-1}$,黄色反光标线的逆反射亮度系数不应低于 $50mcd \cdot m^{-2} \cdot lx^{-1}$。

选用标线材料时,应综合考虑标线材料的逆反射亮度系数、防滑值、抗污性能、环保性能、与路面的附着力、性价比等因素。

标线的厚度应根据其种类、使用位置和施工工艺从表 3-4 中选取。

**标线的厚度范围**(单位:mm)　　表 3-4

| 序号 | 标线种类 | | 标线厚度范围 | 备　注 |
|---|---|---|---|---|
| 1 | 热熔型 | 普通型、反光型 | 0.7~2.5 | 干膜 |
| | | 突起型 | 3~7 | 干膜;若有基线,基线的厚度为 1~2 |
| 2 | 双组分 | | 0.4~2.5 | 干膜 |
| 3 | 水性 | | 0.3~0.8 | 湿膜 |
| 4 | 树脂防滑型 | | 4~5 | 骨材粒径 2.0~3.3 |
| 5 | 预成型标线带 | | 0.3~2.5 | — |

选取标线材料时,可考虑下列因素:

(1)高速公路的车行道边缘线、斑马线等处可采用热溶喷涂型(涂层厚度 0.7~1.0mm),能满足反光要求,且性价比最高。

(2)高速公路的车行道分界线可采用耐久性标线涂料,如热熔刮涂型(涂层厚度 1.5~2.5mm)。

(3)为提高车辆夜间行驶的安全性,包括普通公路在内的所有公路均需要采用反光标线,并在正常使用年限内,交通标线的亮度需满足最低逆反射亮度系数的要求。

(4)公路事故多发路段可采用树脂防滑型涂料和热熔突起型涂料。

(5)水泥路面可采用热熔喷涂型涂料,以提高性价比。

(6)德国联邦公路研究所(BAST)的标线使用性能模拟试验表明,采用双组分涂料施划的标线使用性能满意率最高。这种标线反光性能优良,使用寿命最长,缺点是价格偏高、施工要求严格。

(7)对环保要求高的公路,水性涂料将是最佳选择,同时该种标线性能价格比好、反光性能优良。

2. 突起路标选用

突起路标的技术指标应符合现行国家标准《突起路标》(GB/T 24725)的要求。

突起路标与涂料标线配合使用时,应选用定向反光型,其颜色应与标线颜色一致。设置于对向车行道分界线或隧道内的突起路标,应选用双面反光型。

## 思考与练习

1. 简述交通标线设计的基本要求和设置原则。

2. 简述交通标线的材料要求。

# 单元三　交通标线的施工

1. 熟悉交通标线的施工内容；
2. 掌握交通标线施工质量过程控制内容及项目。

能够进行交通标线的施工及质量过程控制。

## 一、基本要求

(1)新铺沥青路面的交通标线施工，可在路面施工完成7d后开始；新建水泥混凝土路面的交通标线施工，应在混凝土养护膜老化起皮并清除后开始。

新建沥青路面因沥青材料中含有未挥发的化学成分，易造成对标线的污染并有可能影响标线与路面的牢固黏结，故要使其挥发一段时间。新建水泥混凝土路面在混凝土养护成型后会在混凝土表面残留灰浆皮及混凝土养护膜，易造成标线剥离，要在混凝土养护膜老化起皮并清除后再施划标线。

(2)交通标线宜在白天施工。在雨、雪、沙尘暴、强风、气温低于材料规定施工温度的天气，应暂停施工。

雨、雪等恶劣天气会影响路面与涂料之间的黏结，沙尘暴、强风会影响标线施工的作业。对于标线涂料、下涂剂、突起路标胶黏剂等材料，施工时的气温也要符合相应的使用规定。

(3)突起路标宜在交通标线施工完成后安装，且不得影响标线质量。

(4)清除原有交通标线、突起路标时，应清理干净并不得损坏路面。

交通标线的清除方法有高压水射流法、刷擦清除法、喷砂清除法、铣刨清除法、打磨清除法等，选用时可以综合考虑经济成本、施工效率、清除效果等因素。突起路标清除时，也需要采用适宜的工具，以免损坏路面。

## 二、材料

标线材料的技术指标，应根据设计文件的要求，考虑公路所在区域、施工季节、路面情况等条件确定。标线材料采购时，其技术指标需考虑标线应用的实际情况，如对于寒冷地区，需重点考虑标线的低温抗裂性；对于多雨地区，需重点考虑标线的耐水性；对于高原高海拔地区，需重点考虑标线的耐紫外线、耐候性能。

除设计文件另行规定外，交通标线材料的性能、质量应符合国家现行标准《路面标线涂料》(JT/T 280)、《路面标线用玻璃珠》(GB/T 24722)、《路面防滑涂料》(JT/T 712)、《路面标线材料有害物质限量》(JT/T 1326)、《立面反光标记涂料》(JT/T 1327)、《道路交通标线质量要求和检测方法》(GB/T 16311)和《道路预成形标线带》(GB/T 24717)等的规定。标线涂料使用说明书中应提供预混玻璃珠的比例、面撒玻璃珠的撒布量，以及推荐的施工条件、施工设备和施工工艺。双组分涂料使用说明书中还应提供各组分的混合配比。

除设计文件另行规定外，突起路标的性能应符合现行国家标准《突起路标》(GB/T 24725)的规定，胶黏剂可采用耐候性专用沥青胶或环氧树脂，其胶接性能指标应满足现行行业标准《突起路标胶粘剂胶接性能指标及试验方法》(JT/T 968)的要求。

## 三、施工

交通标线正式施划前应在试验路段进行试划，试验路段应有代表性，长度不宜短于200m，高速公路、一级公路可按单向计算。试验路段应结合设计文件和交通标线材料使用说明书的规定对划线车的行驶速度，试划标线的长度、宽度、厚度，表面玻璃珠铺撒率，标线的逆反射亮度系数等进行现场检测，确定施工参数。检测结果符合规定时，施工参数可作为正式施工的依据；否则应调整施工参数，直至检测结果符合规定为止。交通标线宜采用机械化施工，施工专用机械设备应符合设计文件或产品使用说明书的规定。

### 1. 交通标线的施工(相关资源见二维码3-4、3-5)

交通标线的施工应符合下列要求：

(1)路面清洁。路面应清洁干燥，不得存在松散颗粒、灰尘、沥青渣、油污或其他有害材料。

(2)标线放样。应根据设计文件的要求确定标线位置、宽度、长度，标线应与公路线形相协调，流畅美观。确定标线位置可采用施划基准线的方法。首先按照设计文件中交通标线与公路中心线的距离确定基准点。一般直线路段间距10～20m确定一个基准点，曲线路段间距10m确定一个基准点；然后用线绳连接基准点放出基准线。大规模标线施工时，建议采用车载放线设备完成；具体放样时，要按照设计文件中的图案和位置，使用粉笔、油漆和测量工具等在路面上做好标记。放样后要核准基准线位置与设计文件中的位置是否一致。

(3)确定参数。应根据试验路段确定的施工参数进行施工。

(4)预留位置。应采取措施为位于禁止跨越同向或对向车行道分界线上的突起路标预留位置。

(5)溶剂型涂料标线施工。溶剂型涂料标线可用气动喷涂机或高压无气喷涂机等设备施工。采用气动喷涂机时，应控制好稀释剂用量和喷涂直径。条件允许时，宜采用高压无气喷涂机施工。施工完成后15min，不得受到车辆碾压。标线干燥后，可开放交通。

(6)热熔型涂料标线施工。热熔型涂料标线施工时，应在路面上先涂抹60～230g/m$^2$的下涂剂。下涂剂不粘车轮胎、不沾附灰尘和砂石时，可进行标线涂布作业。根据热熔型涂料采用的树脂类型和配方，将热熔型涂料加热至180～220℃之间的合适温度后，可用划线机涂敷于路面，同时撒布玻璃珠，撒布时间应严格控制。施工完成后5min，涂料不粘轮胎时，可开放交通。

(7)水性涂料标线施工。水性涂料标线应采用专用设备施工。施工前应根据施工工艺要求对设备进行调试，施工过程中应注意对设备行驶速度等喷涂参数的控制。当施工持续时间较长时，应检查涂料喷枪、喷头等配件的磨损情况，并提前准备好替换配件。施工中如有间断或每天工作完成后，应对设备进行及时清洗。施工完成后15min不粘轮胎时，可开放交通。

(8)双组分涂料标线施工。双组分涂料标线应采用专用设备施工。施工前应将主剂、固化剂组分按产品说明书规定的比例搅拌均匀，其中固化剂组分用量应根据环境温度等进行调整。施工过程中应注意各组分出料量的控制,并结合实际情况对设备压力、喷嘴口径、涂料黏度等进行调整。施工后应按设备生产厂家提供的方法对设备进行及时清洗。施工完成后60min不粘轮胎时,可开放交通。

(9)预成形标线带施工。预成形标线带可分为自带背胶型和底胶、标线带分离式两种。自带背胶型预成形标线带可在清理拟划线区域后直接铺装,然后进行压实;底胶、标线带分离式预成形标线带应先清理拟划线区域,然后涂布底胶,最后铺筑标线带并进行压实。

(10)跟踪检测。交通标线施划过程中应对交通标线厚度、逆反射亮度系数等检查项目进行跟踪检测,检测频率宜为每150m检测1次。

(11)改扩建工程。改扩建工程标线施工可在施工过程中根据设计文件的规定临时施划溶剂型标线;在全幅路面施工完成后,可在溶剂型标线上施划热熔型标线。

2. 突起路标的施工(相关资源见二维码3-6)

在大多数情况下,突起路标作为交通标线的补充,与涂料标线同时使用。标线大多采用机械施工,行进速度较快,而突起路标要逐个粘贴,速度慢。因此,突起路标施工时不能影响标线施工,最好在标线施工完成后再粘贴突起路标。这样可免除标线施工对突起路标的污染,标线施工完成后,突起路标的施工放样才可顺利进行。

由于突起路标种类较多,材料各异,施工方法有所不同。突起路标的施工应符合下列要求:

(1)根据设计文件的要求确定突起路标的设置位置。突起路标的施工放样工作,一般要沿着标线来定位,反射体应面向行车方向。

(2)突起路标位置确定后,最常用的方法是把突起路标用胶直接粘在路面上。路面和突起路标底部应清洁干燥,并涂加胶黏剂。胶黏剂应通过检测单位的抗拉拔能力及抗衰老能力检测。涂料或突起路标与路面结合牢固的重要条件是保持与路面接触面的干净、干燥。路面上的灰尘、泥沙、水分是妨碍涂料或突起路标黏结的主要因素,可根据不同情况采用扫帚、板刷和燃气燃烧器等工具彻底清除。

(3)用刮刀把黏合剂涂抹在路面上和突起路标底部,若采用强化玻璃突起路标,则要在路面上钻孔,取出岩芯,清理孔穴后涂胶,突起路标就位。在突起路标顶部施加压力,排除空气,再一次调整就位。待胶凝固后即可开放交通。

突起路标在黏合剂固化以前不能受力,因此在突起路标施工过程中,一定要做好养护管理和交通诱导工作,在黏合剂固化以前一定要避免车辆冲压突起路标,待黏合剂固化以后,才可开放交通。突起路标施工时胶黏剂要符合产品说明书中的要求,并保证黏合剂饱满、均匀。

## 四、质量过程控制

(1)交通标线、突起路标的颜色、形状、文字、图案和尺寸应符合现行国家标准《道路交通标志和标线》(GB 5768)和设计文件的规定。

(2)交通标线、突起路标的设置位置应符合设计文件的规定。

(3)标线线形应流畅,与公路线形相协调,其中曲线标线应圆滑,不得出现折线,给公路使用者以美感,使驾驶员依靠标线的指引安全行车。无论是纵向标线、横向标线,还是立面标记,所划线条规范、美观,尺寸正确,是最重要的。

(4)反光标线面撒玻璃珠应撒布均匀、附着牢固、反光均匀,标线的逆反射亮度系数应满足设计文件的规定。

(5)标线涂料表面不应出现网状裂缝、断裂裂缝、气泡、变色、剥落、纵向有长的起筋或拉槽等现象。标线涂料施工完成后,有时会出现一些意外缺陷。这些缺陷影响标线的美观,影响标线的质量,影响标线的耐久性。这些缺陷有的是因为涂料原材料质量造成的,有的是因为施工机具故障或划线操作不当造成的,有的是因为公路路面质量和气候因素造成的,因此,标线涂料施工质量问题需从多方面注意解决。

(6)交通标线以外的路面,应保持清洁。当因标线材料导致的污染面积超过 $1000mm^2$ 时,应进行清除。

(7)交通标线的外观质量、外形尺寸偏差、厚度偏差、色度性能、光度性能和抗滑性能应符合现行国家标准《道路交通标线质量要求和检测方法》(GB/T 16311)和设计文件的要求。合理的交通标线厚度可以有效保障其耐久性,满足要求的光度性能可以保障其夜间视认效果。

交通标线作为消耗型交通安全设施,为保证其耐久性和反光性能,除施划过程控制交通标线质量外,在开放交通后,可结合其设计使用年限,对在用交通标线每隔半年或定期进行 1 次厚度、光度性能跟踪检测;或按交通标线养护相关标准执行。

(8)突起路标的色度性能、逆反射性能、抗冲击性能、抗压荷载等应满足现行国家标准《突起路标》(GB/T 24725)的规定。

(9)施工过程中的交通标线、突起路标各检查项目应符合表 3-5、表 3-6 的规定。(相关资源见二维码 3-7)

**交通标线施工质量过程控制项目** 表 3-5

| 项次 | 检查项目 | | 规定值或允许偏差 | 检查方法 |
|---|---|---|---|---|
| 1 | 标线线段长度(mm) | 6000 | ±30 | 尺量 |
| | | 4000 | ±20 | |
| | | 3000 | ±15 | |
| | | 2000 | ±10 | |
| | | 1000 | ±10 | |
| 2 | 标线宽度(mm) | | +5,0 | 尺量 |
| 3 | 标线厚度(干膜,mm) | 热熔型 | +0.50,-0.10 | 标线厚度测量仪或卡尺 |
| | | 其他 | 满足设计要求 | |
| 4 | 标线横向偏位(mm) | | ≤30 | 尺量 |
| 5 | 标线纵向间距(mm) | 9000 | ±45 | 尺量 |
| | | 6000 | ±30 | |
| | | 4000 | ±20 | |
| | | 3000 | ±15 | |
| 6 | 逆反射亮度系数($mcd \cdot m^{-2} \cdot lx^{-1}$) | | 满足设计要求 | 标线逆反射测试仪 |
| 7 | 抗滑值(BPN) | 抗滑标线 | ≥45 | 摆式摩擦系数测试仪 |
| | | 彩色防滑标线 | 满足设计要求 | |

突起路标施工质量过程控制项目 表 3-6

| 项次 | 检查项目 | 规定值或允许偏差 | 检查方法 |
| --- | --- | --- | --- |
| 1 | 安装角度(°) | ±5 | 角尺 |
| 2 | 纵向间距(mm) | ±50 | 尺量 |
| 3 | 横向偏位(mm) | ±50 | 尺量 |

(10)根据需要,可按现行国家标准《道路交通标线质量要求和检测方法》(GB/T 16311)的规定采用钻芯取样方法,对施工完成后热熔型涂料标线预混玻璃珠含量、总有机物含量、重金属含量等进行试验检测。

## 思考与练习

1. 简述交通标线的施工内容。

2. 交通标线施工质量过程控制项目有哪些?

# 模块四　护栏和栏杆

## 单元一　基本知识

1. 熟悉护栏的概念及分类；
2. 了解路侧安全净区内障碍物的处理方法；
3. 掌握护栏的设计理念、要求及流程。

能够进行路侧安全净区内障碍物的处理。

### 一、护栏简介

1. 概念

护栏是一种纵向吸能结构，通过自体变形或车辆爬高来吸收碰撞能量，从而改变车辆行驶方向、阻止车辆越出路外或进入对向车道、最大限度地减少对驾乘人员的伤害。

护栏是公路交通安全设施的重要组成部分，在防护失控车辆碰撞事故中起着重要作用，可有效地减少恶性事故的发生。合理设置护栏不但可以减少交通事故，降低事故的严重程度，还可以诱导行车视线。具体说来，正确设计、合理设置的护栏可以实现以下功能：

(1)能防止车辆越出路外，坠入深沟、湖泊等，也可防止车辆碰撞到路侧危险物，保护路外建筑物的安全，确保行人不致受到重大伤害；能阻止失控车辆穿越中央分隔带闯入对向车道。

(2)有时护栏能使车辆恢复到正常行驶方向。车辆碰撞护栏的运动轨迹应能圆滑过渡，以较小的驶离角和较小的回弹量停留在不影响车辆正常行驶的地方，不致发生二次事故。

(3)一旦失控车辆与护栏发生碰撞，对驾驶员和乘客的损伤应不至于太严重，要求护栏具有良好的吸收碰撞能量的功能，要求碰撞时的加速度小于$20m/s^2$。

(4)能诱导驾驶员的视线，使驾驶员清晰地看到道路的轮廓及前进方向的线形，增加行车的安全性，使道路更加美观。

2. 分类(相关资源见二维码4-1)

护栏的分类如下：

(1)按其在公路中的纵向设置位置，可分为路基护栏(图4-1)和桥梁护栏(图4-2)。

图 4-1　路基护栏

图 4-2　桥梁护栏

(2)按其在公路中的横向设置位置,可分为路侧护栏(图 4-3)和中央分隔带护栏(图 4-4)。

图 4-3　路侧护栏

图 4-4　中央分隔带护栏

(3)按其刚度的不同,可分为半刚性护栏、柔性护栏和刚性护栏(相关资源见二维码 4-2)。

①刚性护栏:车辆碰撞后基本不变形的护栏。混凝土护栏是主要代表形式,车辆碰撞时通过爬高并转向来吸收碰撞能量(图 4-5)。

图 4-5　混凝土护栏

②半刚性护栏:车辆碰撞后有一定的变形,又具有一定强度和刚度的护栏。波形梁护栏是主要代表形式,车辆碰撞时利用土基、立柱、波纹状钢板的变形来吸收碰撞能量,如图 4-6 所示。

③柔性护栏:具有较大缓冲能力的韧性护栏结构。缆索护栏是主要代表形式,车辆碰撞时,依靠缆索的拉应力来吸收碰撞能量,如图 4-7 所示。

图 4-6　波形梁护栏

图 4-7　缆索护栏

## 二、路侧安全净区

路侧安全净区是指公路行车方向最右侧车行道以外、相对平坦、无障碍物、可供失控车辆重新返回正常行驶路线的带状区域，是从行车道边缘开始，车辆驶出路外后能够安全驶回车道的一个宽度范围。

国内外研究成果表明：保证一定宽度的净区可以使绝大多数驶出路外的车辆恢复正常行驶。路侧安全净区宽度可分为计算净区宽度和实际净区宽度。前者为驶出车行道的车辆重返公路提供了容错空间，为理想值，如图 4-8 所示；后者为实际路况可达到的宽度值。中央分隔带和分离式路基左侧净区宽度的含义与路侧相同，如图 4-9 所示。

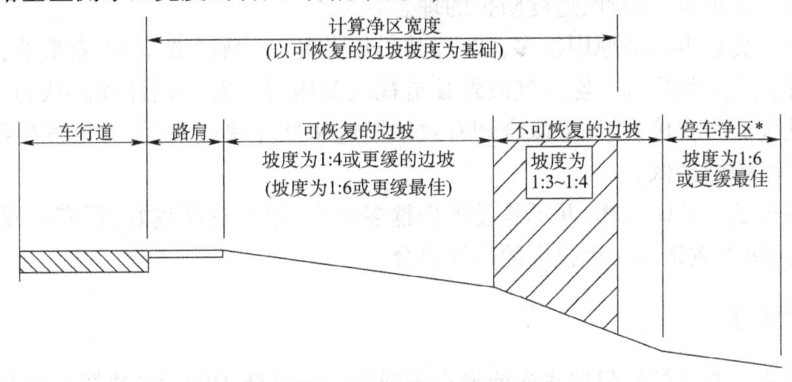

图 4-8　计算净区宽度示意

注：* 由于推荐的净区宽度中有一部分为不可恢复的边坡(图中阴影部分)，因此需要附加的停车净区，其宽度等于阴影部分的宽度。

公路路侧或中央分隔带应通过保障合理的路侧安全净区宽度来降低车辆驶出路外或驶入对向车行道事故的严重程度。

对位于路侧安全净区宽度范围内的各类行车障碍物，宜按下列顺序进行处理：

(1) 去除计算净区宽度范围内的障碍物。

(2) 重新设计障碍物，使障碍物不构成危害。

(3) 将障碍物移至不易被驶出路外的车辆碰撞的位置。

(4) 采取措施减少事故伤害，如采用解体消能结构等。解体消能设施是指各类标志立柱、照明灯杆、紧急电话机

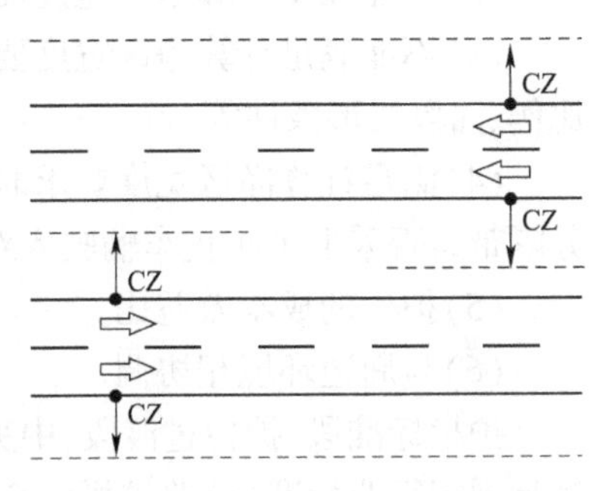

图 4-9　路侧与中央分隔带净区示意

CZ-计算净区宽度

箱、交通信号灯柱等应能抵抗风载和冰载,但在受到车辆等的撞击时,通过自身的解体来吸收碰撞能量,从而达到减轻交通事故严重性的目的。

在以上措施不能实施而导致驶出路外车辆产生的事故严重程度高于碰撞护栏的严重程度时,考虑设置护栏。

如不能实施上述措施,则应对障碍物加以警示,对行车进行诱导。

因护栏也是一种障碍物,基于宽容设计理念,最好是保证计算净区需要的宽度,所以前3种措施都是保证计算净区需要的宽度、使位于计算净区宽度范围内的障碍物不对驶出路外车辆造成伤害;第4种措施,是减少事故伤害后果的措施。如果这4种措施都不能实施,驶出路外车辆产生的事故后果比碰撞护栏更严重时,才考虑设置护栏。没有条件设置护栏,或者通过经济分析不需要设置护栏的,对障碍物要进行警示,或设置视线诱导设施。

总之,当实际净区宽度小于计算净区宽度,且驶出路外车辆碰撞护栏的后果比不设置护栏的后果轻时,应考虑设置护栏。护栏的设置还应考虑工程经济性。

对于满足计算净区宽度要求的路段,如存在悬崖等危险条件,仍需根据公路路线线形、交通量、车型构成以及计算净区宽度外风险源的位置等因素进行交通安全综合分析,以确定是否需要设置护栏。此外,路侧有高速铁路、高压输电线塔等时,护栏的设置还需要符合国家相关法律法规的规定。

## 三、设计理念

护栏设计应体现宽容设计、适度防护的理念。

公路上产生交通事故的原因很多,如:驾驶员疲劳超速、酒后驾车、躲避事故;车辆失控或器件失效;路面结冰、积雪;雨、雾天气或驾驶员视线受限等。宽容设计理念认为,驾驶员的错误不应以牺牲生命为代价,应该采取合理有效的措施来防止事故发生,即使发生事故,也应使事故的严重程度降到最低。

同时护栏也是一种障碍物,并不是设置得越多越好、强度越高越好,还需要提倡适度防护的理念,以达到防护效果与工程投资的最佳组合。

## 四、设计要求

设置护栏的主要目的是阻挡碰撞能量小于或等于设计防护能量的碰撞车辆并导正其行驶方向。设计时应考虑下列因素:

(1)路侧或中间带实际净区宽度是否满足计算净区宽度要求。

(2)不能满足计算净区宽度要求时,路侧或中央分隔带障碍物的情况。

(3)不能满足计算净区宽度要求时,设计交通量、设计速度、总质量大于或等于25t的货车比例、路段线形条件等。

(4)满足计算净区宽度要求时,路侧邻近位置是否存在悬崖、深谷、深沟等危险地形,中央分隔带是否采取了防止车辆驶入对向车行道的处置措施。

(5)护栏的成本效益比。

(6)与周边环境相协调。

护栏标准段、护栏过渡段、中央分隔带开口护栏、防撞端头及防撞垫的防护等级及性能,应满足现行行业标准《公路护栏安全性能评价标准》(JTG B05-01)的规定。需要采用其他防护等级或碰撞条件时,应进行特殊设计,并经实车碰撞试验。

护栏的任何部分不得侵入公路建筑限界。路侧护栏宜位于公路土路肩内。应根据路侧护栏和缓冲设施需要的宽度加宽路基或采取其他措施。中央分隔带护栏应与中央分隔带内的构造物、地下管线相协调。路侧、中央分隔带内土基压实度不能满足护栏设置条件时(一般不宜小于90%),或路侧护栏立柱外侧土路肩保护层宽度小于规定宽度时,应采取加强措施。

## 五、设计流程

护栏设计流程宜符合下列要求:

(1)收集公路平纵面线形、填挖方数据、交通量及组成、运行速度和设计速度等数据。

(2)收集项目交通安全性评价报告,调研关于线形的评价结论及线形调整的资料。

(3)收集或调研公路计算净区宽度范围内的各种障碍物分布及与其他公路、铁路等交叉的资料。

(4)改扩建公路收集至少3年的相关运营数据,如交通量及组成、气象、交通事故资料等。

(5)根据类似公路的调研分析,分析车辆驶出路外的风险。

(6)根据成本效益分析,确定是否设置护栏、防护等级及形式。

(7)所选用的护栏结构,应通过现行行业标准《公路护栏安全性能评价标准》(JTG B05-01)规定的安全性能评价。

**思考与练习**

1. 简述护栏的概念及分类。
2. 三大护栏吸收碰撞能量的原理是什么?
3. 路侧安全净区内障碍物如何处理?
4. 简述护栏的设计理念及要求。
5. 简述护栏的设计流程。

# 单元二　路基护栏

**知识目标**

1. 掌握路基护栏的设置原则;
2. 掌握路基护栏的防护等级及选取条件;
3. 熟悉护栏端部的处理方法。

**能力目标**

1. 能够进行护栏过渡段方案设计;
2. 能够进行护栏位置和形式的选择;
3. 能够进行护栏最小结构长度的选取。

## 一、设置原则

国内外研究成果表明,净区的宽度和交通量、速度、平曲线半径和路侧坡度等因素有关。

交通量越大,车辆速度越高,需要的净区宽度越大。路堤边坡坡度缓于1:4时,驶出车辆可以驶回,坡度越陡,驶回需要的宽度越大;路堤边坡坡度陡于1:4时,驶出路外的车辆驶回的可能性大大降低。如果在公路用地范围内边坡的坡脚处有足够的宽度,并且驶过的区域无障碍物,驶出车辆即使不能驶回,也不会出现严重的伤害事故。

国内外统计结果表明,约30%造成人员伤亡的交通事故是由于车辆驶出路外造成的,因此计算净区宽度得不到满足时,需要进行必要的处理。

公路实际净区宽度与计算净区宽度不同时,应在交通安全综合分析的基础上,根据基本要求,按照驶出路外或驶入对向车行道事故的风险确定是否设置护栏。驶出路外或驶入对向车行道事故的风险应综合考虑驶出路外或驶入对向车行道的可能性以及事故严重程度等因素,并符合下列要求:

(1)驶出路外或驶入对向车行道的可能性应根据所在路段的路线线形、交通量、交通组成以及环境条件等因素确定。

(2)事故严重程度和运行速度、路侧条件有关,可分成低、中、高三个等级。

1. 路侧事故严重程度

(1)路侧计算净区宽度范围内有高速铁路、高速公路、高压输电线塔、危险品储藏仓库等设施时,事故严重程度等级为高,必须设置护栏。

(2)路侧计算净区宽度范围内有下列情况时,事故严重程度等级为中,应设置护栏。

①二级及二级以上公路边坡坡度和路堤高度在图4-10的Ⅰ区、Ⅱ区阴影范围之内的路段,三、四级公路路侧有深度30m以上的悬崖、深谷、深沟等的路段。

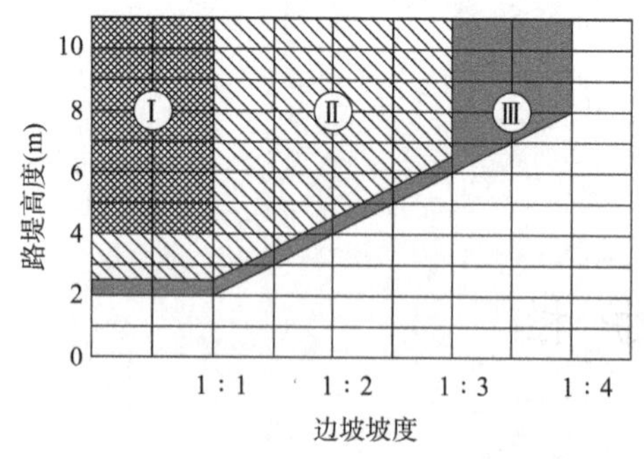

图4-10　边坡坡度、路堤高度与设置护栏的关系

②有江、河、湖、海、沼泽等水深1.5m以上水域的路段。

③有Ⅰ级铁路、一级公路等。

④高速公路、一级公路路外设有车辆不能安全越过的照明灯、摄像机、交通标志、声屏障、上跨桥梁的桥墩或桥台、隧道入口处的检修道或洞门等设施的路段。

(3)路侧计算净区宽度范围内有下列情况时,事故严重程度等级为低,宜设置护栏。

①二级及二级以上公路边坡坡度和路堤高度在图4-10的Ⅲ区阴影范围之内的路段,三、四级公路边坡坡度和路堤高度在图4-10的Ⅰ区阴影范围之内的路段。

②二级及二级以上公路路侧边沟无盖板、车辆无法安全越过的挖方路段。

③高出路面或开挖的边坡坡面有30cm以上的混凝土砌体或大孤石等障碍物。

④出口匝道的三角地带有障碍物。

2. 中央分隔带事故严重程度

(1)高速公路和作为干线的一级公路,整体式断面中间带宽度小于或等于12m,或者12m宽度范围内有障碍物时,必须设置中央分隔带护栏。中央分隔带事故严重程度可根据下列条件确定:

①中央分隔带宽度小于2.5m且采用整体式护栏形式时,事故严重程度等级为高。

②符合下列条件时,事故严重程度等级为中。

A. 对双向 6 车道高速公路,或未设置左侧硬路肩的双向 8 车道及以上高速公路,中央分隔带宽度小于 2.5m 并采用分设式护栏形式,同时中央分隔带内设有车辆不能安全穿越的障碍物的路段。

B. 对双向 6 车道及以上一级公路,中央分隔带宽度小于 2.5m 并采用分设式护栏形式,同时中央分隔带内设有车辆不能安全穿越的障碍物的路段。

③不符合以上条件的,事故严重程度为低。

(2)作为集散的一级公路,整体式断面中间带应设置保障行车安全的隔离设施。根据交通安全综合分析结果,可考虑是否设置中央分隔带护栏,事故严重程度等级可参考高速公路和作为干线的一级公路的规定选取。

3. 其他情况

高速公路和一级公路采用分离式断面时,行车方向左侧应按路侧护栏设置。

一级公路平面交叉两端设置中央分隔带护栏和绿化设施时,不得影响通视三角区停车视距。

## 二、防护等级

路基护栏的防护等级按路侧可分为一(C)、二(B)、三(A)、四(SB)、五(SA)、六(SS)级;按中央分隔带可分为二(Bm)、三(Am)、四(SBm)、五(SAm)、六(SSm)级。

设置路基护栏的防护等级应符合表 4-1 的规定。路外危险等级越高,事故后果越严重;速度越高,事故的后果越严重;公路等级越高,承担的交通量越大,路段的风险也越大。所以,护栏最小防护等级由公路等级和事故严重程度等级确定。

**路基护栏防护等级的选取** 表 4-1

<table>
<tr><th rowspan="2">公 路 等 级</th><th rowspan="2">设计速度<br>(km/h)</th><th colspan="3">事故严重程度等级</th></tr>
<tr><th>低</th><th>中</th><th>高</th></tr>
<tr><td rowspan="2">高速公路</td><td>120</td><td rowspan="2">三(A、Am)级</td><td rowspan="2">四(SB、SBm)级</td><td>六(SS、SSm)级</td></tr>
<tr><td>100、80</td><td>五(SA、SAm)级</td></tr>
<tr><td>一级公路</td><td>60</td><td rowspan="2">二(B、Bm)级</td><td>三(A、Am)级</td><td rowspan="2">四(SB、SBm)级</td></tr>
<tr><td>二级公路</td><td>80、60</td><td>三(A)级</td></tr>
<tr><td rowspan="2">三级公路、四级公路</td><td>40</td><td rowspan="2">一(C)级</td><td>二(B)级</td><td>三(A)级</td></tr>
<tr><td>30、20</td><td>一(C)级</td><td>二(B)级</td></tr>
</table>

注:括号内为护栏防护等级的代码。

存在下列情况时,导致事故发生可能性增加或后果更严重的路段,宜在表 4-1 防护等级上提高 1 个等级。

(1)二级及二级以上公路纵坡等于或接近于现行行业标准《公路工程技术标准》(JTG B01)规定的最大纵坡值的下坡路段;二级及二级以上公路圆曲线半径等于或接近于现行行业标准《公路工程技术标准》(JTG B01)规定的最小半径的路段外侧。

(2)设计交通量中,总质量大于或等于 25t 的车辆自然数所占比例大于 20% 时。

年平均日设计交通量(AADT)小于 2000 辆小客车且设计速度小于或等于 60km/h 的公路,宜进行交通安全及经济综合分析,确定是否设置护栏及护栏的防护等级。需要设置护栏时,其防护等级可在表 4-1 的基础上降低 1 个等级,但最小不得低于一(C)级。年平均日设计交通量(AADT)小于 400 辆小客车的单车道四级公路,宜采取诱导和警示的措施。

1. 路侧护栏

路侧护栏的设置及防护等级的选取应符合下列要求：

（1）按照现行行业标准《公路交通安全设施设计规范》（JTG D81）的规定，事故严重程度可分为三个等级：高、中、低，应按表4-2的规定设置路侧护栏并选取路侧护栏的防护等级。

（2）存在下列情况时，导致事故发生可能性增加或后果更严重的路段，路侧护栏的防护等级宜在表4-2的基础上提高1个等级。

①二级及以上公路纵坡等于或接近于现行行业标准《公路工程技术标准》（JTG B01）规定的最大纵坡值的下坡路段；二级及以上公路圆曲线半径等于或接近于现行行业标准《公路工程技术标准》（JTG B01）规定的最小半径的路段外侧。

②设计交通量中，总质量大于或等于25t的车辆自然数所占比例大于20%。

**路侧护栏设置原则及防护等级选取条件**

表4-2

| 事故严重程度及护栏设置原则 | 路侧计算净区宽度范围内有以下情况 | 公路技术等级和设计速度（km/h） | 防护等级（代码） |
|---|---|---|---|
| 高，必须设置 | 高速铁路、高速公路、高压输电线塔、危险品储藏仓库等设施 | 高速公路120 | 六（SS）级 |
| | | 高速公路、一级公路100、80 | 五（SA）级 |
| | | 一级公路60 | 四（SB）级 |
| | | 二级公路80、60 | 四（SB）级 |
| | | 三级公路40 | 三（A）级 |
| | | 三、四级公路30 | 二（B）级 |
| 中，应设置 | 1. 二级及以上公路边坡坡度和路堤高度在图4-10的Ⅰ区、Ⅱ区阴影范围之内的路段，三、四级公路路侧有深度30m以上的悬崖、深谷、深沟等的路段；<br>2. 江、河、湖、海、沼泽等水深1.5m以上水域；<br>3. Ⅰ级铁路、一级公路等；<br>4. 高速公路、一级公路路外设有车辆不能安全越过的照明灯、摄像机、交通标志、声屏障、上跨桥梁的桥墩或桥台、隧道入口处的检修道或洞门等设施 | 高速公路、一级公路120、100、80 | 四（SB）级 |
| | | 一级公路60 | 三（A）级 |
| | | 二级公路80、60 | 三（A）级 |
| | | 三级公路40 | 二（B）级 |
| | | 三、四级公路30、20 | 一（C）级 |
| 低，宜设置 | 1. 二级及以上公路边坡坡度和路堤高度在图4-10的Ⅲ区阴影范围之内的路段；三、四级公路边坡坡度和路堤高度在图4-10的Ⅰ区阴影范围之内的路段；<br>2. 二级及以上等级公路路侧边沟无盖板、车辆无法安全越过的挖方路段；<br>3. 高出路面或开挖的边坡坡面有30cm以上的混凝土砌体或大孤石等障碍物；<br>4. 出口匝道的三角地带有障碍物 | 高速公路、一级公路120、100、80 | 三（A）级 |
| | | 一级公路60 | 二（B）级 |
| | | 二级公路80、60 | 二（B）级 |
| | | 三、四级公路40、30、20 | 一（C）级 |

2. 中央分隔带护栏

中央分隔带护栏的设置及防护等级的选取应符合下列要求：

(1)高速公路和作为干线的一级公路，整体式断面中间带宽度小于或等于12m，或者12m宽度范围内有障碍物时，必须设置中央分隔带护栏。根据中央分隔带的条件，事故严重程度可分为三个等级：高、中、低。中央分隔带护栏的防护等级应符合表4-3的规定。

中央分隔带护栏防护等级选取　　表4-3

| 事故严重程度等级 | 中央分隔带条件 | 公路技术等级和设计速度(km/h) | 防护等级(代码) |
|---|---|---|---|
| 高 | 高速公路、一级公路中央分隔带宽度小于2.5m并采用整体式护栏形式 | 高速公路120 | 六(SSm) |
| | | 高速公路、一级公路100、80 | 五(SAm) |
| | | 一级公路60 | 四(SBm) |
| 中 | 对双向6车道高速公路，或未设置左侧硬路肩的双向8车道及以上高速公路，中央分隔带宽度小于2.5m并采用分设式护栏形式，同时中央分隔带内设有车辆不能安全穿越的障碍物①的路段 | 高速公路120、100、80 | 四(SBm) |
| | 对双向6车道及以上一级公路，中央分隔带宽度小于2.5m并采用分设式护栏形式，同时中央分隔带内设有车辆不能安全穿越的障碍物①的路段 | 一级公路100、80 | 四(SBm) |
| | | 一级公路60② | 三(Am) |
| 低 | 不符合上述条件的其他路段 | 高速公路、一级公路120、100、80 | 三(Am) |
| | | 一级公路60② | 二(Bm) |
| | | 二级公路③80、60 | 二(Bm) |

注：①障碍物是指照明灯、摄像机、交通标志的支撑结构，上跨桥梁的桥墩等设施。

②设计速度为60km/h的一级公路一般为作为集散的一级公路受地形、地质等条件限制的路段，本表适用于其需要设置中央分隔带护栏的情况。

③适用于设置了超车道，未设置隔离设施，且有驶入对向车行道可能性的二级公路。

(2)存在下列情况时，中央分隔带护栏的防护等级宜在表4-3的基础上提高1个等级。

①二级及以上公路纵坡等于或接近现行行业标准《公路工程技术标准》(JTG B01)规定的最大纵坡值的下坡路段；二级及以上公路右转圆曲线半径等于或接近现行行业标准《公路工程技术标准》(JTG B01)规定的最小半径的路段。

②设计交通量中，总质量大于或等于25t的车辆自然数所占比例大于20%时。

(3)作为集散的一级公路，整体式断面中间带应设置保障行车安全的隔离设施。根据交通安全综合分析结果，可考虑是否设置中央分隔带护栏，事故严重程度等级可参考表4-3选取。

（4）二级公路设置超车道的路段，可根据驶入对向车行道事故的风险及经济分析，确定是否设置中央分隔带护栏或隔离设施。事故严重程度等级可参考表4-3选取。设置中央分隔带护栏时，应根据需要加宽路基；设置隔离设施时，应避免对行车安全造成隐患。

（5）中央分隔带护栏的设置位置宜综合考虑中央分隔带的宽度、开口、地形及设置于中央分隔带内的管线、桥梁墩柱及各类设施结构立柱等因素。

（6）整体式断面中央分隔带护栏端部，宜结合中央分隔带开口护栏处理；分离式断面行车方向左侧应按路侧护栏设置。

（7）中央分隔带护栏在隧道出入口处的处理方法同路侧护栏。

## 三、端部处理

没有经过处理的护栏端部在受到车速较高的驶出路外车辆冲撞时，将给驾乘人员带来伤害，因此应从有助于防止冲撞和冲撞时具有一定缓冲性的角度加以处理。

迎交通流的护栏端部应按下列方法进行外展或设置缓冲设施：

（1）外展至土路肩宽度范围外，外展斜率不宜超过表4-4的规定值。护栏距车行道边缘线越近，外展斜率取值宜越小。具备条件时，宜外展至计算净区宽度外。

上游护栏端头外展斜率　　表4-4

| 设计速度(km/h) | 刚性护栏 | 半刚性护栏 |
| --- | --- | --- |
| 120 | 1∶22 | 1∶17 |
| 100 | 1∶18 | 1∶14 |
| 80 | 1∶14 | 1∶11 |
| 60 | 1∶10 | 1∶8 |

（2）半刚性护栏外展时，端部应进行加固处理。

（3）位于填挖交界时，应外展并埋入挖方路段不构成障碍物的土体内。半刚性护栏外展埋入土体时，在土体内应延长一定长度并进行锚固。

（4）无法外展而又不满足安全要求的端头前，设置相应防护等级的缓冲设施。端部缓冲设施可以和整体结构有关，也可以无关。护栏端头设计在保证整体结构的基础上，能发挥缓冲作用不伤及碰撞护栏端头的车辆，这是理想结果；如果不能，可以在护栏端头加缓冲设施。

高速公路、一级公路及作为干线的二级公路应按缓冲设施相关规定设置防撞端头，或在护栏端头前设置防撞垫；作为集散的二级公路及三、四级公路宜采用地锚式端头，并进行警示提醒或设置立面标记。

（5）作为干线的二级公路，对向车行道分界处未设置护栏的，宜考虑车辆碰撞对向车行道护栏下游端头的可能性。

相关研究成果表明，路侧波形梁护栏在行车方向的上游端头为圆头式时，如果设置不当，对碰撞车辆和驾乘人员有可能造成伤害。同时根据使用经验，有些车辆碰撞没有外展的地锚式端头，也可能骑上端头，易引起伤害。因此，处于路侧计算净区范围内的上游护栏端头要进行一定的处理。另外，双车道公路车辆驶入对向车行道驶出路外时可能碰撞对向护栏的下游端头，可能造成事故，但由于车速较低，伤害程度可能较低，应考虑这种可能性进行具体分析。

## 四、过渡段设计

不同防护等级或不同结构形式的护栏之间连接时,要进行过渡段设计,目的是为了减少车辆碰撞连接段,因为横向变形不同而发生绊阻,产生人员伤亡的后果,尤其是车行方向上从刚性小的护栏向刚性大的护栏过渡时。护栏过渡段的防护等级应不低于所连接护栏中较低的防护等级。

隧道出入口是事故多发点,尤其是隧道入口。高速公路、一级公路及作为干线的二级公路的隧道出入口等位置,护栏应进行过渡段设计;作为集散的二级公路及三、四级公路的隧道出入口等位置,护栏宜进行过渡段设计。

隧道入口处过渡段设计应符合下列要求:

(1)宜通过混凝土护栏渐变或采用混凝土翼墙进入隧道洞口处。

(2)护栏进入隧道洞口的渐变率不宜超过表4-4的规定值。

(3)混凝土护栏或翼墙迎交通流一侧在隧道洞口处宜与检修道内侧立面平齐。

(4)混凝土护栏或翼墙进入隧道洞口前可根据需要适当渐变高度,在隧道洞口处不得低于检修道高度。

## 五、护栏位置

作为集散的一、二级公路的非机动车、行人密集路段,如已设置了侧分隔带并需要设置护栏时,护栏宜设置在侧分隔带上。未设置侧分隔带时,护栏宜设置在土路肩上。

路侧护栏设置在边坡上时,宜注意下列条件:

(1)可设置在等于或缓于1:6的边坡上。

(2)特殊情况下,也可设置于坡度在1:4~1:6的边坡上,护栏距离路面的高度不变,护栏迎撞面距离变坡点的距离最大不应超过0.75m,且应保证护栏立柱外侧的土压力。

(3)护栏迎撞面前的边坡平整,没有突起部分。

## 六、护栏形式

根据碰撞后的变形程度,护栏可分为刚性护栏、半刚性护栏和柔性护栏,其主要代表形式分别为混凝土护栏、波形梁护栏和缆索护栏。钢背木护栏属于半刚性护栏的一种。

刚性护栏几乎不变形,但当车辆与护栏的碰撞角度较大时,对车辆和驾乘人员的伤害较大;半刚性护栏刚柔相兼,具有较强的吸收碰撞能量的能力,对车辆和驾乘人员的伤害相对较小;柔性护栏在受到碰撞后,由于变形较大,此对车辆和驾乘人员的伤害最小。

选取护栏形式时,除考虑护栏的防护性能外,还应考虑下列因素:

(1)应考虑护栏受碰撞后的变形量。路侧或中央分隔带护栏面距其防护的障碍物的距离,应大于护栏最大横向动态位移外延值($W$)或车辆最大动态外倾当量值($VI_n$)。

护栏最大横向动态位移外延值($W$)或车辆最大动态外倾当量值($VI_n$)的选择应根据防护车型和障碍物来确定。当防护的障碍物低于护栏高度时,宜选择护栏最大横向动态位移外延值($W$);当防护的障碍物高于护栏高度、公路主要行驶车型为大型车辆时,应选择车辆最大动态外倾当量值($VI_n$)。

(2)大型车辆所占比例较大的路段,除位于冬季风雪较大的地区外,中央分隔带护栏宜使用混凝土护栏。

根据我国已通车高速公路和一级公路的运营经验，大型车辆尤其是大型货车所占比例较大的路段，车辆穿越中央分隔带与对向车辆发生碰撞造成恶性交通事故的事件时有发生，因此大型车辆所占比例较大的路段，除位于冬季风雪较大的地区外，推荐选用混凝土护栏。风雪较大的路段，混凝土护栏因容易阻雪，因此不适合使用。

具体采用整体式还是分设型混凝土护栏，主要根据中央分隔带内需要防护的设施或结构物类型确定。如中央分隔带内存在上跨桥梁中墩、交通标志、照明灯杆等障碍物，或者需要经常性地与桥梁或隧道过渡，或者与通信管道的协调较困难时，可采用分设型混凝土护栏的形式，否则可采用整体型混凝土护栏。

采用整体式混凝土护栏时，并非只是减小中央分隔带的宽度，从安全行车和视距保障的角度，混凝土护栏两侧最好有50cm以上的余宽，或能满足平曲线路段内侧车行道停车视距的需要，最小也要满足现行行业标准《公路工程技术标准》(JTG B01)中关于公路建筑限界值的要求。

(3)冬季风雪较大的地区，宜选择少阻雪的护栏形式。

(4)护栏及其端头、与其他形式护栏的过渡处理宜采用标准化材料、产品，个别地点特殊需要的护栏宜定制、加工。

(5)应考虑护栏的初期成本、投入使用后的养护成本，包括常规养护、事故养护、材料储备和养护方便性等。宜结合路面养护方式采用经济适宜的形式，并预先考虑将来的路面养护需求。

(6)选择护栏形式时应考虑沿线的环境腐蚀程度、气候条件和护栏本身对视距的影响等因素，并适当考虑美观因素。对景观有特殊要求的公路可选择外观自然、与周围环境相融合的护栏形式，但不得降低护栏防护等级。

(7)选择护栏形式时，除需要考虑护栏的防护性能和变形因素外，还需要综合考虑表4-5所列因素。

**选择护栏形式时需要考虑的因素** 表4-5

| 序号 | 考虑因素 | 说明 |
| --- | --- | --- |
| 1 | 通用性 | 护栏的形式及其端头处理、与其他形式护栏的过渡处理要尽量标准化，中央分隔带护栏形式还要考虑与其他设施(如灯柱、标志立柱和桥墩等)的协调。个别地点特殊需要的护栏需定制、加工。如在平面交叉转弯车道外侧、回头曲线外侧等转弯半径很小的地方，如果使用波形梁护栏，需要定制、加工 |
| 2 | 成本 | 在最终确定设计方案时，考虑最多的可能是各种方案的初期成本和将来的养护成本。一般情况下，护栏的初期成本会随着防护等级的增加而增加，但养护成本会减少；相反，初期成本低，则随后的养护成本会大大增加；发生事故后，柔性或半刚性护栏比刚性或高强度护栏需要更多的养护；交通量大、事故频发的路段，事故养护成本将成为必须考虑的因素，刚性护栏是较好的选择方案；<br>事故养护：一般情况下，事故后柔性或半刚性护栏比刚性护栏需要更多的养护；在交通量相当大、事故频率较高处，事故养护成本及事故对通行能力的影响可能会变为最需要考虑的因素。这种情况通常发生在城市附近的公路；在这种位置处，刚性护栏(如混凝土护栏)通常作为选择方案；<br>材料储备：种类越少，所需要的库存类别和存储需求越少；<br>方便性：设计越简单，成本越低，且越便于现场人员准确修复；<br>路面养护：有些路面养护时没有铣刨路面，导致路面养护后护栏高度不足；在新设护栏时就要考虑这种影响，采用护栏高度富余或护栏高度可变的形式，减少路面养护造成的影响 |

续上表

| 序　号 | 考虑因素 | 说　明 |
|---|---|---|
| 3 | 美观、环境因素 | 美观通常不是选择护栏形式的控制因素，但旅游公路或对景观要求高的公路可选择外观自然、能与周边环境融为一体而又具有相应防护等级的护栏形式；<br>护栏的选择还要考虑沿线的环境腐蚀程度、气象条件和其对视距的影响等，如积雪地区要考虑除雪的方便性；<br>因设置护栏对提升公路景观作用不大，因此旅游公路或对景观要求高的公路，要尽量寻找可以替代护栏的措施，如设置浅碟形边沟或挖方路段边沟上设置盖板等；经论证，需要设置护栏时，其外观要力求简洁、减少装饰并充分考虑通透性，降低刚性护栏的存在感，护栏色彩要与构造物及周边环境相协调 |

## 七、护栏最小结构长度

护栏最小结构长度应根据下列因素确定：

(1)发挥护栏整体作用的最小结构长度应符合表4-6的规定，或根据护栏产品使用说明书确定。

护栏最小结构长度　　表4-6

| 公路等级 | 护栏类型 | 最小长度(m) |
|---|---|---|
| 高速公路、一级公路 | 波形梁护栏 | 70 |
| | 混凝土护栏 | 36 |
| | 缆索护栏 | 300 |
| 二级公路 | 波形梁护栏 | 48 |
| | 混凝土护栏 | 24 |
| | 缆索护栏 | 120 |
| 三、四级公路 | 波形梁护栏 | 28 |
| | 混凝土护栏 | 12 |
| | 缆索护栏 | 120 |

(2)护栏最小防护长度应根据车辆驶出路外的轨迹和计算净区宽度内障碍物的位置、宽度确定，如图4-11所示。护栏防护长度由$a_1$、$b_1$、$b_2$、$c_1$和$c_2$五部分组成。其中，$a_1$是障碍物长度；$b_1$和$b_2$是为了避免驶出路外车辆碰撞障碍物的延长部分；$c_1$和$c_2$是护栏端头，包括锚固部分。

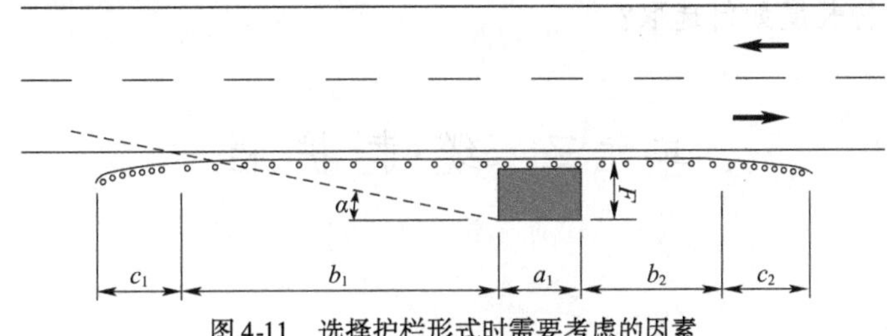


图4-11　选择护栏形式时需要考虑的因素

各部分取值建议如下：

①$b_1$和$b_2$与速度、驶出角度$\alpha$有关。驶出角度可根据类似公路驶出路外事故调研获得，也可保守选用5°；速度可取设计速度、运行速度或限制速度；$F$是护栏面至障碍物外边缘距离，

且为处于计算净区宽度范围内的障碍物宽度。

②$b_1$也可参照表 4-7 选取。

③当路外障碍物为交通标志、照明立柱、桥墩等时，若边沟不构成障碍物、边坡坡度缓于 1:4，可简化取值，$b_1 = 10F$。特殊情况下也可采用其他的计算方法。

④双车道公路，$b_2 = b_1$；四车道及以上公路，$b_2 = 0.5b_1$。

**$b_1$ 取 值** 表 4-7

| 速度(km/h) | $b_1$(m) | |
|---|---|---|
| | 通常情况 | 事故严重程度较高的情况 |
| ≤40 | 8 | 25 |
| 50 | 30 | 40 |
| 60 | 40 | 55 |
| 70 | 50 | 70 |
| 80 | 60 | 85 |
| 90 | 75 | 100 |
| 100 | 90 | 120 |
| ≥110 | 110 | 150 |

(3)护栏最小结构长度应同时满足以上(1)和(2)的要求。

(4)相邻两段护栏的间距小于护栏最小结构长度时宜连续设置。

(5)通过过渡段连接的两种形式护栏的长度之和不应小于两种形式护栏的最小结构长度的大值。

### 思考与练习

1. 简述路基护栏的设置原则。
2. 路侧护栏防护等级的选取条件是什么？
3. 中央分隔带护栏防护等级的选取条件是什么？
4. 护栏端部的处理方法有哪些？
5. 护栏过渡段设计要求是什么？
6. 护栏位置如何选择？
7. 选择护栏形式时需要考虑的因素有哪些？
8. 护栏最小结构长度如何选取？

## 单元三 缆索护栏

1. 熟悉缆索护栏的构造要求；
2. 了解缆索护栏的材料要求；
3. 掌握缆索护栏的施工工序；

4. 掌握缆索护栏施工质量过程控制项目。

能够进行缆索护栏的设计与施工。

缆索护栏是柔性护栏的主要代表形式，由端部结构、中间端部结构、中间立柱、托架、缆索和索端锚具等组成。路侧缆索护栏的防护等级为一(C)、二(B)、三(A)级。

## 一、构造

缆索护栏设计时，应符合下列要求：

(1)端部结构由三角形支架、底板和混凝土基础组成，端部结构各部构造和尺寸应符合表4-8的规定。路侧一(C)级～三(A)级端部结构如图4-12～图4-14所示。

缆索护栏端部结构各部构造和尺寸　　表4-8

| 防护等级 | 端部支柱 | | | | 混凝土基础 | | | | 最下一根缆索的高度(cm) | 最大立柱间距(mm)(土中/混凝土中) |
|---|---|---|---|---|---|---|---|---|---|---|
| | 规格(mm) | 地面以上高度(cm) | 埋入深度(cm) | 形式 | 深度(cm) | 长度(cm) | 宽度(cm) | 体积($m^3$) | | |
| 一(C) | $\phi$114×4.5 | 74 | 40 | 三角形 | 100 | 300 | 60 | 1.8 | 43 | 700/400 |
| 二(B) | $\phi$140×4.5 | 87 | 45 | 三角形 | 120 | 330 | 70 | 2.8 | 43 | 700/400 |
| 三(A) | $\phi$168×5 | 100 | 50 | 三角形 | 150 | 420 | 70 | 4.4 | 43 | 700/400 |

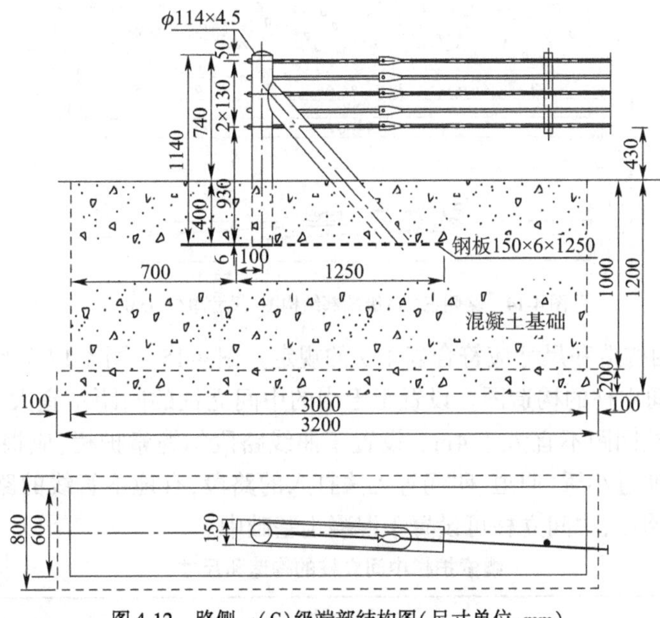


图4-12　路侧一(C)级端部结构图(尺寸单位:mm)

(2)中间端部结构由一对三角形支架、底板和混凝土基础组成，各部分构造和尺寸同端部立柱。符合下列条件时，应设置中间端部结构：

①采用机械施工方式，路侧缆索护栏的设置长度超过500m时。

②采用人工施工方式，路侧缆索护栏的设置长度超过300m时。

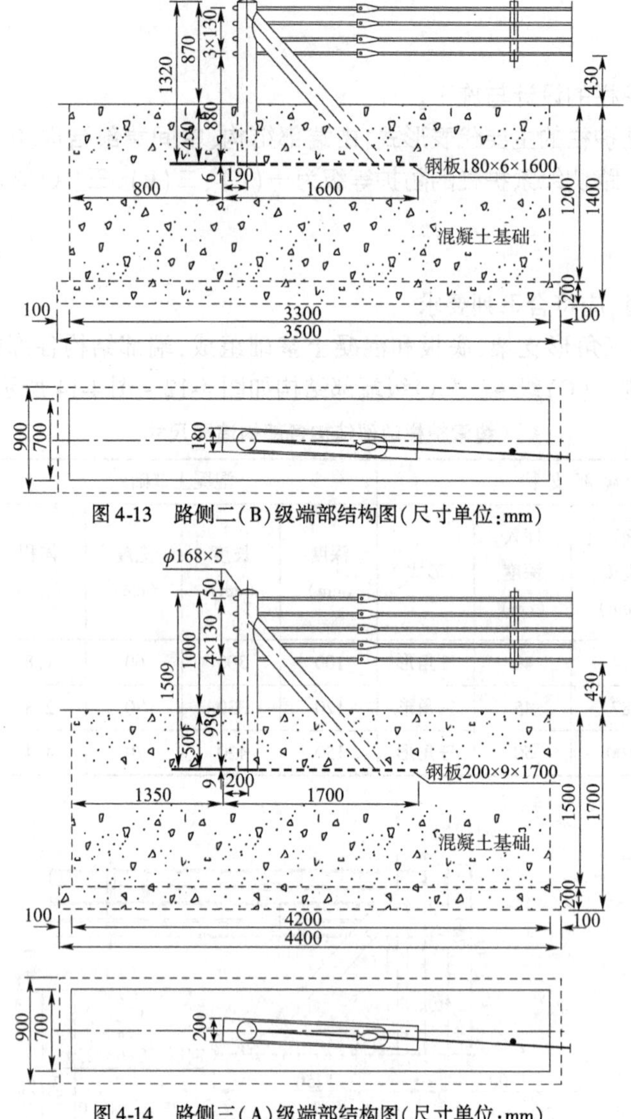


图 4-13　路侧二(B)级端部结构图(尺寸单位:mm)

图 4-14　路侧三(A)级端部结构图(尺寸单位:mm)

(3)中间立柱的构造和尺寸应符合表 4-9 的规定。图 4-15～图 4-17 为路侧一(C)级～三(A)级缆索护栏中间立柱的构造图。设置于土中的中间立柱的间距不宜大于 6m/7m,设置于混凝土中的中间立柱间距不宜大于 4m。设置于曲线路段的缆索护栏,应根据表 4-10 的规定调整立柱间距。在通过小桥、通道、明涵等无法打入的路段,有地下管线的路段或其他不能达到规定埋置深度的路段,中间立柱可设置于混凝土基础中。

**缆索护栏中间立柱的构造和尺寸**　　表 4-9

| 防护等级 | 中间立柱 | | | | | 最大立柱间距(cm) |
|---|---|---|---|---|---|---|
| | 埋置方式 | 埋入深度(cm) | 地面以上高度(cm) | 外径(mm) | 壁厚(mm) | |
| 一(C) | 土中 | 140 | 74 | φ114 | 4.5 | 700 |
| | 混凝土中 | 40 | | | | 400 |

续上表

| 防护等级 | 中间立柱 | | | | | 最大立柱间距（cm） |
|---|---|---|---|---|---|---|
| | 埋置方式 | 埋入深度（cm） | 地面以上高度（cm） | 外径（mm） | 壁厚（mm） | |
| 二(B) | 土中 | 165 | 87 | $\phi114$ | 4.5 | 700 |
| | 混凝土中 | 40 | | | | 400 |
| 三(A) | 土中 | 165 | 100 | $\phi140$ | 4.5 | 600 |
| | 混凝土中 | 40 | | | | 400 |

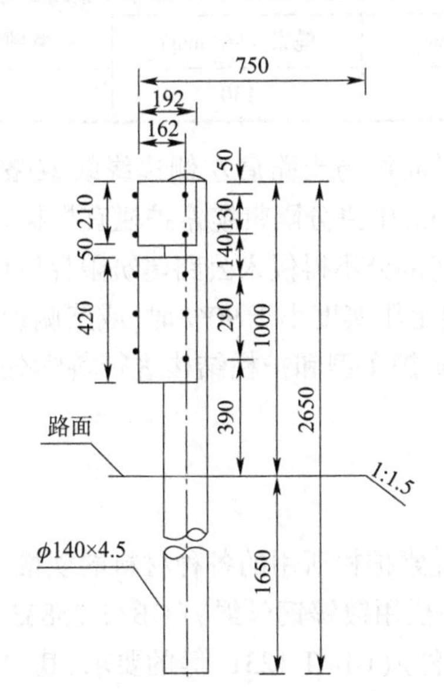


图 4-15 一(C)级缆索护栏中间立柱的构造图(尺寸单位:mm)

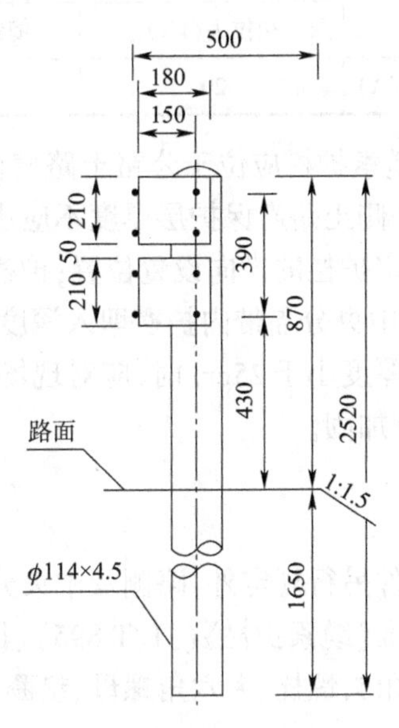


图 4-16 二(B)级缆索护栏中间立柱的构造图(尺寸单位:mm)

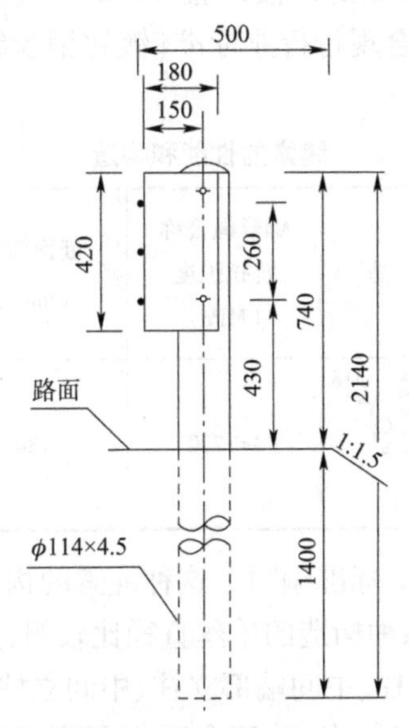


图 4-17 三(A)级缆索护栏中间立柱的构造图(尺寸单位:mm)

曲线部的立柱间隔　　表 4-10

| 防护等级(代码) | 立柱间隔(m) | 4 | 5 | 6 |
|---|---|---|---|---|
| 一(C)、二(B)、三(A) | 曲线半径 $R$(m) | $120 \leq R \leq 200$ | $200 < R \leq 300$ | $R > 300$ |

(4)托架的构造和尺寸要求,详见《公路交通安全设施设计细则》(JTG/T D81—2017)相关内容。

(5)缆索和索端锚具应符合表 4-11 的规定。

缆索护栏的缆索和索端锚具　　表 4-11

| 防护等级(代码) | 缆　　索 | | | 索端锚具与钢丝绳整体破断拉力(kN) |
|---|---|---|---|---|
| | 初拉力(kN) | 缆索直径(mm) | 缆索间隔(mm) | |
| 一(C)、二(B)、三(A) | 20 | 18 | 130 | 170 |

(6)路侧缆索护栏应位于公路土路肩内,护栏面可与土路肩左侧边缘线或路缘石左侧立面重合,立柱外侧土路肩保护层厚度不应小于 25cm;中央分隔带缆索护栏宜根据构造物、地下管线的分布确定护栏的横向设置位置;护栏的任何部分不得侵入公路建筑限界以内。

(7)路侧、中央分隔带内护栏埋入深度范围内土压实度小于 90% 时,或路侧护栏立柱外侧土路肩保护层厚度小于 25cm 时,应对现场条件、防护车型和护栏结构进行科学分析和合理论证,对立柱进行加固。

## 二、材料

除设计文件另行规定外,路侧及中央分隔带缆索护栏所用的各种材料的规格、材质均应符合国家现行标准《缆索护栏》(JT/T 895)、《公路护栏用镀锌钢丝绳》(GB/T 25833)及《钢结构用高强度大六角头螺栓、大六角螺母、垫圈技术条件》(GB/T 1231)等的要求,其中厚度为防腐处理前的厚度。

路侧缆索护栏的各种材料应符合以下要求:

(1)缆索的直径指的是横切断面的外接圆直径。3×7 表示每根缆索有 3 股,每股又由 7 根单丝组成。缆索用钢丝绳应符合现行行业标准《镀锌钢绞线》(YB/T 5004)的规定,具体性能和构造应符合表 4-12 的规定。

缆索的性能和构造　　表 4-12

| 钢丝绳直径(mm) | 单丝直径(mm) | 构　　造 | 钢丝绳公称抗拉强度(MPa) | 断面面积($mm^2$) | 捻 制 方 法 | 单位质量(kg/m) |
|---|---|---|---|---|---|---|
| 18 | 3.86 | $\phi 18$<br>3股7芯 | ≥1270 | 134 | 右同向捻 | 1.09 |

护栏用缆索主要参照日本有关标准编写。这种缆索的构造系根据缆索护栏的特殊应用要求决定的,在同类直径的缆索中该种构造的单丝直径比较粗,这样可以增加耐腐性能。

(2)缆索护栏的立柱(端部立柱、中间端部立柱、中间立柱)和所有螺栓、螺母和垫圈、间隔保持件等,均采用普通碳素结构钢制作,并符合现行国家标准《碳素结构钢》(GB/T 700)中

Q235 钢的机械性能和冷弯试验指标。立柱可采用电焊钢管,端部结构和中间端部结构的弓形和半弓形立柱可采用铸钢来制造。

(3)托架所用钢板应符合现行国家标准《碳素结构钢和低合金结构钢热轧薄钢板和钢带》(GB/T 912)的规定。

(4)索端锚具的拉杆螺栓和锚具以及固定缆索用别针应符合现行国家标准《优质碳素结构钢》(GB/T 699)中 45 优质碳素结构钢的规定。缆索的锚固方法可采用套管中注入合金的方法,也可采用打入楔子的方法。不管采用哪一种方法,锚固强度均不能小于缆索的断裂强度而产生缆索被拔出或被损坏的后果。

(5)缆索用钢丝绳采用热浸镀锌防腐处理时,为保护缆索免遭腐蚀,应采用单丝进行热浸镀锌的办法,并应符合现行行业标准《镀锌钢绞线》(YB/T 5004)中有关镀锌层质量为 250g/m$^2$的规定。经热浸镀锌处理的钢丝表面应有一层均匀的锌层,不应出现裂纹、斑疤和露铁现象。用于镀层的锌应满足现行国家标准《锌锭》(GB/T 470)中特一号或一号锌的要求。

钢丝经热浸镀锌后,一般对缆索不再进行防腐处理。但在一些特殊路段,例如,在大气中含有可使缆索严重腐蚀的离子时,或对公路的美观和视线诱导有较高要求时,可考虑在缆索镀锌层外再涂塑。涂塑层可选用日照下不易老化,具有良好耐候性的油漆、塑料包裹,这样可以增加防腐的年限,增加视线诱导的效果,使缆索护栏更加美观。

## 三、施工(相关资源见二维码 4-3、4-4)

### 1. 放样

立柱放样时,应符合下列要求:

(1)应根据设计文件和现场桥梁、涵洞、通道、路线交叉、隧道等的分布确定控制立柱的位置,并测定控制立柱之间的间距,据此调整端部立柱、中间端部立柱、中间立柱的设置位置。

在放样前先确定好控制点(即控制立柱的位置)是非常重要的。缆索护栏是沿公路设置的连续性结构,它们与公路上的各种构造物应该很好地进行协调配合。在大中桥的桥头,缆索护栏与桥梁护栏有过渡的问题;在互通式立体交叉的进、出口匝道的分、合流处,缆索护栏有端头处理问题;在小桥、通道、明涵处,有缆索护栏如何跨越的问题;等等。选择控制点的目的就是为了使护栏的布设更趋合理、施工更加方便。在控制点的位置大致确定以后,可以根据设计文件的要求,对端部立柱、中间端部立柱、中间立柱的位置进行最后调整、定位。

(2)应调查立柱下是否存在地下管线、构造物等隐蔽设施,并进行适当处理,这样可减少在护栏安装过程中的损失。

### 2. 端部立柱和中间端部立柱的设置

端部立柱和中间端部立柱施工时,应符合下列要求:

(1)应根据设计文件的要求,将立柱、斜撑及底板焊接成牢固的三角形支架。端部立柱和中间端部立柱均由立柱、斜撑和底板构成三角形支架。在安装之前,应按设计文件的要求,对各部件进行加工、钻孔,并进行焊接、防腐处理。

(2)应根据最终确定的立柱位置开挖基坑、浇筑混凝土基础,到达规定高程时,应对三角形支架进行准确定位。基坑开挖、地基检验、地基处理及混凝土的浇筑应符合现行行业标准《公路桥涵施工技术规范》(JTG/T 3650)及设计文件的规定。

基础埋设于土基中时,应根据混凝土基础的位置放样,根据放样线开挖基坑,并严格控制基坑尺寸。达到规定高程后，开始铺砌基底的片石混凝土，经夯实后，架立符合设计规格的模板，安装稳固后即可浇筑混凝土。混凝土达到规定高程时，安放三角形支架并准确定位。为使端部立柱或中间端部立柱的位置和高程在混凝土振捣过程中不改变，应采用适当的临时支架。

基础混凝土浇筑完成后，应注意对基础混凝土进行养护，直到混凝土强度能保证其表面及棱角不因拆除模板而受损坏时方可拆除模板。拆模后如发现混凝土质量有问题时，应立即采取补救措施。处理合格后，才能进行基础回填土，分层夯实，直到规定的高程。

(3)位于桥梁、涵洞、通道、挡土墙等构造物处的端部立柱和中间端部立柱，应根据设计文件的要求进行基础预埋。端部立柱或中间端部立柱的基础应尽量避免与各种构造物连在一起，如因各种原因，端部立柱的基础落在人工构造物中时，则应在构造物的水泥混凝土浇筑前，按设计文件的要求设置预埋件，混凝土达到规定强度时再安装端部立柱或中间端部立柱。

(4)混凝土基础尺寸和立柱埋深应满足设计文件要求。

3. 中间立柱的设置

(1)中间立柱应定位准确，纵向和横向位置与公路线形一致。

(2)中间立柱埋设于土基中时，因路基土质的不同而有不同的施工方法，常用的有以下几种。

①挖埋法：在设置中间立柱的位置开挖直径不小于20cm的孔穴，达规定深度后，放入中间立柱。定位后，用砂土分层回填夯实，并达到规定的压实度。挖埋法适合于采用打入法有一定困难的路段。挖埋法可用人工挖孔，主要工具是钢钎和掏勺，柱孔直径在30cm以上。柱孔挖好以后，要检查孔径、深度、垂直度，合格后方准进行立柱的埋设与安装。

②钻孔法：在设置中间立柱的位置处用螺旋钻孔机等机械钻孔，达埋置深度的一半左右时，再将立柱打入到规定深度。钻孔法适合于挖埋、打入均有困难的路段，可用螺旋钻机或冲击钻等钻具进行定位钻孔，柱孔直径在30cm左右。柱孔钻好以后，要检查孔径、深度、垂直度，合格后方准进行立柱的埋设与安装。

③打入法：在设置中间立柱的位置直接用打桩机（如气动打桩机、振动打桩机等）把立柱打入土中。打入过程中，立柱不应产生明显的变形、倾斜或扭曲。打入法适合于路基土中含石料很少的路段。采用打桩机打入立柱，可以精确控制立柱的位置和打入的深度。

埋设中间立柱时，为保证立柱纵、横向位置和垂直度的正确，可采取搭设支架的办法进行临时性固定。然后进行逐根立柱的调整，包括立柱埋深（高程控制）、垂直度、纵向线形、横断位置等的调整，检查合格后，即可将立柱固定在临时支架上，再次进行纵、横、高的检查，确认无误后，才允许用路基土分层回填夯实。在用路基土分层夯实有困难时，允许用最低水泥用量不小于255kg/$m^3$的素混凝土浇筑。混凝土应按设计强度等级严格掌握配合比。浇筑混凝土时，应边填料边用钢钎捣实，一直浇筑到与地而齐平，抹平后，应注意养护。

(3)位于混凝土基础中的中间立柱，可设置在预埋的套筒内，通过灌注砂浆或混凝土固定，或通过地脚螺栓与桥梁护轮带基础相连。

4. 托架安装

安装中间立柱或中间端部立柱上的托架，应首先确认缆索护栏的类别及相应的托架编号和组合，在核对无误后即可开始安装托架。缆索护栏的托架应朝向车行道，上托架和下托架在安装前应分清楚。托架应按设计文件的要求用螺栓固定在立柱上。

5. 架设缆索

(1)架设缆索以前，应先检查端部立柱、中间端部立柱和中间立柱的位置是否正确，立柱与基础连接的牢固程度，以及立柱的垂直度、高程等是否满足设计要求。确认无误时，方可进行下道工序的施工。

(2)缆索应在端部立柱和中间端部立柱的混凝土基础达到设计强度的80%以上时架设。

(3)缆索应支放在立柱的内侧(即车行道一侧)，通过中间支架向另一端滚放，可以用专门的滚盘或人工放缆索。在滚放缆索的过程中，应避免把整盘钢丝绳弄乱，不应使钢丝绳打结、扭曲受伤，要避免在路面上长距离拖拽。直到把缆索从端部立柱的一端滚放到另一端的端部立柱或中间端部立柱为止。

(4)在安装缆索以前，应先把缆索固定在索端锚具上。固定的方法有楔子固定法和注入合金法，如图4-18所示。

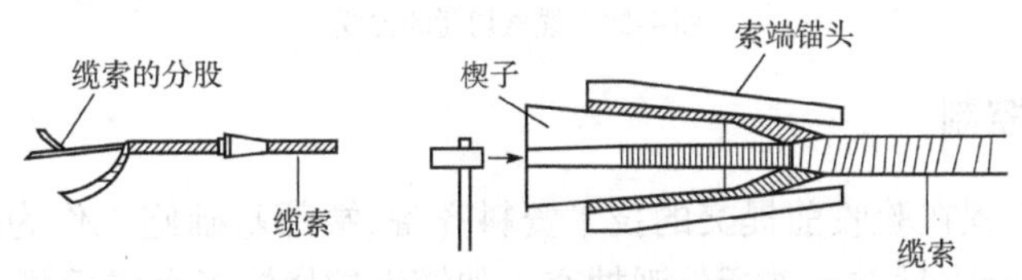

图4-18　缆索的分股和楔子锚固

①楔子固定法：先把缆索插入索端锚头中，然后把缆索按股解开，解开的长度按索端锚头的尺寸来确定，然后用小锤子把铝制楔子紧紧地打入插座中，缆索即可被楔子锚住。

②注入合金法：先把缆索插入索端锚头中，然后把缆索先按股解开，接着把每股钢丝绳按单丝分开，并把每根钢丝绳都调直，经除油处理后，即可往索端锚头中灌注合金，冷却后缆索就锚住了。

可根据施工条件选用其中一种。把缆索固定在锚具上以后，装上拉杆调节螺栓，并把索端锚具安装到端部立柱上。

(5)索端锚具装到端部立柱上后，把拉杆螺栓调节好，就可顺着中间立柱把缆索临时夹持在托架的规定孔槽中，一直把缆索连接到另一端部立柱或中间端部立柱上，这时的缆索完全处于松弛状态。此时，要利用倒链滑车、杠杆式倒链张紧器等缆索张紧设备临时拉紧，如图4-19所示。在钢丝绳与张紧器之间通过钢丝绳夹固定，逐渐把钢丝绳拉紧。根据规定，C级、B级和A级缆索护栏的初拉力为20kN。在临时张拉的过程中要不断检查托架上的索夹保持放松状态，并在各中间立柱之间不断向上挑动缆索。缆索拉至规定初拉力后，持荷3min。

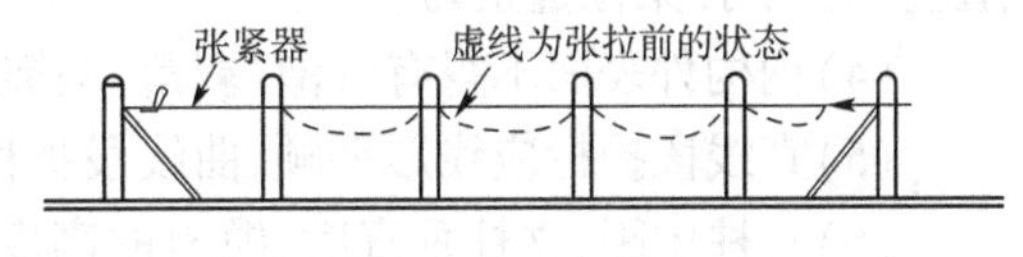

图4-19　临时张拉缆索

除了行业标准《公路交通安全设施设计细则》(JTG/T D81—2017)中提到的三种缆索护栏外，其他根据需要开发的满足现行《公路护栏安全性能评价标准》(JTG B05-01)的缆索护栏的初张力及持荷时间，参考相应的缆索护栏产品的安装说明书。

(6)在临时张紧状态下，即可根据索端锚具的规格，确定切断缆索的正确位置，切断多余的缆索，如图4-20所示。切断缆索的断面应垂直整齐，为防止钢丝松散，可在切断处两端用铁丝绑扎。缆索的切割可用高速无齿锯，以避免引起钢缆端部退火。缆索切断后可采用楔子固定法或注入合金法将其锚固在索端锚头上。

(7)缆索与索端锚具固定后，即可与拉杆螺栓连接，并安装到端部立柱或中间端部立柱上，这时可以卸除临时张拉力，缆索就被紧紧地架设在护栏立柱上了。

(8)缆索调整完毕后，应拧紧各中间立柱、中间端部立柱托架上的夹扣螺栓。端部立柱调节螺杆行车方向外露部分不宜过长,否则应按设计文件或相关标准的规定进行安全防护处理。每段护栏的所有缆索要自上至下连续完成。每段护栏的缆索架设完毕后,要进行全面检查缆索的张紧程度。检查合格后,可逐个拧紧托架上的索夹,把缆索的位置固定。同时,拧紧拉杆螺丝上的调整螺母,把缆索固定好。

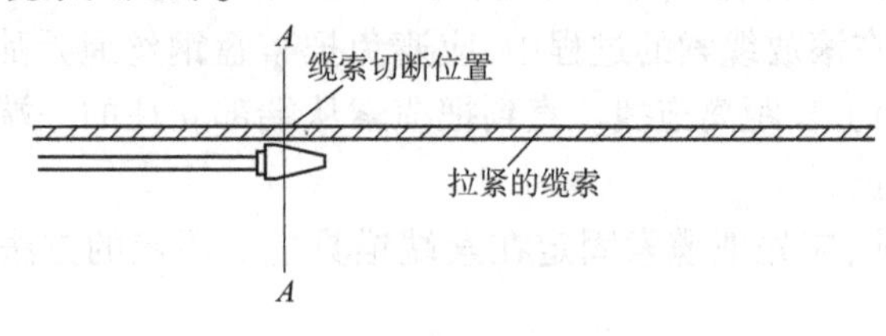


图 4-20　缆索切断的位置

## 四、质量过程控制

如果缆索护栏工程在验收前提交的技术资料齐备,端部基础施工作为隐蔽工程已做过中间验收,则可在工程验收时重点进行外观抽查。如缆索护栏施工完成后提交的技术资料不全,在施工过程中也没有组织中间检查,则在缆索护栏工程验收时,针对资料短缺的部分应进行逐项抽查。缆索护栏工程验收的外观抽查,着重在缆索护栏的整体性能,同时应具有美观的外形,特别需要与公路纵、横向线形和公路景观相协调。

缆索护栏应按下列规定进行质量过程控制:

(1)立柱埋深不得小于设计值。采用挖埋法施工时,回填土应分层夯实,并达到规定的压实度。立柱埋入混凝土基础中时,基础的几何尺寸、强度等级应符合设计要求。

(2)采用打入法施工时,立柱顶部不应出现明显的变形、倾斜、扭曲或卷边等现象。

(3)索端锚具、托架、索夹螺栓应安装到位、固定牢固。托架组合应与缆索护栏的类别相适应,上、下托架位置正确。

(4)钢构件表面不得有气泡、剥落、漏镀及划痕等表面缺陷。

(5)直线段护栏应线形平顺,曲线段护栏应线形圆滑顺畅。

(6)立柱中距、立柱垂直度、缆索的高度和索间距应满足设计文件和现行行业标准《公路交通安全设施施工技术规范》(JTG/T 3671)的要求。

(7)施工过程中应加强质量检查,各检查项目应符合表 4-13 的规定。

**缆索护栏施工质量过程控制项目**　　表 4-13

| 项　次 | 检 查 项 目 | 规定值或允许偏差 | 检 查 方 法 |
|---|---|---|---|
| 1 | 初张力 | ±5% | 张力计 |
| 2 | 最下一根缆索的高度(mm) | ±20 | 尺量 |
| 3 | 立柱中距(mm) | ±20 | 尺量 |
| 4 | 立柱竖直度(mm/m) | ≤10 | 垂线法 |
| 5 | 立柱埋置深度 | 满足设计要求 | 尺量或埋深测量仪测量立柱打入后定尺长度 |
| 6 | 混凝土基础尺寸 | 满足设计要求 | 尺量 |

**思考与练习**

1. 简述缆索护栏的构造要求。

2. 简述缆索护栏的材料要求。

3. 简述缆索护栏的施工工序。

4. 缆索护栏施工质量过程控制项目有哪些?

# 单元四　波形梁护栏

1. 熟悉波形梁护栏的构造要求;
2. 了解波形梁护栏的材料要求;
3. 掌握缆索护栏的施工工序;
4. 掌握波形梁护栏施工质量过程控制项目。

能够进行波形梁护栏的设计与施工。

波形梁护栏是半刚性护栏的主要代表形式,由波形梁板、立柱、端头、托架、防阻块等组成。路侧波形梁护栏的防护等级为一(C)、二(B)、三(A)、四(SB)、五(SA)、六(SS)、七(HB)级;中央分隔带波形梁护栏的防护等级为二(Bm)、三(Am)、四(SBm)、五(SAm)、六(SSm)、七(HBm)级。

## 一、构造

波形梁护栏设计,应符合下列要求:

(1)部分路侧波形梁护栏的构造和尺寸应符合表4-14规定,横断面布置如图4-21所示。

部分波形梁护栏结构构造和尺寸　　表4-14

| 防护等级 | 代码 | 梁板(mm) | 立柱(mm) | 托架/防阻块(mm) | 横梁(mm) | 梁板高度*(mm) | 立柱埋深(mm) | 立柱间距(mm)(土中/混凝土中) |
|---|---|---|---|---|---|---|---|---|
| 一 | C | 310×85×2.5 | φ114×4.5 | 300×70×4.5 | — | 600 | 1400 | 4000/2000 |
| 二 | B | 310×85×3 | φ114×4.5 | 300×70×4.5 | — | 600 | 1400 | 2000/1000 |
| 三 | A | 506×85×3 | φ140×4.5 | 196×178×400×4.5 | — | 697 | 1400 | 4000/2000 |
| 三 | A | 506×85×4 | φ140×4.5 | 300×270×35×6 | — | 697 | 1650 | 4000/2000 |
| 四 | SB | 506×85×4 | φ130×130×6 | 300×200×290×4.5 | | 697 | 1650 | 2000/1000 |
| 五 | SA | 506×85×4 | φ130×130×6和φ102×4.5 | 300×200×290×4.5 | φ89×5.5 | 697 | 1650 | 3000/1500 |
| 六 | SS | 506×85×4 | φ130×130×6和φ102×4.5 | 350×200×290×4.5 | φ89×5.5 | 697 | 1650 | 2000/1000 |
| 七 | HB | 506×85×4 | φ130×130×6和φ102×4.5 | 400×200×290×4.5 | φ89×5.5 | 697 | 1650 | 2000/1000 |

注:*梁板高度是指护栏板中心距设计基准线的高度,以护栏面与路面的相交线为设计基准线。如路侧护栏面靠近公路中心线方向有路缘石,且路缘石左侧立面与护栏面不重合,则梁板高度还应增加路缘石的高度。

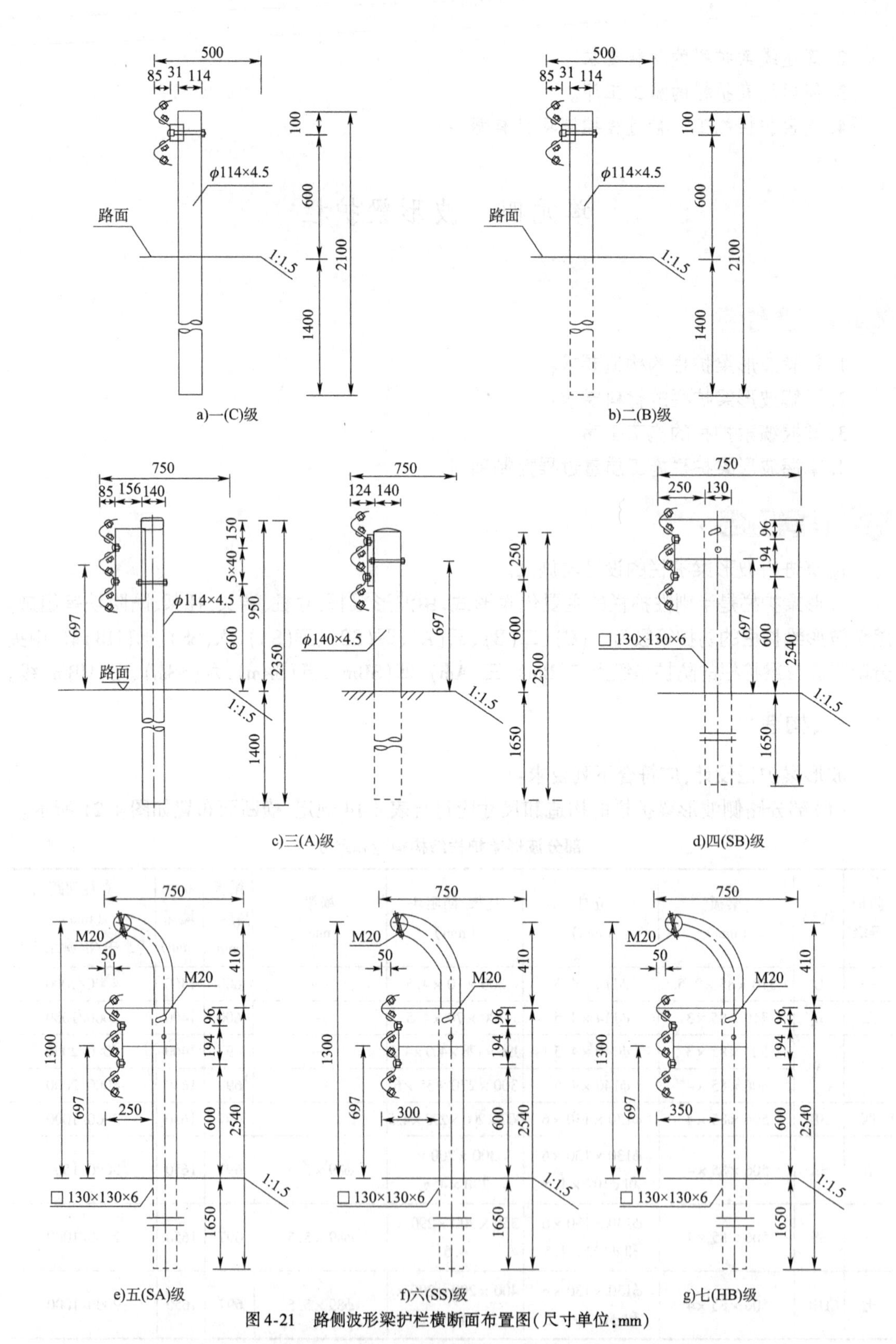

图4-21 路侧波形梁护栏横断面布置图(尺寸单位:mm)

(2)部分中央分隔带波形梁护栏采用分设型或组合型,可根据中央分隔带的宽度、构造物和管线的分布加以确定。

①分设型波形梁护栏规格和尺寸应符合表4-14的规定，横断面布置如图4-22所示。

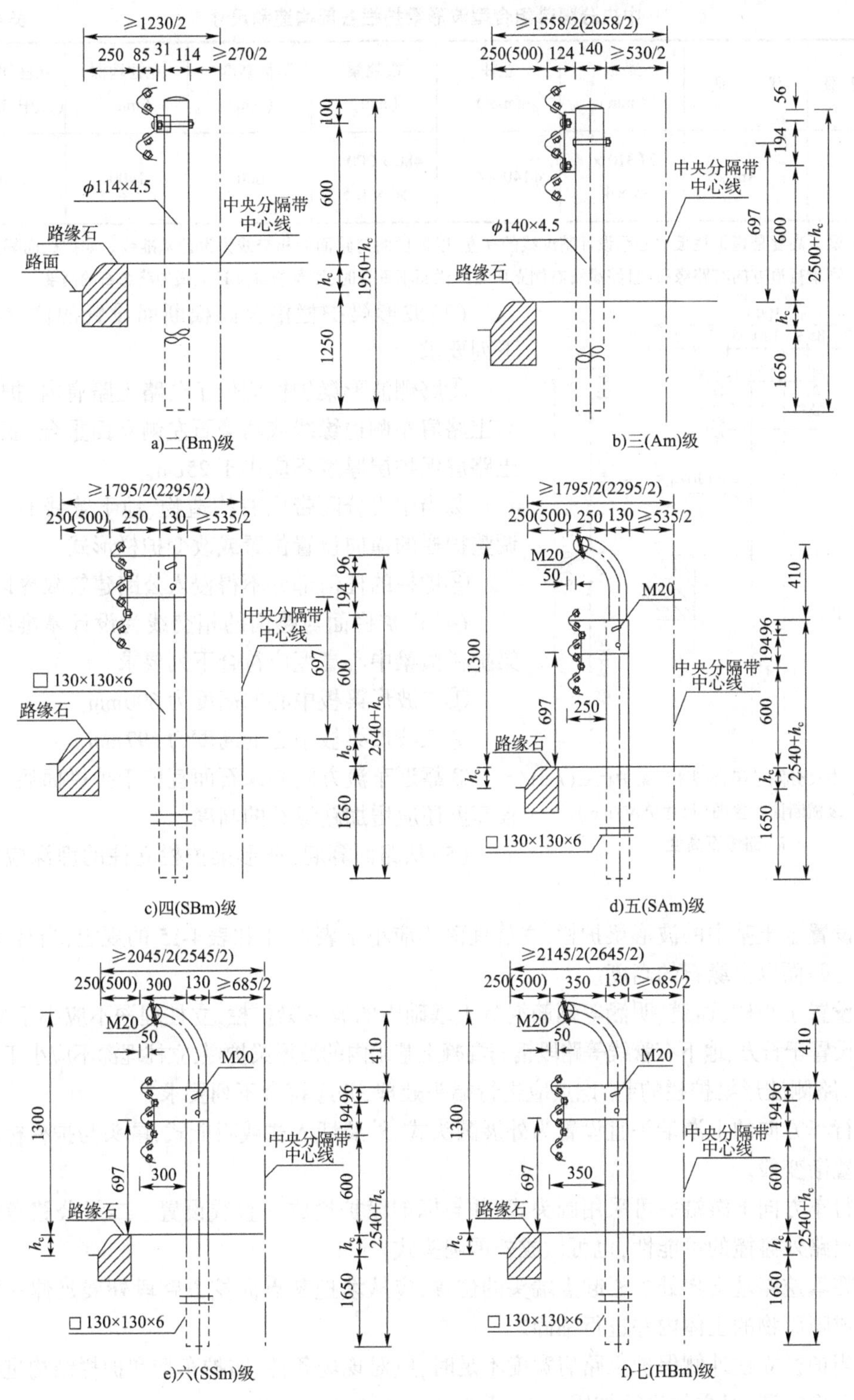


图4-22　中央分隔带分设型波形梁护栏横断面布置图(尺寸单位:mm)

注:1. $h_c$为路缘石高度;

2. 三(Am)级仅示出一种形式。

②组合型波形梁护栏规格和尺寸应符合表4-15的规定,横断面布置如图4-23所示。

**中央分隔带组合型波形梁护栏各部构造和尺寸** 表4-15

| 防护等级 | 代码 | 梁板（mm） | 立柱（mm） | 横隔梁（mm） | 梁板高度*（mm） | 立柱埋深（mm） | 立柱间距(cm)(土中/混凝土中) |
|---|---|---|---|---|---|---|---|
| 三 | Am | 2(310×85×4) | $\phi$140×4.5 | 480×200×50×4.5 | 600 | 1400 | 200/100 |

注:*梁板高度是指护栏板中心距设计基准线的高度,以护栏面与路面的相交线为设计基准线。如护栏面靠近公路右侧车行道方向有路缘石,且路缘石右侧立面与护栏面不重合时,则梁板高度还应增加路缘石的高度。

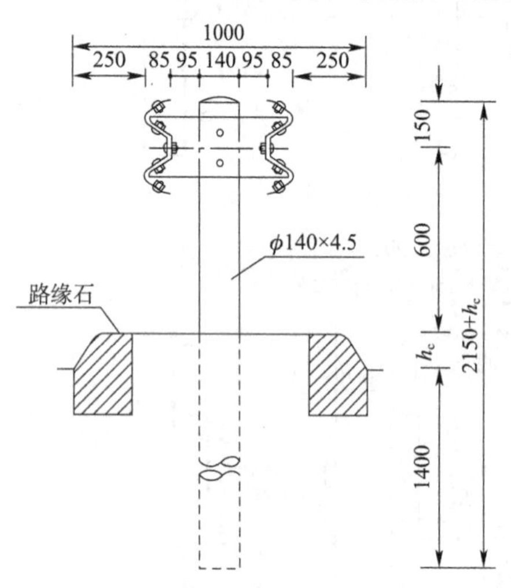


图4-23 中央分隔带组合型波形梁护栏三(Am)级横断面布置图(尺寸单位:mm)
$h_c$-路缘石高度

(3)波形梁护栏沿公路横断面设置的位置应符合下列要求。

①路侧波形梁护栏应位于公路土路肩内,护栏面可与土路肩左侧边缘线或路缘石左侧立面重合,立柱外侧土路肩保护层厚度不应小于25cm。

②当中央分隔带内有构造物、地下管线时,可适当调整护栏的横向设置位置或改变护栏形式。

③护栏的任何部分不得侵入公路建筑限界以内。

(4)以护栏面与路面的相交线为设计基准线,波形梁护栏横梁中心高度应符合下列要求。

①二波形梁板中心的高度为600mm。

②三波形梁板中心的高度为697mm。

③靠近车流方向路缘石面宜位于护栏面后,否则梁板高度还应增加路缘石的高度。

(5)从路面算起,波形梁护栏立柱的埋深应符合下列要求。

①设置于土基中的波形梁护栏,立柱埋深不应小于表4-14和表4-15的规定,当有缘石时,还应加上路面以上缘石的高度。

②设置于小桥、通道、明涵等钢筋混凝土基础内的波形梁护栏,立柱埋深不应小于30cm。

③设置于石方、地下有管线等路段钢筋混凝土基础内的波形梁护栏,立柱埋深不应小于40cm。

(6)路侧波形梁护栏的起、讫点应进行端头处理,并应符合下列要求。

①行车方向的上游端头宜设置为外展圆头式、外展埋入式或吸能式,端头与护栏标准段之间应设置渐变段。

②行车方向下游端头可采用圆头式,并与标准段护栏成一直线设置。二级公路考虑对向交通驶出路外碰撞的可能性,也可做成外展圆头式。

③在填挖路基交界处护栏起点端头的位置,应从填挖零点向挖方路段外展延伸一定长度至不构成障碍物的土体内并进行锚固。

④当护栏立柱外侧保护土路肩宽度不足时,应对现场条件、防护车型和护栏结构进行科学分析和合理论证,对立柱进行加固。

目前我国波形梁常用的端头处理方式有两种:外展圆头式和外展地锚式。

外展是通过将护栏板及端头以一定的曲率延伸至路侧净区,偏离车行道一定的距离来实现的。外展曲率的大小受到路侧净区的地形条件限制，当路侧净区空间有限时，多采用地锚式端头。地锚式端头通过斜角梁逐渐伸向地面，在端部用混凝土基础锚固。地锚式端头虽能避免波形梁护栏板穿透车厢，但可能发生车辆沿斜面爬升而翻车的事故。

(7)设置于中央分隔带起点、终点及开口处护栏的端头处理，应符合下列要求。

①标准路段采用分设型波形梁护栏时，其圆形端头及过渡段线形应与中央分隔带相一致，立柱间距为标准路段间距的一半。

②标准路段采用组合型波形梁护栏时，可以圆头式端头开，端部应设置缓冲设施或立面标记。

(8)交通分流处三角地带波形梁护栏的端头处理，应符合下列要求。

①交通分流处三角地带的护栏，其构造应与路侧波形梁护栏相一致，并根据三角地带的线形和地形进行布设，其中靠公路主线一侧的8m范围内和靠匝道一侧的8m范围内立柱间距应减半，并用圆形端头把三角地带两侧的护栏连接起来。

②在迎交通流方向的危险三角地带内，存在大型道路交通标志时，在三角地带范围应设置缓冲设施；存在小型交通标志立柱时，宜设置成解体消能结构，否则在三角地带范围内宜设置缓冲设施。

(9)隧道出入口处波形梁护栏的端头处理应符合下列要求。

①隧道入口处的路侧波形梁护栏宜渐变向隧道延伸，在隧道洞口处设置与检修道断面相匹配的过渡翼墙。

②隧道出口处的路侧波形梁护栏可采用与隧道壁搭接的方式，端部护栏板应进行斜面焊接处理。

(10)路侧、中央分隔带内护栏埋入深度范围内土压实度小于90%时，或路侧护栏立柱外侧土路肩保护层厚度小于25cm时，应对现场条件、防护车型和护栏结构进行科学分析和合理论证，对立柱进行加固。

## 二、材料

除设计文件另行规定外，路侧及中央分隔带波形梁护栏所用的各种材料的规格、材质均应符合现行国家标准《波形梁钢护栏　第1部分：两波形梁钢护栏》(GB/T 31439.1)、《波形梁钢护栏　第2部分：三波形梁钢护栏》(GB/T 31439.2)及《结构用冷弯空心型钢尺寸、外形、重量及允许偏差》(GB/T 6728)等的要求，其中厚度为防腐处理前的厚度。在现场的波形梁板应堆放整齐，堆放高度不宜过高，以避免堆放或取用时发生倾覆。

## 三、施工(相关资源见二维码4-5、4-6)

### 1.立柱放样

立柱放样时，应符合下列要求：

(1)应根据设计文件进行立柱放样，包括过渡段及渐变段的护栏立柱，并以公路固定设施如桥梁、通道、涵洞、隧道、中央分隔带开口、互通式立体交叉等为主要控制点(即控制立柱的位置)，进行测距定位。

(2)立柱放样时可利用调节板调节间距，如出现零头数，可通过合适的调整段调整。立柱间距可能有不大于25cm的间距零头数，可利用分配方法处理间距零头数，将其调整至多根立柱间距中。

(3)放样后，应调查立柱所在处是否存在地下管线、排水管等设施，或构造物顶部埋土深度不足的情况，确认立柱施工将不会造成对地下设施的损坏，否则应调整立柱的位置。在涵洞顶部填土高度不足时，应改用混凝土基础，或调整该立柱的位置。

2. 立柱施工

立柱施工时，应符合下列要求：

(1)立柱纵向和横向位置应符合设计文件的规定，并与公路线形相协调，不但要求美观，而且能增加护栏的整体强度。

(2)路基段护栏立柱因土质的不同而有不同的施工方法：位于土基中的立柱，宜采用打入法施工；位于石方区或填石区的立柱，宜采用钻孔法施工。也可采用挖埋法施工，或根据设计文件的要求设置混凝土基础。立柱高程应符合设计要求，并不得损坏立柱端部。

①打入法：适用于路基土中含石料很少的路段。在设置护栏立柱的位置，直接用打桩机(如气动打桩机、振动打桩机等)把立柱打入土中。采用打桩机打入立柱，可以精确控制立柱的位置和打入的深度。采用打入法施工时，立柱表面可标注表示打入深度的刻度尺。打入过深时，不得将立柱部分拔出加以矫正，应将其全部拔出，将基础压实到设计规定的要求后再重新打入。立柱无法打入到要求深度时，不得将立柱的地面以上部分焊割、钻孔，不得使用锯短的立柱，宜采用钻孔法安装立柱，也可采用挖埋法安装立柱，或依据设计变更的要求改成混凝土基础。

②钻孔法：适用于打入法有困难的路段。在设置护栏立柱的位置处用螺旋钻孔机或冲击钻等机械钻孔定位，柱孔直径在30cm左右。柱孔钻好以后，要检查孔径、深度、竖直度。合格后才能进行立柱的埋设与安装。采用钻孔法施工时，可根据土质条件确定钻孔深度，立柱固定后缝隙应灌注砂浆或混凝土并夯实。

③挖埋法：适用于打入法有困难的路段。挖埋法可用人工挖孔，主要工具是钢钎和掏勺。在设置护栏立柱的位置开挖直径不小于30cm的孔穴，达规定深度后，放入护栏立柱。定位后，用砂土分层回填夯实，每层回填土厚度不应超过15cm，回填土的压实度不应小于设计规定值。柱孔挖好以后，要检查孔径、深度、竖直度。合格后，才能进行立柱的埋设与安装。填石路基中的柱坑，应用粒料回填并夯实。挖埋法施工时，也可直接回填混凝土并振捣。

(3)在铺有路面的路段设置立柱时，柱坑从路基至面层以下5cm处应采用与路基相同的材料回填并分层夯实，余下部分应采用与路面相同的材料回填并压实。立柱位置、高程在安装时需严格控制。

(4)位于小桥、通道、明涵等混凝土基础中的立柱，设置在预埋的套筒内时，可通过灌注砂浆或混凝土固定；通过地脚螺栓与混凝土基础相连时，应控制立柱的安装方向和高程。

护栏立柱设置于构造物中时，要在构造物施工时做好混凝土基础，具体如下：

①采用预留孔基础时，应先清除孔内杂物，排出孔内积水。将液态沥青在孔底刷涂一遍，然后放入立柱，控制好高程，即可在立柱周围灌注砂浆或混凝土。在灌注时一定要保持立柱的正确位置和垂直度。灌注完毕并捣实后，可用沥青封口，以防止雨水漏入孔内。

②采用法兰盘基础时，应把底座法兰盘和地脚螺栓、螺母清理干净，安装立柱时应控制立柱的方向和高程，调整其位置，经检查合格后方可拧紧法兰盘地脚螺栓。

③采用可抽换式基础时，承座器应先固定在构造物中，安装时把立柱插入其中，调整好高度，即可把迫紧器与承座器的连接螺栓拧紧，立柱即被锁固。

(5)护栏渐变段、过渡段及端部为护栏施工中需重点注意的部位，施工中应严格控制其立柱位置，按设计文件规定的坐标进行安装，注意线形。

(6)考虑到护栏结构对景观及对驾驶员视线诱导的影响，立柱安装就位后，其水平方向和竖直方向应形成平顺的线形，立柱端部不得有明显的变形、破损。

(7)立柱位于排水设施位置处时，施工安装后应使用砂浆灌满立柱周围的缝隙，并在表面涂抹沥青。

3. 防阻块、托架、横隔梁安装

(1)防阻块能防止立柱阻绊车轮，避免护栏局部受力、减小碰撞时车辆的加速度。托架适用于路肩较窄或护栏设置防阻块受限的情况。防阻块、托架应通过连接螺栓固定于护栏板和立柱之间，在拧紧连接螺栓前应调整防阻块、托架使其准确就位。在安装时，要保证使其准确就位。在调整好立柱后，即可安装防阻块，最后安装波形梁板并进行统一调整。不得改变防阻块、托架的形状，以适应安装条件。

(2)防护等级为SA、SS和HB的路侧波形梁护栏以及防护等级为SAm、SSm和HBm的分设型波形梁护栏在安装防阻块时，应同时安装上层立柱，线形应与下层立柱相同。

(3)设有横隔梁的中央分隔带护栏，把梁与横隔梁连为一体成为组合型护栏，应在立柱准确定位后安装横隔梁，横隔梁应平行于路面(即垂直于立柱)安装。在安装波形梁板之前，不应过早拧紧横隔梁与立柱间的连接螺栓，否则不易进行总体调节。

4. 护栏板安装

护栏板安装时，应符合下列要求：

(1)护栏板通过拼接螺栓相互连接成纵向横梁，并由连接螺栓固定于防阻块、托架或横隔梁上。护栏板的搭接方向是安装的关键，其搭接方向应与行车方向一致，如图4-24所示。如搭接方向与图4-24所示方向相反，即使是轻微的擦碰，也会造成较大的损失。为保证护栏板通过拼接形成牢固的纵向整体横梁，拼接螺栓应采用高强螺栓或符合设计文件要求。

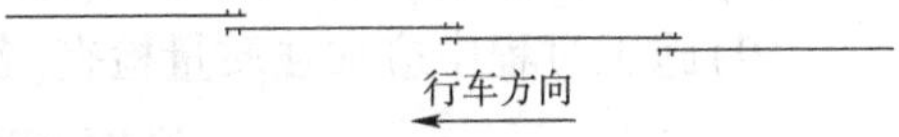

行车方向

图4-24　护栏板拼接方向示意图

(2)防护等级为SA(SAm)、SS(SSm)、HB(HBm)级的波形梁护栏的上层横梁与上层立柱通过螺栓加以连接。

(3)立柱间距不规则时，可利用设计文件中的调节板、梁加以调节，考虑到强度和防腐的要求，不得采用现场切割护栏板的方法。

(4)波形梁护栏板在安装过程中需不断进行调整，所有的连接螺栓及拼接螺栓应在护栏的线形达到规定要求时才能拧紧。不应过早拧紧连接螺栓和拼接螺栓，否则将无法发挥板上长圆孔的调节作用。待调节完成后，需按规定扭矩拧紧拼接螺栓。终拧扭矩应符合表4-16的规定。

波形梁护栏板连接螺栓及拼接螺栓的终拧扭矩规定值　　表4-16

| 螺栓类型 | 螺栓直径(mm) | 扭矩值(N·m) |
|---|---|---|
| 普通螺栓 | M16 | 60~68 |
| | M20 | 95~102 |
| | M22 | 163~170 |
| 高强螺栓 | | 315~430 |

5. 端头安装

端头安装时，应符合下列要求：

(1)波形梁护栏应按设计文件的规定进行端部处理,护栏端头应通过拼接螺栓与护栏板牢固连接。拼接螺栓应采用高强螺栓,或符合设计文件的要求。

(2)端头外展埋入路堑土体时,根据定位开挖土体,开挖至能够打入立柱并安装端部结构即可,打入端部锚固立柱并安装端部结构后,回填、夯实土体恢复原土体坡面。

## 四、质量过程控制

波形梁护栏应按下列规定进行质量过程控制:

(1)护栏立柱的埋深、基础规格、土基压实度、端部和过渡段处理应符合设计规范和设计文件的规定。

(2)立柱位置、立柱中距、垂直度、横梁中心高度应符合设计要求,这是护栏发挥功能的基本保证。

(3)所有构件的防腐处理应符合设计要求,对运输、施工中造成的防腐层的损坏应及时采取补救措施。

(4)直线段护栏不得有明显的凹凸、起伏现象;曲线段护栏应圆滑顺畅,与线形协调一致;安装于平曲线半径小于或等于70m路段上的护栏,波形梁板加工时,宜弯曲成型。中央分隔带开口护栏与标准段护栏的过渡应与设计文件相符,并按设计文件要求进行可靠连接。

(5)波形梁板搭接方向应正确,搭接平顺,垫圈齐备,螺栓紧固。

(6)防阻块、托架、横隔梁、端头的安装应与设计文件相符,安装到位,不得有明显变形、扭转、倾斜。

(7)波形梁板和立柱不得有现场焊割和钻孔情况。

(8)立柱及柱帽安装牢固,其顶部应无明显塌边、变形、开裂等缺陷。

(9)施工过程中应加强质量检查,各检查项目应符合表4-17的规定。

波形梁钢护栏施工质量过程控制项目　　表4-17

| 项　次 | 检查项目 | 规定值或允许偏差 | 检查方法 |
|---|---|---|---|
| 1 | 波形梁板基底金属厚度(mm) | 满足设计要求 | 板厚千分尺、涂层测厚仪 |
| 2 | 立柱基底金属壁厚(mm) | 满足设计要求 | 过程检查,千分尺或超声波测厚仪、涂层测厚仪 |
| 3 | 波形梁板横梁中心高度(mm) | ±20 | 尺量 |
| 4 | 立柱中距(mm) | ±20 | 尺量 |
| 5 | 立柱竖直度(mm/m) | ≤10 | 垂线法 |
| 6 | 立柱外边缘距土路肩边线距离(mm) | ≥250或满足设计要求 | 尺量 |
| 7 | 立柱埋置深度(mm) | 不小于设计要求 | 尺量或埋深测量仪立柱打入后定尺长度 |
| 8 | 螺栓终拧扭矩 | ±10% | 扭力扳手 |

## 思考与练习

1. 简述波形梁护栏的构造要求。
2. 简述波形梁护栏的材料要求。

3. 简述波形梁护栏的施工工序。

4. 波形梁护栏施工质量过程控制项目有哪些?

# 单元五 混凝土护栏

1. 熟悉混凝土护栏的构造要求;
2. 了解混凝土护栏的材料要求;
3. 掌握混凝土护栏的施工工序;
4. 掌握混凝土护栏施工质量过程控制项目。

能够进行混凝土护栏的设计与施工。

混凝土护栏是刚性护栏的主要代表形式。路侧混凝土护栏按构造可分为 F 型、单坡型等,防护等级为三(A)、四(SB)、五(SA)、六(SS)、七(HB)、八(HA)级;中央分隔带混凝土护栏可采用整体式或分离式,构造可分为 F 型和单坡型,防护等级为三(Am)、四(SBm)、五(SAm)、六(SSm)、七(HBm)、八(HAm)级。

## 一、构造

混凝土护栏的混凝土强度等级、配筋量和基础设置应通过设计计算确定。高速公路、一级公路混凝土强度等级不应低于 C30。混凝土护栏设计应符合下列要求:

(1)路侧混凝土护栏按构造可分为 F 型、单坡型等,应结合路侧危险情况、车辆构成比例和远期路面养护方案等因素选用:

①F 型路侧混凝土护栏构造要求如图 4-25、表 4-18 所示。可根据需要在护栏顶部设置阻坎,如图 4-26 所示。其构造要求除 $H_1$ 减去 20cm 外,其他规格同表 4-18。

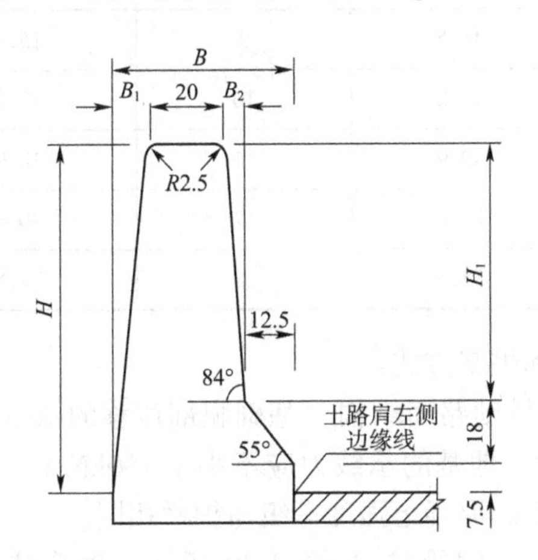


图 4-25 F 型混凝土护栏(尺寸单位:cm)

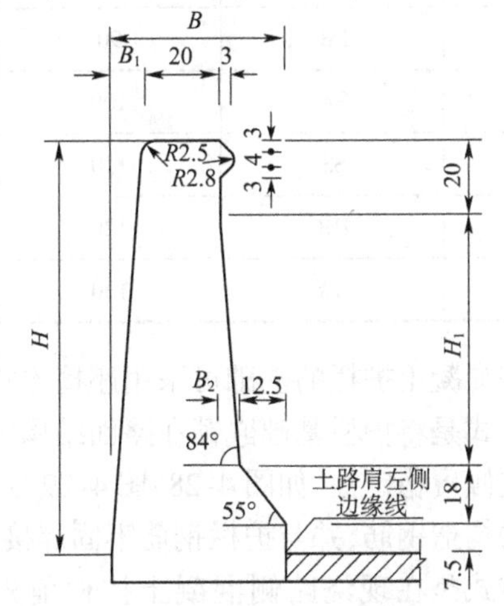


图 4-26 加强型混凝土护栏(尺寸单位:cm)

注:图中 $H$、$B$ 等应满足表 4-18 的规定。

F 型混凝土护栏构造要求(单位:cm) 表 4-18

| 防护等级 | 代码 | $H$ | $H_1$ | $B$ | $B_1$ | $B_2$ |
|---|---|---|---|---|---|---|
| 三 | A | 81 | 55.5 | 46.4 | 8.1 | 5.8 |
| 四 | SB | 90 | 64.5 | 48.3 | 9 | 6.8 |
| 五 | SA | 100 | 74.5 | 50.3 | 10 | 7.8 |
| 六 | SS | 110 | 84.5 | 52.5 | 11 | 8.9 |
| 七 | HB | 120 | 94.5 | 54.5 | 12 | 9.9 |
| 八 | HA | 130 | 104.5 | 56.5 | 13 | 10.9 |

②单坡型路侧混凝土护栏构造要求如图 4-27、表 4-19 所示。

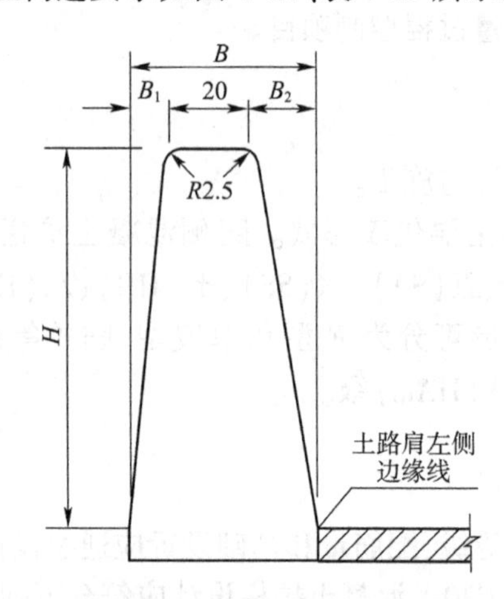


图 4-27 单坡型混凝土护栏(尺寸单位:cm)

单坡型混凝土护栏构造要求(单位:cm) 表 4-19

| 防护等级 | 代码 | $H$ | $B$ | $B_1$ | $B_2$ |
|---|---|---|---|---|---|
| 三 | A | 81 | 42.1 | 8.1 | 14.0 |
| 四 | SB | 90 | 44.5 | 9 | 15.5 |
| 五 | SA | 100 | 47.2 | 10 | 17.2 |
| 六 | SS | 110 | 49.9 | 11 | 18.9 |
| 七 | HB | 120 | 52.6 | 12 | 20.6 |
| 八 | HA | 130 | 55.5 | 13 | 22.5 |

③路侧混凝土护栏的基础可采用座椅方式和桩基方式:

座椅方式是将护栏基础嵌锁在路面结构中,借助路面结构对基础腿部位移的抵抗力来提高护栏的抗倾覆稳定性,如图 4-28、图 4-29 所示。地基的承载力应不小于 150kN/m$^2$,基础应配置适量的构造钢筋,并与护栏钢筋牢固焊接,基础混凝土强度等级与护栏相同。

桩基方式是在现浇路侧混凝土护栏前先打入钢管桩,如图 4-30 所示。钢管桩规格为 $\phi$140mm×4.5mm,长 90~120cm,纵向间距为 100cm。钢管桩必须牢固埋入基座中,并与混凝土护栏连成整体。地基的承载力应不小于 150kN/m$^2$。

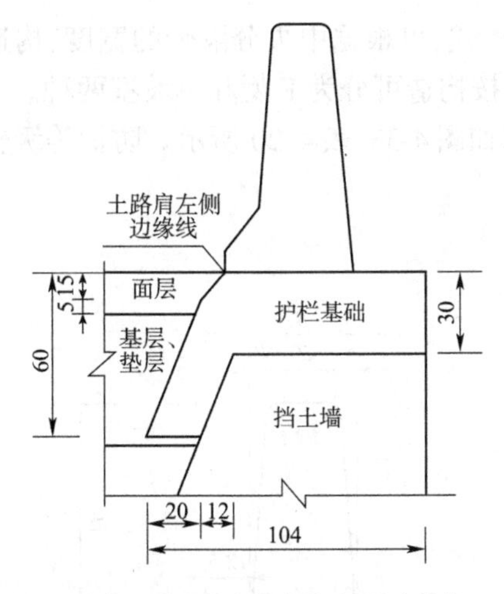


图 4-28　挡土墙上的座椅式基础(尺寸单位:cm)

注:本图适用于防护等级为三(A)级的混凝土护栏基础设置。

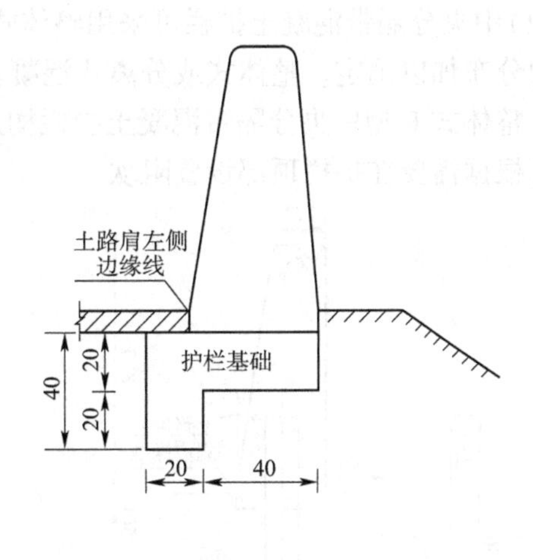


图 4-29　土基上的座椅式基础(尺寸单位:cm)

注:本图适用于防护等级为三(A)级的混凝土护栏基础设置。

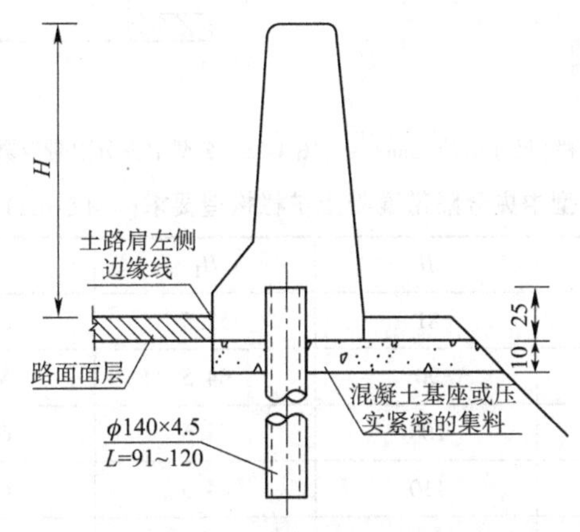


图 4-30　挡土墙上的座椅式基础(尺寸单位:cm)

④一(C)级、二(B)级混凝土护栏横断面构造要求如图 4-31、图 4-32 所示。

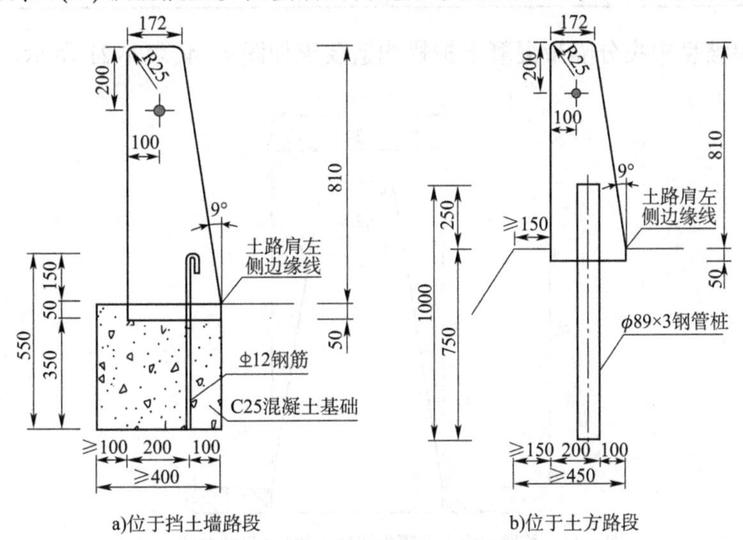


图 4-31　一(C)级混凝土护栏(尺寸单位:mm)

(2)中央分隔带混凝土护栏可采用整体式或分离式,可根据中央分隔带的宽度、构造物和管线的分布加以确定。整体式或分离式混凝土护栏按构造可分为 F 型和单坡型两种。

①整体式 F 型中央分隔带混凝土护栏构造要求如图 4-33、表 4-20 所示。防护等级较高的路段可根据需要在护栏顶部设置阻坎。

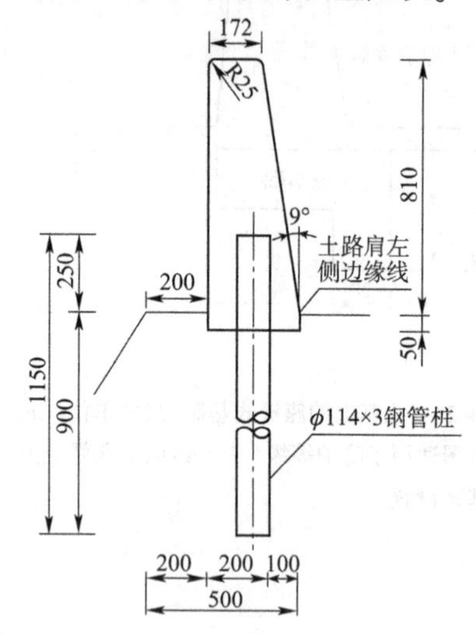


图 4-32 二(B)级混凝土护栏(尺寸单位:mm)

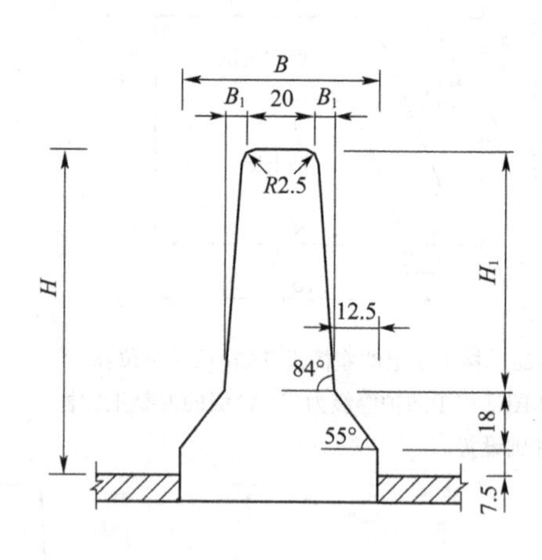


图 4-33 F 型中央分隔带混凝土护栏(尺寸单位:cm)

**F 型中央分隔带混凝土护栏构造要求**(单位:cm) 表 4-20

| 防护等级 | 代码 | $H$ | $H_1$ | $B$ | $B_1$ |
|---|---|---|---|---|---|
| 三 | Am | 81 | 55.5 | 56.6 | 5.8 |
| 四 | SBm | 90 | 64.5 | 58.6 | 6.8 |
| 五 | SAm | 100 | 74.5 | 60.6 | 7.8 |
| 六 | SSm | 110 | 84.5 | 62.8 | 8.9 |
| 七 | HBm | 120 | 94.5 | 64.8 | 9.9 |
| 八 | HAm | 130 | 104.5 | 66.8 | 10.9 |

②整体式单坡型中央分隔带混凝土护栏构造要求如图 4-34、表 4-21 所示。

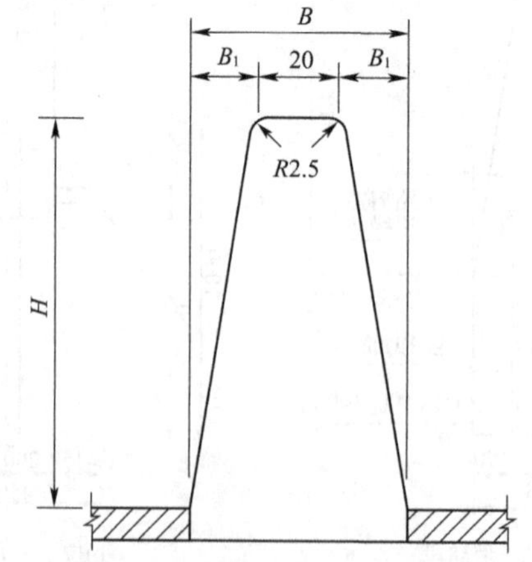


图 4-34 单坡型中央分隔带混凝土护栏(尺寸单位:cm)

单坡型中央分隔带混凝土护栏构造要求(单位:cm)　　表4-21

| 防护等级 | 代码 | $H$ | $B$ | $B_1$ |
|---|---|---|---|---|
| 三 | Am | 81 | 48 | 14.0 |
| 四 | SBm | 90 | 51 | 15.5 |
| 五 | SAm | 100 | 54.5 | 17.2 |
| 六 | SSm | 110 | 57.8 | 18.9 |
| 七 | HBm | 120 | 61.2 | 20.6 |
| 八 | HAm | 130 | 65 | 22.5 |

③分离式混凝土护栏F型和单坡型的断面形状应与对应的路侧混凝土护栏相同。混凝土护栏背部每隔2m应设置一处宽40cm、厚10cm的钢筋混凝土支撑块,中间可填充种植土进行绿化,如图4-35所示。分离式混凝土护栏顶部间距不应小于40cm,余宽$C$值应满足现行行业标准《公路工程技术标准》(JTG B01)的规定。分离式混凝土护栏中间的积水可通过纵向盲沟再由横向排水管排出。基础压实度小于90%时,每隔4m应设置一处宽40cm、厚10cm的钢筋混凝土枕梁。

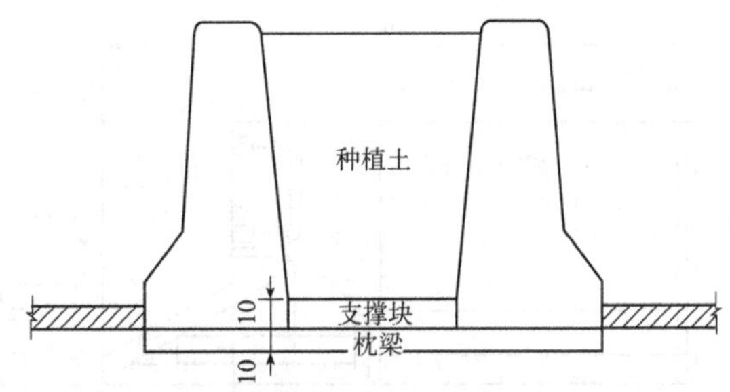


图4-35　中央分隔带分离式混凝土护栏构造图(尺寸单位:cm)

④中央分隔带混凝土护栏需保护桥墩、标志立柱、照明灯柱等设施时,可用现浇混凝土护栏在构造物处做围绕包封处理,但加宽部分不得侵入公路建筑限界。在加宽段与标准段之间应设置渐变段,加宽段与渐变段的侧面形状应与标准段保持一致。加宽段的长度不应小于20倍的加宽宽度,且过渡段偏角不宜大于2°,如图4-36所示。

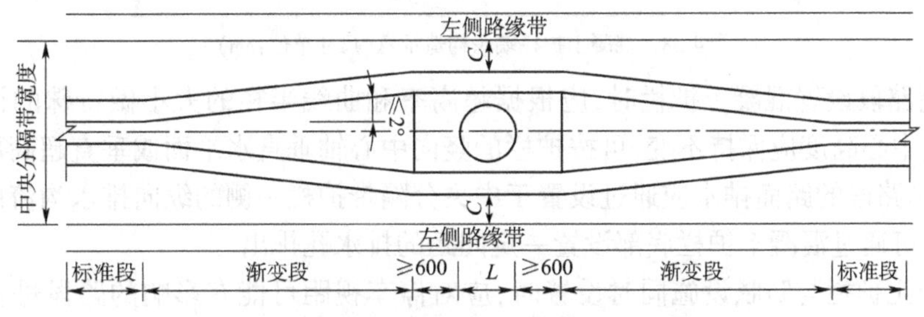


图4-36　中央分隔带混凝土护栏加宽段(尺寸单位:mm)
$L$-标志立柱等设施的长度;$C$-中央分隔带建筑限界值

⑤中央分隔带混凝土护栏的基础可采用以下两种方式:整体式混凝土护栏基础可直接支承在土基上,土基的承载力不应小于150kN/m$^2$,混凝土护栏嵌锁在基础内,埋置深度宜为10～20cm。混凝土护栏两侧应铺筑与车行道相同或强度高于车行道的路面材料;分离式混凝土护栏下设置枕梁,护栏之间应设置支撑块,如图4-35所示。

⑥在中央分隔带混凝土护栏的起、终点和开口处，应进行端头处理。混凝土端头的构造如图4-37、图4-38所示。端头的基础处理方式应与其连接的混凝土护栏相一致，端头与标准段混凝土护栏的结合部，其断面形状应统一。

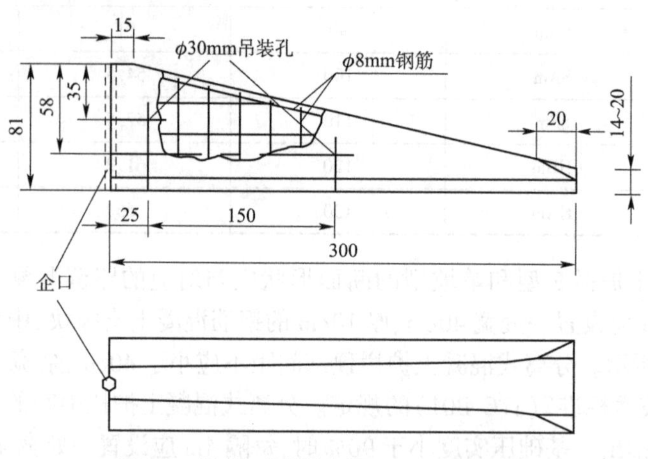

图4-37　混凝土护栏端头构造（尺寸单位：cm）

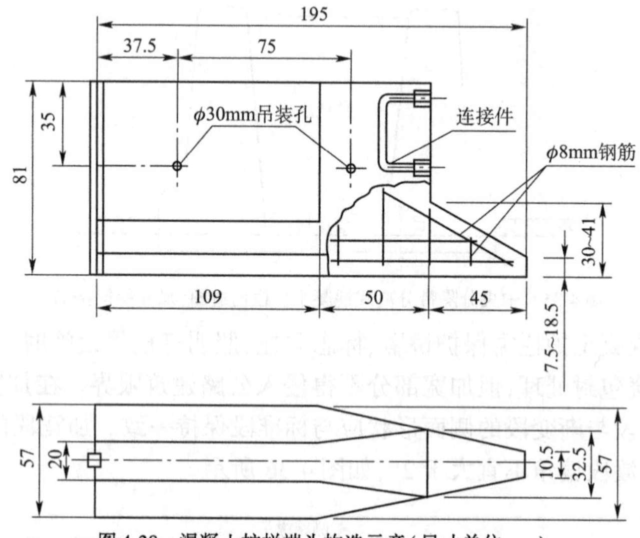

图4-38　混凝土护栏端头构造示意（尺寸单位：cm）

（3）超高路段设置混凝土护栏时，应根据超高率和曲线半径的大小做特殊的设计。护栏的截面形状、中心高度应保持不变，可按护栏的竖向中心轴垂直水平面或垂直超高面的方式进行设置。超高路段的路面排水应通过设置于中央分隔带护栏一侧的纵向排水沟流向集水井再横向排出，也可通过混凝土护栏底部设置一定间距的排水孔排出。

（4）混凝土护栏与防眩设施同时设置时，应对停车视距可能有影响的路段进行验算。混凝土护栏上附设轮廓标时，可将轮廓标安装于混凝土护栏的侧墙或顶部。

（5）同一条公路混凝土护栏的构造形式宜保持一致。

（6）每节混凝土护栏的纵向长度，在浇筑、吊装条件允许时，应采用较长的尺寸。预制混凝土护栏长度宜为4～6m；现浇混凝土护栏的纵向长度应按横向伸缩缝的要求确定，宜为15～30m。现浇混凝土护栏每3～4m应设置一道假缝。

（7）预制的混凝土护栏其配筋应满足防护等级的要求，还应考虑预制块长度、吊装方式的影响。现浇的混凝土护栏,可根据防护等级要求配置受力钢筋或构造钢筋。

(8)现浇混凝土护栏块之间的纵向连接,可按平接头加传力钢筋处理。

(9)预制混凝土护栏块之间的纵向连接,应按下列方法处理:

①纵向企口连接:适合于防护等级为三(A)级的路侧护栏和三(Am)级的中央分隔带护栏,如图4-39所示。

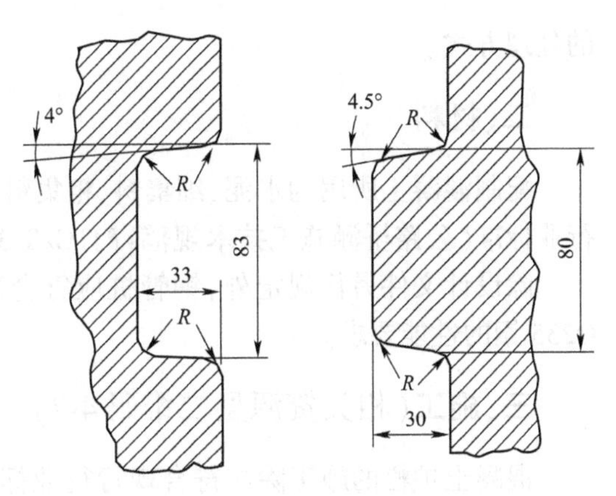


图4-39　纵向企口连接(尺寸单位:mm)

注:$R=5$。

②纵向连接栓方式:在混凝土护栏端头上半部竖向预埋连接栓挡块,两块混凝土护栏对齐就位后,插入工字形连接栓,将混凝土护栏连成整体,如图4-40所示。这种连接方式适合于除三(A)和三(Am)级外的其他较高防护等级混凝土护栏。

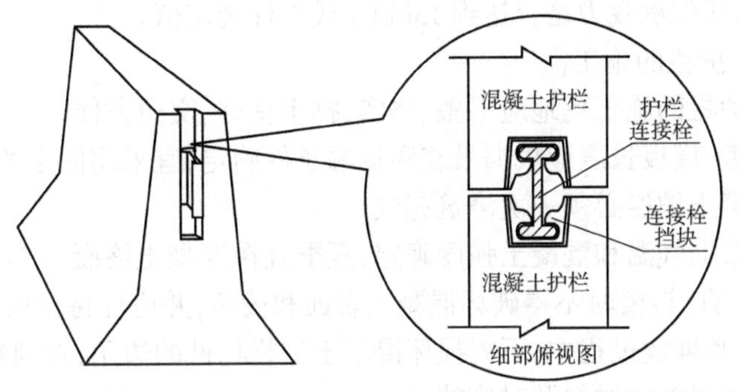


图4-40　纵向连接栓方式

③纵向连接钢筋方式:在混凝土护栏中预留钢套管,以钢筋插入套管中将混凝土护栏连成整体,钢套管间距不宜大于35cm。图4-41所示为三(A)级预制混凝土护栏。

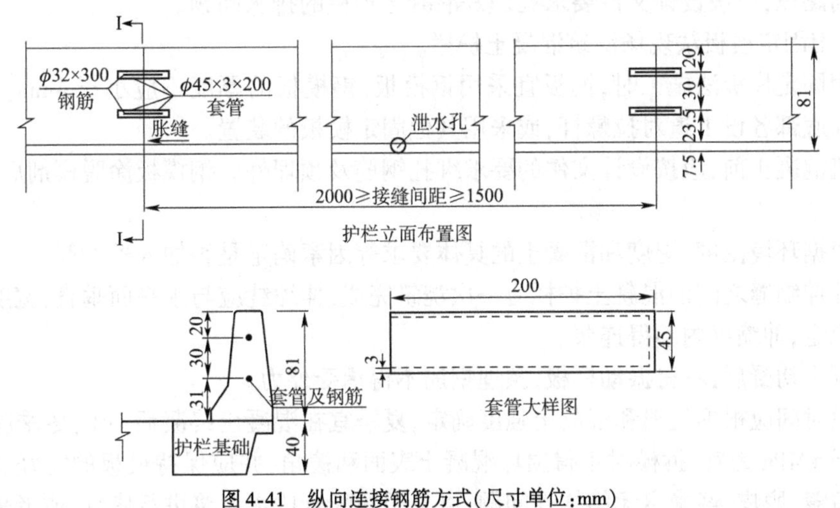


图4-41　纵向连接钢筋方式(尺寸单位:mm)

(10)隧道入口处的混凝土护栏宜按表4-4规定的外展率向隧道延伸,在隧道洞口处设置与检修道断面相匹配的过渡翼墙。隧道出口处的混凝土护栏可采用正常线形延伸至隧道洞口的处理方式。

## 二、材料

配制混凝土所用的水泥、细集料、粗集料、拌和用水、外加剂以及钢筋等材料,应符合现行行业标准《公路桥涵施工技术规范》(JTG/T 3650)的规定。

除设计文件另行规定外,钢管桩应符合现行国家标准《碳素结构钢》(GB/T 700)标准中Q235钢的性能要求。

## 三、施工(相关资源见二维码4-7)

混凝土护栏的施工除应符合现行行业标准《公路桥涵施工技术规范》(JTG/T 3650)的规定外,还应满足下列要求:

(1)应根据现场条件确定并核对混凝土护栏的设置位置,确定控制点。混凝土护栏的起讫位置应由公路构造物,如大、中桥梁、中央分隔带开口、隧道等作为控制点,定好长度并应精确测量。施工放样时,应根据现场条件确定混凝土护栏的中心位置及设计高程。浇筑混凝土护栏基础前,应检测基础承载力是否达到150kPa或设计规定值。

(2)预制混凝土护栏的施工。

①预制混凝土护栏的施工场地应平整、坚实、排水良好、交通方便。

②应采用钢模板,模板长度应根据吊装和运输条件确定,宜采用固定的规格。

③每块预制混凝土护栏必须一次浇筑完成。

④拆模时间应根据气温和混凝土强度确定,夏季宜在混凝土终凝后24h,冬季应以混凝土强度不低于5MPa为宜,拆模时不得破坏混凝土表面和棱角,并应保持模板完好。

⑤在起吊、运输和堆放过程中,不得损坏混凝土护栏构件的边角,否则在安装就位后,应采用不低于混凝土护栏强度的材料及时修补。

⑥混凝土护栏的安装应从一端逐步向前推进,护栏的线形应与公路的平、纵线形相协调。

⑦超高路段,应按设计文件要求处理好混凝土护栏的排水问题。

(3)采用固定模板法现场浇筑混凝土护栏。

①采用固定模板法施工时,模板宜采用钢模板,钢模板的厚度不应小于4mm。支模时宜在其顶部和底部各设1道对拉螺杆,或采用其他固定模板的装置。

②浇筑混凝土前,应按设计文件的要求绑扎钢筋及预埋件。钢模板涂脱模剂后,可浇筑混凝土。

③应根据环境温度、湿度和混凝土的具体要求等因素确定是否加入外加剂。

④两处伸缩缝之间的混凝土护栏应一次浇筑完成,伸缩缝应与水平面垂直,宽度应符合设计文件的规定,伸缩缝内不得连浆。

⑤混凝土初凝后,不得振动模板,预埋钢筋不得承受外力。

⑥拆模时间应根据气温和混凝土强度确定,夏季宜在混凝土终凝后24h,冬季应以混凝土强度不低于5MPa为宜,拆模时不得损坏混凝土表面和棱角,并应保持模板的完好。拆模后蜂窝、麻面、裂缝、脱皮,经确定无结构性问题,可采用同配合比水泥浆进行修复,或者采用颜色一致的修补材料进行修补,可进行必要的打磨。修补后注意养护,避免颜色差异较大。

⑦断缝或假缝可在混凝土护栏拆除模板后,按设计文件要求的间距和规格采用切割机切

开,并应保证断面光滑、平整。

⑧养护应参照现行行业标准《公路桥涵施工技术规范》(JTG/T 3650)的有关规定执行。

浇筑混凝土护栏一定要保证其光滑、平整,这主要是基于以下原因:

①由于车辆与护栏碰撞时做连续滑移运动并最终脱离护栏,所以要求护栏与车辆的接触面要光滑,没有明显的突出物,以降低车辆与护栏接触面的摩擦系数,从而延长车辆与护栏的接触时间,减小车辆的加速度,达到保护乘客安全的目的。

②对混凝土护栏表面如采用一般水泥砂浆抹面的方法修整,虽然一定时间内也能起到降低摩擦系数和增加美观的效果,但由于护栏表面要不断承受车辆的碰撞与摩擦,以及气候变化引起的冻融破坏,会造成护栏表面脱皮、剥落,结果是护栏外观不但不美观,而且使护栏表面摩擦系数增大,影响了护栏的防撞性能。

因此,混凝土护栏的模板制作应符合现行行业标准《公路桥涵施工技术规范》(JTG/T 3650)的规定。混凝土护栏的模板和脱模剂类别应统一,模板应光洁,无变形、无漏浆,这样才能保证混凝土护栏表面的光滑、平整,使混凝土护栏充分发挥功能。

(4)采用滑模施工法现场浇筑混凝土护栏。

①滑模机的选择应根据混凝土护栏基础、上部断面形式等因素,并参考滑模机的性能确定。选用的滑模机的技术指标宜符合表4-22规定的基本技术参数要求。

**滑模机的基本技术参数表** 表4-22

| 项　目 | 发动机最小功率(kW) | 浇筑宽度范围(m) | 最大浇筑高度 | 设备稳定性 |
|---|---|---|---|---|
| 滑模机 | ≥60 | 0.5~1.0 | 满足设计要求 | 满足施工质量和稳定性要求 |

②滑模施工机械系统应配套齐全,辅助设备的数量及生产能力应满足铺筑进度的要求。可按下列要求进行配备:

A.布料应采用斜向上料的布料机或供料机。

B.断缝或假缝切缝可使用软锯缝机、支架式硬锯缝机或普通锯缝机。

③应检查并平整滑模机的履带行走区。行走区应坚实,不得存在湿陷等病害,并应清除砖、瓦、石块、废弃混凝土块等杂物。履带行走区部位路基存在斜坡时,应提前整平。

④浇筑前应检查并调试施工设备。滑模机首次作业前,应挂线对其浇筑位置、几何参数和机架水平度进行设置、调整和校准,满足要求后方可用于浇筑作业。

⑤滑模施工护栏前,应根据具体条件准确架设基准线或采用无线基准线。架设基准线时,应符合下列要求:

A.护栏的基准线可设置在护栏内侧不阻碍滑模机行进的位置。

B.基准线桩纵向间距直线段不宜大于10m,竖曲线和平曲线路段宜为5~10m,大纵坡与急弯道可加密布置。基准线桩最小距离不宜小于2.5m。

C.路面基层或面层顶面到夹线臂的高度宜为450~750mm。基准线桩夹线臂夹口到桩的水平距离宜为300mm。基准线桩应固定牢固。

D.单根基准线的最大长度不宜大于450m。架设长度不宜大于300m。

E.基准线宜使用钢绞线。采用直径2.0mm的钢绞线时,张线拉力不宜小于1000N;采用直径3.0mm的钢绞线时,不宜小于2000N。

F.基准线设置精度应符合表4-23的规定。

基准线设置精度要求 表 4-23

| 项　　目 | 中线平面偏位（mm） | 护栏宽度（mm） | 护栏高度（mm） | 纵断高程（mm） | 横坡（%） | 连接纵缝高差（mm） |
|---|---|---|---|---|---|---|
| 规定值或允许偏差 | ≤10 | ±10 | ±5 | ±5 | ±0.10 | ±1.5 |

G. 基准线设置后，应避免扰动、碰撞和震动。多风季节施工，宜缩小基准线桩间距。

⑥架设完成的基准线，不得存在肉眼可见的拐点及下垂，并应逐段校验其顺直度及张紧度。

⑦施工前，应按设计图纸准确放样，标示出护栏钢筋、接缝和排水等设施的位置。

⑧钢筋的加工应符合现行行业标准《公路桥涵施工技术规范》(JTG/T 3650)的规定。

⑨滑模施工混凝土护栏时，拌合物工作性应满足下列三项要求之一：

A. 浇筑时拌合物的坍落度宜控制在 15mm 以内；出拌合楼（机）的坍落度视气温高低与运距远近，由试验确定。

B. 水泥混凝土振动出浆量宜控制在 1.2kg/16kg 以上，具体试验可参照现行行业标准《公路工程水泥及水泥混凝土试验规程》(JTG 3420)执行。

⑩施工过程中，应始终维持机前拌合物工作性稳定不变，并易于浇筑。

⑪护栏防护等级、配筋以及混凝土强度等级应符合现行行业标准《公路交通安全设计规范》(JTG D81)和设计文件的要求。

⑫严寒和寒冷地区护栏混凝土中应掺引气剂，拌合物含气量宜控制在 4% ±1%。

⑬滑模施工混凝土护栏应符合下列要求：

A. 混凝土振捣由设置在滑模机上的振动器完成，振动器应能根据混凝土的坍落度无级调速，一边振动一边前进。振动器的数量可根据混凝土护栏断面形状，配置 3 ~7 根。

B. 滑模机振捣护栏混凝土时，拌合物的工作性应保证能够振动液化，并在推进持续时间内达到密实状态的要求。

C. 护栏的施工速度应根据供料快慢、振捣密实程度、浇筑效果等控制，宜在 0.75 ~ 1.5m/min 之间。

D. 施工过程中，振捣密实的混凝土脱出滑模模具时，护栏顶面坍落量不应大于 3mm，并应在浇筑过程中始终维持恒定，不得坍落后再贴补薄层砂浆局部加高。

E. 护栏表面气孔、局部麻面等缺陷可使用专用工具进行人工修正。

F. 滑模施工护栏停止，需再纵向接铺时，应牢固架设刚度足够的端部垂直模板。

G. 施工开始和结束时，护栏端部应符合设计文件的要求。

H. 护栏断缝或假缝的规格应符合设计文件的规定。设计文件未规定时，护栏纵向宜切断缝或假缝，长度宜为 5 ~10m：年温差较大地区宜取小值；反之，宜取大值。外周切缝最浅不宜小于 40mm，并不得切断钢筋，缝宽不宜大于 3mm。

I. 护栏与硬路肩相接时，其底部应按设计文件的要求设置横向排水孔，排水孔可用木模制作并安装牢固。

## 四、过程质量控制

混凝土护栏应按下列规定进行质量过程控制：

(1)无论是现浇或预制成型的中央分隔带或路侧混凝土护栏,均应与公路线形相一致,直线段不得出现明显的凹凸,曲线段应圆滑顺畅,以保障护栏功能的发挥并增加美观效果。

(2)混凝土护栏外观应光滑、平整,色泽应均匀一致,不应出现漏石、蜂窝、麻面、裂缝、脱皮、啃边、掉角以及印痕等现象。不影响结构强度的蜂窝、麻面、裂缝、脱皮等可以进行修补。《公路工程质量检验评定标准　第一册 土建工程》(JTG F80/1—2017)规定:混凝土护栏表面的蜂窝、麻面、裂缝、脱皮等缺陷面积不得超过该面面积的0.5%;深度不得超过10mm;混凝土护栏块件的损边、掉角长度每处不得超过20mm。

(3)混凝土护栏是要承受失控车辆冲击并经受车辆与护栏面间巨大摩擦的设施,混凝土强度等级应达到设计规范或设计文件的规定值。此外,混凝土护栏的基础、地基承载力、端部处理及纵向连接是护栏功能发挥的重要基础,也应符合有关规定。

(4)超高路段中央分隔带护栏施工时,如不加处理,将造成积水、排水不畅。因此,中央分隔带混凝土护栏路段必须重视排水问题,且不得损坏已完工的超高路段纵向排水沟、集水井、盲沟管线等设施。

(5)施工过程中应加强质量检查,各检查项目应符合表4-24的规定。

**混凝土护栏施工质量过程控制项目**　　表4-24

| 项　次 | 检查项目 | | 规定值或允许偏差 | 检查方法 |
|---|---|---|---|---|
| 1 | 护栏断面尺寸(mm) | 高度 | ±10 | 尺量 |
| | | 顶宽 | ±5 | |
| | | 底宽 | ±5 | |
| 2 | 钢筋骨架尺寸(mm) | | 满足设计要求 | 过程检查,尺量 |
| 3 | 横向偏位(mm) | | ±20或满足设计要求 | 尺量 |
| 4 | 基础厚度(mm) | | ±10% $H$ | 尺量 |
| 5 | 护栏混凝土强度(MPa) | | 满足设计要求 | 根据现行行业标准《公路工程质量检验评定标准　第一册　土建工程》(JTG F80/1)中规定的“水泥混凝土抗压强度评定方法”检测 |
| 6 | 混凝土护栏块件之间的错位(mm) | | ≤5 | 尺量 |

注:$H$为基础的设计厚度。

## 思考与练习

1. 简述混凝土护栏的构造要求。
2. 简述混凝土护栏的材料要求。
3. 简述混凝土护栏的施工工序。
4. 混凝土护栏施工质量过程控制项目有哪些?

# 单元六　桥梁护栏和栏杆

## 知识目标

1. 掌握桥梁护栏和栏杆的设置原则；
2. 掌握桥梁护栏的防护等级及选取条件；
3. 掌握桥梁护栏的形式及选择因素；
4. 掌握桥梁护栏的材料及防腐处理的要求；
5. 了解桥梁护栏、自行车道栏杆和人行道栏杆的构造要求；
6. 熟悉桥梁护栏与桥面板的连接方式；
7. 了解桥梁护栏和栏杆施工质量过程控制项目。

1. 能够进行桥梁护栏防护等级和形式的选择；
2. 能够进行桥梁护栏的端部处理和过渡段设计；
3. 能够进行桥梁护栏的设计与施工。

## 一、设置原则

桥梁护栏和栏杆的设置应遵循下列原则：

(1)各等级公路桥梁必须设置路侧护栏。

(2)高速公路、作为次要干线的一级公路桥梁必须设置中央分隔带护栏，作为主要集散的一级公路桥梁应设置中央分隔带护栏。

(3)设置人行道的桥梁，可通过路缘石或桥梁护栏将人行道和车行道进行分离。

①设计速度为不大于60km/h的公路桥梁，可采用路缘石将人行道(自行车道)和车行道分离，路缘石与人行道也可合并设置，路侧采用满足车辆防护和行人(自行车)通行需求的组合护栏，如图4-42a)所示。

②设计速度大于60km/h的公路桥梁，应采用满足车辆防护和行人通行需求的组合护栏，路侧采用栏杆，如图4-42b)所示。

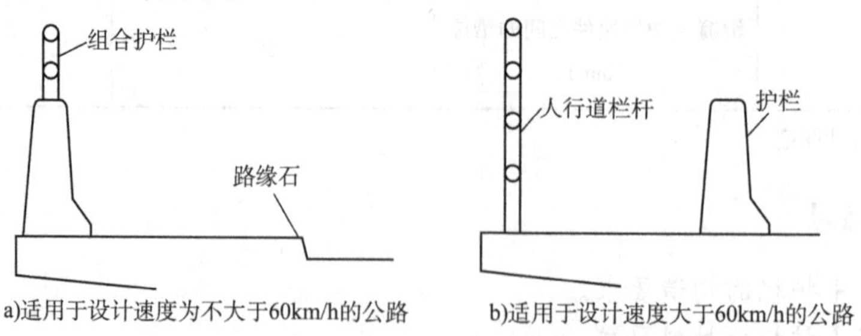


图4-42　带有人行道的桥梁护栏和栏杆设置示意图

③设置人行道(行车道)的高速公路、一级公路，行人交通量很大，或存在很多危险因素时，宜独立设置人行天桥。

## 二、防护等级

根据车辆驶出桥外或进入对向车行道可能造成的事故严重程度等级,应按表 4-25 的规定选取桥梁护栏的防护等级,并应符合下列要求。

**桥梁护栏防护等级的选取** 表 4-25

| 公路等级 | 设计速度(km/h) | 车辆驶出桥外或进入对向车行道的事故严重程度等级 | |
|---|---|---|---|
| | | 高:跨越公路、铁路或饮用水水源一级保护区等路段的桥梁 | 中:其他桥梁 |
| 高速公路 | 120 | 六(SS、SSm)级 | 五(SA、SBm)级 |
| | 100、80 | 五(SA、SAm)级 | 四(SB、SBm)级 |
| 一级公路 | 60 | 四(SB、SBm)级 | 三(A、Am)级 |
| 二级公路 | 80、60 | 四(SB)级 | 三(A)级 |
| 三级公路 | 40、30 | 三(A)级 | 二(B)级 |
| 四级公路 | 20 | | |

注:括号内为护栏防护等级的代码。

(1)二级及二级以上公路小桥、通道、明涵的护栏防护等级宜与相邻的路基护栏相同。

(2)公路桥梁采用整体式上部结构时,中央分隔带护栏的防护等级可按路基中央分隔带护栏的条件来确定。

(3)因桥梁线形、桥梁高度、交通量、车辆构成、运行速度或其他不利现场条件等因素易造成更严重碰撞后果的路段,经综合论证,护栏的防护等级可在表 4-25 的基础上提高 1 个或以上等级,具体情况如下:

①位于连续长下坡路段;右转平曲线半径接近或等于现行行业标准《公路工程技术标准》(JTG B01)规定的最小半径值的路段(中央分隔带护栏);左转平曲线半径接近或等于最小半径值的路段外侧(路侧护栏)。

②桥梁高度在 30m 以上。

③设计交通量中,总质量超过 25t 的车辆自然数所占比例大于 20%。

(4)跨越大型饮用水水源一级保护区和高速铁路的桥梁以及特大悬索桥、斜拉桥等缆索承重桥梁,护栏防护等级宜采用八(HA)级。

## 三、桥梁护栏形式

桥梁护栏常用的结构形式包括刚性护栏、半刚性护栏和组合式护栏。刚性护栏中包括混凝土 F 型、单坡型、梁柱式等。半刚性护栏最常用的是金属梁柱式,以美观通透、强度高、变形小见长。组合式护栏兼顾了混凝土护栏的刚性和半刚性护栏的柔性及通透性,在大、中桥梁中使用较多。

选择桥梁护栏形式时应考虑下列因素:

(1)桥梁护栏的防护性能。所选取的护栏形式在强度上必须能有效吸收设计碰撞能量,阻挡小于设计碰撞能量的车辆越出桥外或进入对向车行道并使其正确改变行驶方向。

(2)受碰撞后的护栏变形程度。桥梁护栏受碰撞后,其最大动态位移外延值($W$)或大中型车辆的最大动态外倾当量值($VI_n$)不应超过护栏迎撞面与被防护的障碍物之间的距离。最大动态位移外延值($W$)或最大动态外倾当量值($VI_n$)的选择可考虑下列因素：

①桥梁通行的车辆以小客车为主时,可不考虑桥梁外障碍物的高度,选取小客车的最大动态位移外延值($W$)为变形控制指标。

②桥梁外侧有高于护栏的障碍物时,应选取各试验车辆最大动态外倾当量值($VI_n$)中的最大值为变形控制指标。

③桥梁外侧有低于或等于护栏高度的障碍物时,应选取各试验车辆最大动态位移外延值($W$)中的最大值为变形控制指标。

(3)环境和景观要求,包括：

①钢结构桥梁宜采用金属梁柱式护栏。

②对景观有特殊要求的桥梁宜选用金属梁柱式护栏或组合式护栏。

③积雪严重地区的桥梁宜采用金属梁柱式护栏或组合式护栏。

④二级及二级以上公路小桥、通道、明涵的护栏形式宜与相邻的路基护栏相同。

(4)结构要求。需要减轻桥梁自重、减轻车辆碰撞荷载对桥面板的影响时,宜采用金属梁柱式护栏。

(5)护栏的全寿命周期成本。除考虑护栏的初期建设成本外,还应考虑投入使用后的养护成本,包括常规养护、事故养护、材料储备和养护方便性等。

## 四、桥梁护栏材料

桥梁护栏由钢筋、混凝土、钢材、木材、铝合金等材料构成,这些材料的质量、品种、规格、性能、经济性和色彩等,都在很大程度上直接影响甚至决定着桥梁护栏的结构形式、功能、适用性、坚固性、耐久性、经济性和美观性,并在一定程度上影响着材料的运输、存放、施工工艺和养护频率。

选取桥梁护栏材料时,应考虑其极限强度、延展性、耐久性、养护频率、更换方便性以及长期性能等因素。为了使桥梁护栏能满足适用、坚固、美观等基本要求,在材料的选取方面要遵循一定的原则。

除设计文件另行规定外,桥梁护栏和栏杆所用的材料应符合下列要求：

(1)钢材应符合现行国家标准《碳素结构钢》(GB 700)的规定。

(2)铝合金材料应符合现行国家标准《一般工业用铝及铝合金挤压型材》(GB/T 6892)、《铝及铝合金拉(轧)制无缝管》(GB/T 6893)、《一般工业用铝及铝合金板、带材》(GB/T 3880.1～3)等的规定。

(3)配制混凝土所用的水泥、细集料、粗集料、拌和用水、外加剂以及钢筋等材料,应符合现行行业标准《公路桥涵施工技术规范》(JTG/T 3650)的规定。

(4)拼接螺栓应采用高强螺栓,并符合现行国家标准《钢结构用高强度大六角头螺栓》(GB/T 1228)、《钢结构用高强度大六角头螺母》(GB/T 1229)和《钢结构用高强度垫圈》(GB/T 1230)的有关规定;连接螺栓宜选用普通螺栓,并符合现行国家标准《六角头螺栓》(GB/T 5782)、《Ⅰ型六角螺母》(GB/T 6170)和《平垫圈　A级》(GB/T 97.1)等的规定。

(5)所有钢构件均应进行防腐处理,其中地脚螺栓在基础表面以下5cm范围内应采取防腐措施。其他材料的防腐处理应符合下列要求：

铝合金、不锈钢构件可不进行防腐处理，但在使用盐水除冰或靠近海岸的路段，以及由于长期使用表面变色而影响美观的路段，可采用阳极氧化涂装复合涂料或热固性丙烯树脂涂料进行处理，其涂膜厚度宜为 20～30μm。与水泥混凝土或灰浆直接接触的铝合金构件表面应热镀沥青不少于两次，并应在热镀之前清除其表面油脂。不同材质的金属构件互相接触时应根据要求使用非金属套、垫或保护层使两者隔离。

## 五、桥梁护栏构造

桥梁护栏的构造应符合下列要求：

(1)金属梁柱式护栏的构造应满足下列要求：

①护栏迎撞面应顺适、光滑、连续，无锋利的边角，金属立柱与护栏横梁之间应满足防止车辆绊阻的宽度要求。

②车辆与护栏的位置关系如图 4-43 所示。各防护等级护栏的高度应满足下列要求：

A. 所有横梁横向承载力距桥面的加权平均高度 $\overline{Y}$ 不应小于表 4-26 的规定值。

B. 四(SB)级及以下防护等级的金属梁柱式护栏总高度不应小于 1.00m；五(SA)级金属梁柱式护栏总高度不应小于 1.25m；六(SS)级及以上防护等级的金属梁柱式护栏高度不应小于 1.5m。

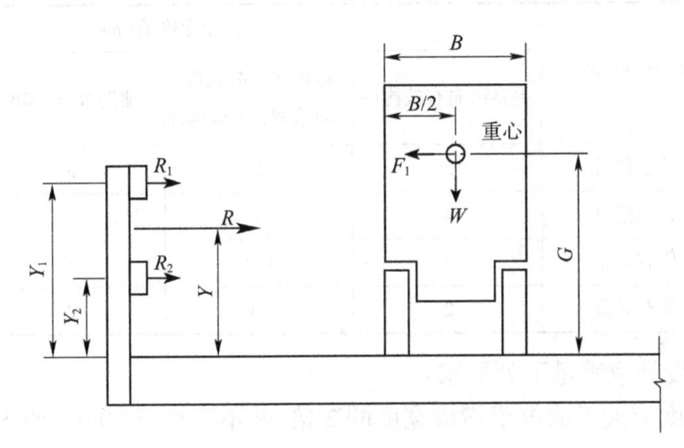


图 4-43　车辆与护栏的位置关系

注：1. $\overline{Y}$ 和 $Y_i$ 的计算基线为：护栏迎撞面与桥面板平面的相交线。

2. 如该处有路缘石，则应为护栏迎撞面与路缘石顶面的相交线。

**金属梁柱式护栏横梁横向承载力距桥面的加权平均高度 $\overline{Y}$**　　表 4-26

| 防护等级 | 最小高度(cm) | 防护等级 | 最小高度(cm) |
|---|---|---|---|
| 二(B) | 60 | 六(SS) | 90 |
| 三(A) | 60 | 七(HB) | 100 |
| 四(SB) | 70 | 八(HA) | 110 |
| 五(SA) | 80 | | |

③横梁的总高度之和不应小于护栏总高度的 25%。与立柱的退后距离对应的横梁之间的净距宜位于图 4-44a)所示的阴影区以内或以下，与立柱的退后距离对应的横梁的总高度之和与立柱高度之比宜位于图 4-44b)所示的阴影区以内或以上。

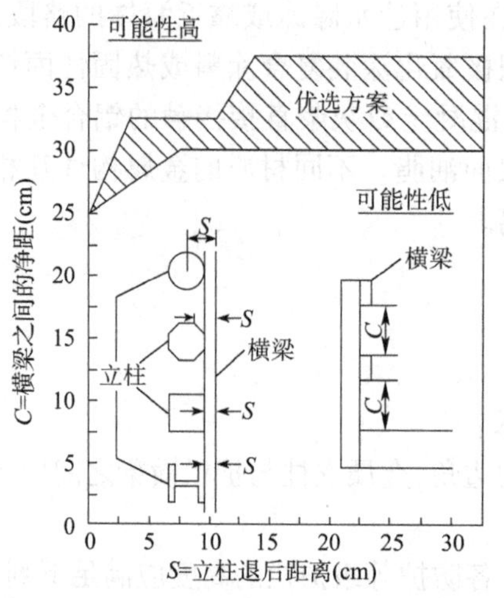


a)车轮、保险杠或发动机舱盖直接撞击立柱的可能性　　b)立柱退后距离标准

图4-44　桥梁护栏构件规格和设置位置的选取标准

④护栏构件的截面厚度应根据计算确定，并不小于表4-27规定的最小值。

**金属制护栏的截面最小厚度值**　　表4-27

| 材　　料 | 截面形式 | 最小厚度值(mm) | | | |
|---|---|---|---|---|---|
| | | 主要纵向有效构件 | 纵向非有效构件和次要纵向有效构件 | 辅助板、杆和网 | 抱箍、辅助构件 |
| 钢 | 空心截面 | 3 | 3 | 3 | 3 |
| | 其他截面 | 4 | 3 | 3 | 3 |
| 铝合金 | 所有截面 | 3 | 1.2 | 3 | 1.2 |
| 不锈钢 | 所有截面 | 2 | 1.0 | 2 | 0.5 |

⑤横梁的拼接设计应满足下列要求：

A.拼接套管长度应大于或等于横梁宽度的2倍，并不应小于30cm，如图4-45所示。

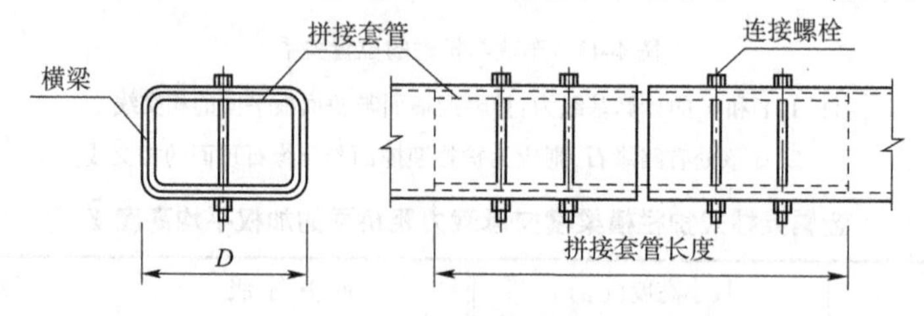


图4-45　横梁的拼接

*D*-横梁宽度

B.拼接套管的抗弯截面模量不应低于横梁的抗弯截面模量，连接螺栓应满足横梁极限弯曲状态下的抗剪强度要求。

C.护栏迎撞面在横梁的拼接处可有凸出或凹入，其凸出或凹入量不得超过横梁的截面厚度或1cm。

⑥高速公路、一级公路的桥梁不宜设置路缘石。为减少护栏受到撞击而对桥面板产生的影响需要设置路缘石时，其高度宜控制在5～10cm之间。路缘石内侧宜与横梁迎撞面保持在同一平面内，或位于立柱和横梁迎撞面之间的适当位置。

⑦带有路缘石的人行道(自行车道)只能用于设计速度小于或等于60km/h且防护等级为二(B)级的桥梁,路缘石高度宜为15cm,不应超过20cm。典型的人行道结构如图4-46所示。路基路缘石与桥梁路缘石高度不一致时,应在其高差的20倍及以上的距离内进行过渡。设计速度大于60km/h的桥梁,人行道(自行车道)与车行道之间应设置桥梁护栏。

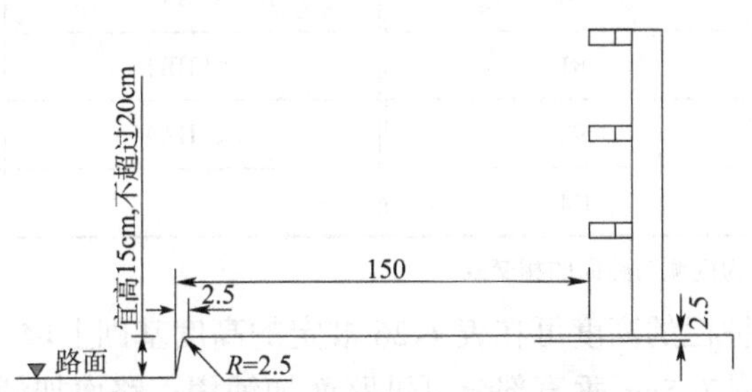


图4-46 典型的采用路缘石与人行道合并设置的结构示意(尺寸单位:cm)

(2)混凝土护栏和组合式护栏的构造应符合下列要求:

①混凝土护栏按构造可分为F型、单坡型、加强型,组合式护栏的混凝土部分宜采用F型,如图4-47a)~c)所示。未经试验验证,不得随意改变护栏迎撞面的截面形状和连接方式,但其背面可根据实际情况采用合适的形状。防护等级较高的路段可根据需要在护栏顶部设置阻爬坎,如图4-47d)所示。

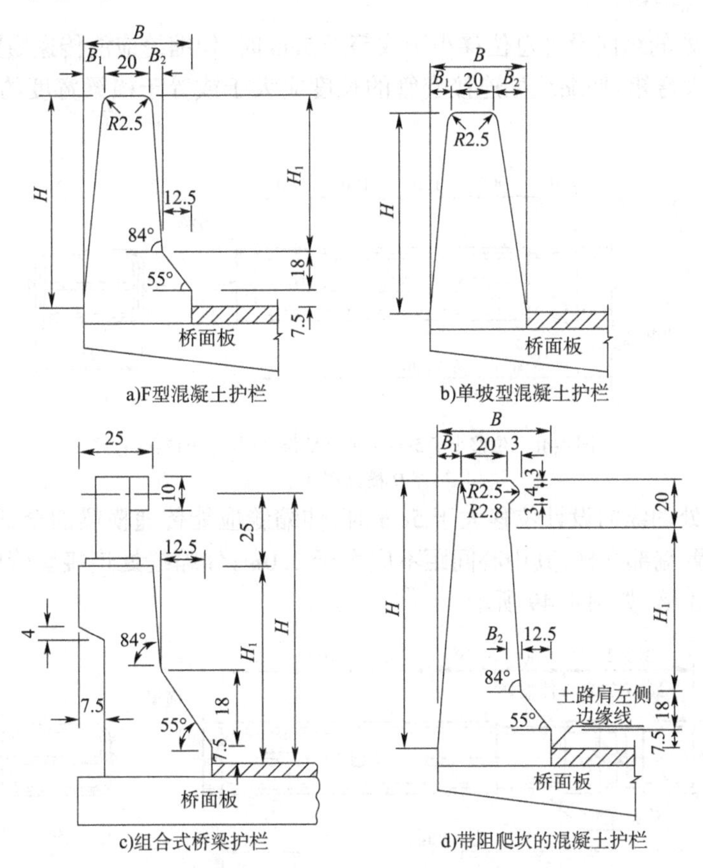


图4-47 混凝土和组合式护栏的一般构造示例(尺寸单位:cm)

注:图4-47a~c)中,$B$、$B_1$、$B_2$、$H$、$H_1$等参数根据护栏总高度经计算确定。

②各防护等级混凝土护栏的高度不应小于表4-28的规定值。

混凝土护栏的高度 表4-28

| 防护等级 | 高度(cm) | 防护等级 | 高度(cm) |
| --- | --- | --- | --- |
| 二(B) | 70 | 六(SS) | 110 |
| 三(A) | 81 | 七(HB) | 120 |
| 四(SB) | 90 | 八(HA) | 130 |
| 五(SA) | 100 | | |

注:混凝土护栏高度的基线为内侧与路面的相交线。

各防护等级组合式护栏的高度可在表4-26规定的高度基础上增加10cm。

F型混凝土护栏内侧7.5cm垂直部分可供路面加铺用。路面加铺厚度超过7.5cm时,应调整混凝土护栏的高度或对混凝土护栏的防护性能进行评价。

③护栏迎撞面混凝土的钢筋保护层厚度不得小于4.5cm。

④护栏的断面配筋量根据计算确定,并应满足现行行业标准《公路钢筋混凝土及预应力混凝土桥涵设计规范》(JTG 3362)中对最小配筋率的规定。

(3)桥梁护栏应按下列要求随桥梁主体结构设置伸缩缝:

①金属梁柱式护栏。

A.当伸缩缝处的纵向设计总位移小于或等于5cm时,伸缩缝应能传递横梁60%的抗拉强度和全部设计最大弯矩;伸缩缝处连接套管的长度应大于或等于横梁宽度的3倍,如图4-48所示。

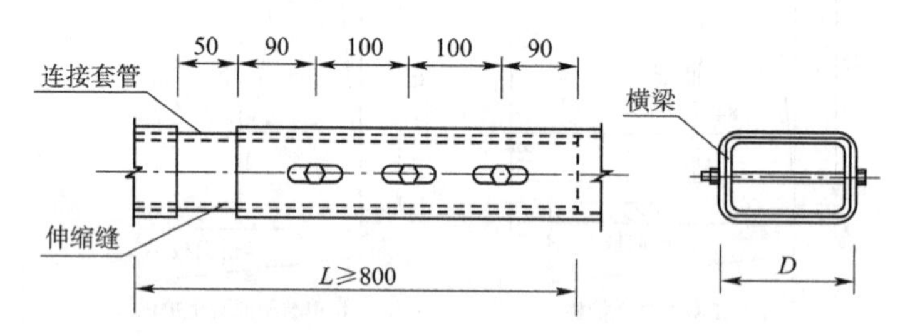


图4-48 位移小于5cm的伸缩缝设计(尺寸单位:mm)

*D*-横梁宽度

B.当伸缩缝处的纵向设计位移大于5cm时,伸缩缝应能传递横梁的全部设计最大弯矩;伸缩缝两侧应设置端部立柱,其中心间距不应大于2.0m;伸缩缝处连接套管的长度应大于或等于横梁宽度的3倍,如图4-49所示。

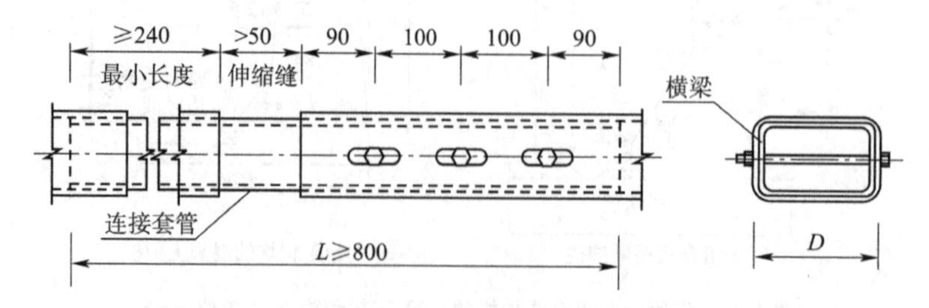


图4-49 位移大于5cm的伸缩缝设计(尺寸单位:mm)

*D*-横梁宽度

C. 当伸缩缝处发生竖向、横向复杂位移时，桥梁护栏在伸缩缝处可不连续，但应在伸缩缝两端设置端部立柱，其中心间距不应大于2.0m，两横梁端头的间隙不得大于伸缩缝设计位移量加2.5cm。横梁端头不得对碰撞车辆构成危险，如图4-50所示。

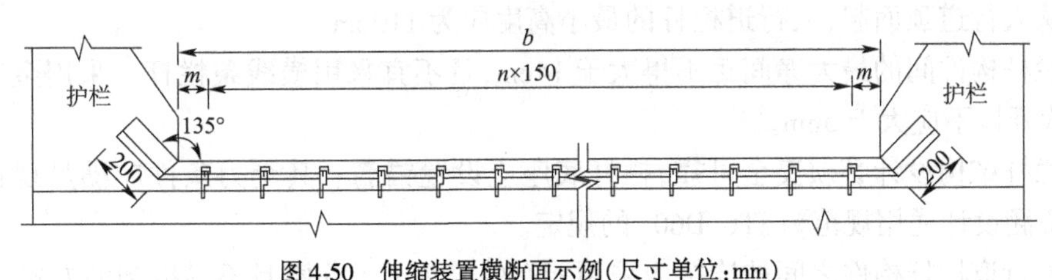


图4-50　伸缩装置横断面示例(尺寸单位:mm)

*b*-桥面净宽;*m*-伸缩缝外边缘锚固钢筋至护栏内边缘距离

②混凝土护栏。

在桥面伸缩缝处应断开，其间隙不应大于桥面伸缩缝的设计位移量。在桥梁伸缩缝处的混凝土护栏上要预留桥梁伸缩缝安装孔，孔的大小根据伸缩缝的尺寸和弯起高度来确定。

③组合式护栏。

混凝土部分应符合混凝土护栏中有关伸缩缝设置的规定，金属结构部分应符合金属梁柱式护栏中有关伸缩缝设置的规定。

(4)桥梁护栏根据需要可设置承受碰撞受力构件以外的辅助构件，并应符合下列要求：

①辅助构件设计的一般要求：

A. 所有辅助构件应与桥梁护栏受力构件牢固连接。

B. 辅助构件不得侵入公路建筑限界以内，其平面投影不应超出主要受力构件的投影范围，如图4-51所示。

②辅助构件的设计应符合下列要求：

A. 竖向杆件应在纵向有效构件之间等距设置，并与纵向有效构件牢固连接。纵向有效构件与竖向杆件的连接处，不应由于竖向辅助杆件受力而引起纵向有效构件产生局部弯曲变形。

B. 金属网根据使用功能可分别按防落物网和隔离栅的设计要求设置。金属网架设之前应去毛口和滚压，使丝梗保持在同一平面上。

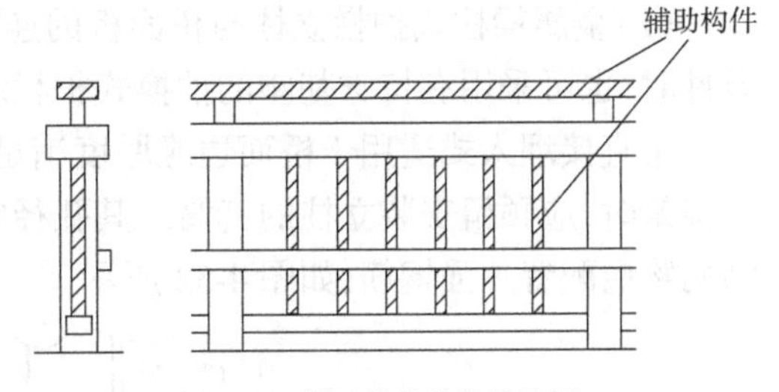


图4-51　辅助构件的设置示例

C. 实体板块表面应平整，两板块之间的接缝间隙不应超过3mm，其最小厚度应符合表4-25的规定，其最大厚度不宜超过最小厚度加1.0mm。当实体板块用于装饰图案或防止对向车的眩光时，其最大厚度不应超过最小厚度加2.0mm。使用实体板块作为辅助构件时，应考虑风荷载对桥梁护栏的影响。

D. 隔音设施与桥梁护栏配合设置时，应考虑隔音设施对行车安全的影响。

(5)金属构件的密封和排水应符合下列要求：

①空心断面构件应设置排水孔或在所有的拼缝处完全密封。

②镀锌孔、排水孔的直径不应大于空心截面周长的1/12，镀锌前构件排水孔的孔径不应小于8mm(非镀锌构件不应小于6mm)，并不大于15mm，其间距应大于70cm。镀锌孔、排水孔的位置应布设恰当。

## 六、桥梁人行道栏杆构造

位于桥梁人行道的栏杆构造应符合下列要求：

（1）从人行道顶面起，人行道栏杆的最小高度应为110cm。

（2）栏杆构件间的最大净间距不得大于14cm，且不宜采用横线条栏杆。采用金属网状栏杆时，网状开口不应大于5cm。

（3）栏杆结构设计必须安全可靠，栏杆底座应设置锚筋。其受力条件应满足现行行业标准《公路桥涵设计通用规范》（JTG D60）的规定。

（4）人行道栏杆构件之间的连接应采用能有效避免人员伤害且不易拆卸的方式。

（5）兼具桥梁护栏与人行道栏杆功能的组合式护栏，应同时满足人行道栏杆和桥梁护栏的构造要求。

## 七、桥梁自行车道栏杆构造

位于桥梁自行车道的栏杆构造应符合下列要求：

（1）从自行车道顶面起，自行车栏杆的最小高度应为140cm。

（2）自行车道栏杆的间距、构件连接、基础固定和组合护栏等应满足桥梁人行道栏杆的规定。

（3）根据需要，可在距自行车道顶面110cm处附着具有一定宽度的摩擦梁，以避免不同高度自行车把的绊阻。

## 八、桥梁护栏与桥面板的连接方式

桥梁护栏与桥面板应进行可靠连接。桥梁护栏与桥面板的连接方式可根据防护等级、结构形式以及强度计算结果从下列方式中进行选择。

（1）金属梁柱式护栏立柱与桥面板的连接可采用直接埋入式或地脚螺栓的连接方式。有条件时，也可采用有特殊基座的抽换式护栏基础。

①直接埋入式适用于桥面边缘厚度满足护栏立柱埋入30cm以上的情况。在结构物混凝土浇筑时，应预留安装立柱的套筒。其孔径宜比立柱直径或斜边方向宽4～10cm，套筒周围的结构物应配置加强钢筋，如图4-52所示。

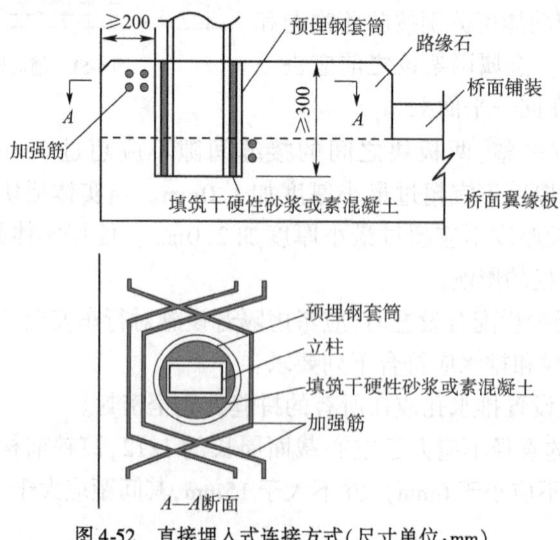


图4-52　直接埋入式连接方式（尺寸单位：mm）

②地脚螺栓连接方式适用于立柱埋深不足30cm的情况。在结构物混凝土中预埋符合规定长度的地脚螺栓，立柱底部焊接加劲法兰盘，与地脚螺栓连接，如图4-53所示。

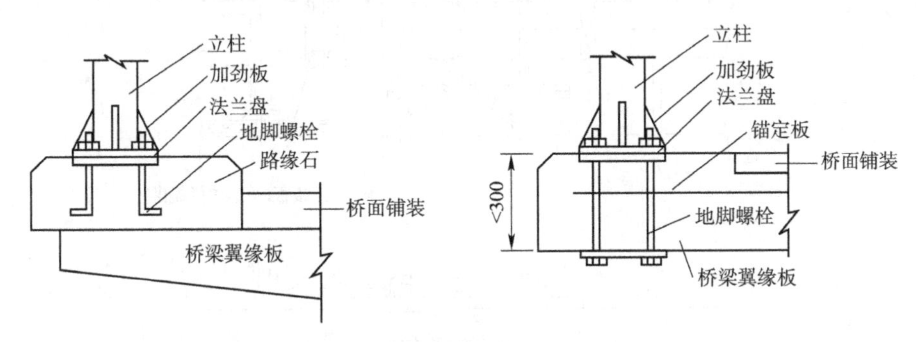


图4-53　地脚螺栓连接方式(尺寸单位:mm)

(2)混凝土护栏与桥面板的连接应符合下列要求:

①采用现浇法施工时，应通过护栏钢筋与桥梁结构物中的预埋钢筋连接在一起的方式形成整体。

②采用预制件施工时，通过锚固螺栓等连接件将桥梁结构物与护栏连接在一起形成整体，纵向连接应符合混凝土护栏的相关规定。

(3)组合式护栏应采用混凝土护栏与桥面板的连接方法。

## 九、端部处理和过渡段设计

端部处理和过渡段设计应符合下列要求:

(1)设计速度大于60km/h的桥梁，相邻路基段未设置护栏时，桥梁护栏应适度外展，或在路基段增设一段护栏与桥梁护栏进行过渡，以避免车辆碰撞端部或从桥梁端部冲出路外。设计速度小于或等于60km/h的公路或不具备设置护栏条件时，桥梁两侧应设置缓冲设施或视线诱导设施。

(2)设计速度大于60km/h的公路桥梁护栏与路基护栏的结构形式不同时，应进行过渡段设计;设计速度小于或等于60km/h的公路桥梁护栏与路基护栏的结构形式不同时，宜进行过渡段设计。过渡段的设计应符合下列要求:

①过渡段应采用设置端部翼墙或将半刚性护栏搭接在刚性护栏上的方式。

②端部翼墙可设置在桥梁端部，由桥梁护栏改造而成，也可在路基段独立设置。端部翼墙应根据路基护栏的要求设置预埋件。

③采用搭接方式时，路基段护栏应进行加强处理，长度不宜短于10m。

④当桥梁护栏与路基护栏均采用刚性护栏时，刚性护栏在桥台伸缩缝处应断开，其他形式护栏之间的过渡段均不得在桥头处断开，但横梁应采取可伸缩措施。金属梁柱式护栏与路基波形梁护栏的过渡段设计示例如图4-54所示。

⑤桥梁端部的排水设施应作为护栏过渡段设计的一部分来考虑。

(3)高速公路、一级公路及作为干线的二级公路的桥梁与隧道衔接处，桥梁护栏应参照路侧护栏和中央分隔带护栏的规定进行过渡段设计;作为集散的二级公路及三、四级公路的桥梁与隧道衔接处，桥梁护栏宜参照路侧护栏的规定进行过渡段设计。

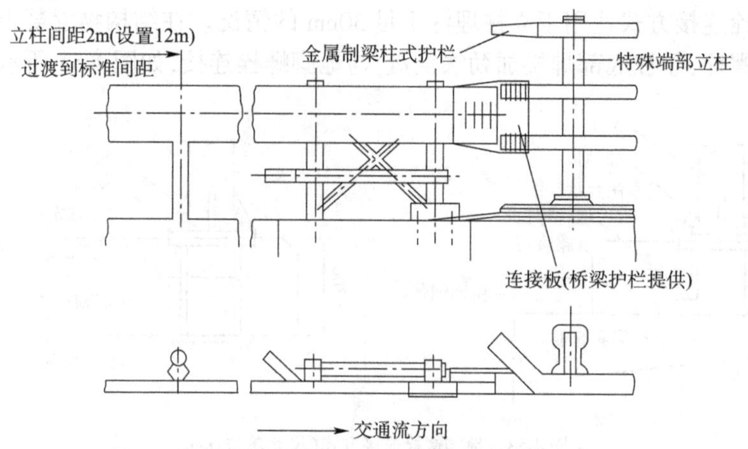


图 4-54　波形梁护栏与金属梁柱式护栏的过渡段设计示例

## 十、桥梁护栏施工(相关资源见二维码 4-8)

桥梁护栏应在桥梁车行道板、人行道板施工完毕,跨中支架及脚手架拆除后桥跨处于独立支撑的状态时才能施工。对于焊接的金属护栏,在进行防腐处理前应对所有外露焊缝做好磨光或补满的清面工作。

桥梁护栏施工前应对所有预埋件的设置位置、强度、腐蚀程度进行检查,不符合要求的必须整改。

1. 金属桥梁护栏的施工(相关资源见二维码 4-9)

(1)立柱放样与预埋件设置。

①放样前,应选择桥梁伸缩缝附近的端部立柱作为控制立柱,并在控制立柱之间测距定位。

②立柱放样,当间距出现零数时,可用分配的办法使其符合横梁规定的尺寸,立柱宜等距设置。

③立柱定位后,在车行道板或人行道板上准确地设置预埋件,如套筒或地脚螺栓等,并采取适当措施,使预埋件在桥梁施工期间免遭损坏。

(2)护栏安装。

①护栏安装前应对立柱基础预埋件的位置进行复测,符合设计要求后方能安装立柱和横梁。安装前应做好施工场地的各项准备工作,安装过程中应特别注意控制螺栓扭矩、焊缝间距、桥梁伸缩缝的设置间距。

横梁和立柱的位置应准确。连接螺栓和拼接螺栓开始时不宜过早拧紧,以便在安装过程中充分利用横梁和立柱法兰盘的长圆孔进行调整,使其线形顺适,不应出现局部的凹凸现象,调整完毕后,必须拧紧螺栓。

②横梁、立柱等构件在安装过程中应避免损坏防腐层。安装完成后,应对被损坏的防腐层采用喷涂无机富锌漆等方法进行修复。

③所有的连接螺栓及拼接螺栓应在护栏的线形达到规定要求时方能拧紧。终拧扭矩应符合表 4-16 的规定。

2. 混凝土桥梁护栏的施工(相关资源见二维码 4-10)

混凝土桥梁护栏的施工应符合下列要求:

（1）混凝土桥梁护栏的钢筋应与桥梁梁体的预留钢筋可靠连接，并按照设计文件预留管道的位置。为便于混凝土桥梁护栏与桥梁的车行道板或人行道板之间以及混凝土护栏的纵向牢固连接，混凝土桥梁护栏采用就地浇筑的方法进行施工。如果采用预制件时，护栏与车行道板或人行道板间需进行特殊的连接设计，以保证护栏与桥面钢筋的可靠连接。

（2）宜采用坍落度较小的干硬性混凝土，浇筑时应分层进行，分层厚度不宜超过200mm；振捣时应采取措施使模板表面的气泡逸出。

（3）当预制安装的混凝土护栏，在搬运和安装时，应采取保护措施，防止损伤棱角处的混凝土。连接钢板的焊接质量应符合设计文件的要求和现行行业标准《公路交通安全设施施工技术规范》（JTG/T 3671）的相关规定。

（4）采用滑模施工工艺时，桥梁护栏基准线桩可与梁顶预留锚固钢筋临时焊接；桥梁护栏应按设计要求加工钢筋骨架，钢筋骨架应与边板底部伸出的钢筋焊接或绑扎，底部应与边板混凝土连接牢固；铺筑桥梁护栏时，在设钢筋骨架的一个连续节段内，滑模施工不得中断。

混凝土桥梁护栏作为永久性构造物，一方面受气候变化的影响，另一方面受车辆碰撞的摩擦，使表面剥落，护栏表面摩擦系数增大，降低失控车辆改变方向的能力，并影响美观。近几年的工程实践中，特别是在冻融地区，混凝土桥梁护栏表面发生啃边和脱皮的现象较为严重。为保证施工质量，混凝土桥梁护栏要严格按现行行业标准《公路交通安全设施施工技术规范》（JTG/T 3671）中混凝土护栏的相关规定进行施工。

（5）混凝土护栏伸缩缝内清洁干净后，应填满橡胶或沥青胶泥等弹性、不透水的材料，不能有松散的砂浆和活动时有可能剥落的砂浆薄皮。

（6）混凝土护栏施工完成后，其顶面高程和位置应准确，位于曲线路段的护栏线形应平顺。

（7）端部翼墙应根据设计文件的要求加工模板，设置在桥梁上或路基段的端部翼墙应采用现场浇筑施工方法，并设置预埋件。

#### 3. 组合式桥梁护栏的施工

金属结构部分应符合金属桥梁护栏的施工要求，钢筋混凝土部分应符合钢筋混凝土墙式和梁柱式桥梁护栏的施工要求。

#### 4. 栏杆构件

栏杆护栏应在人行道板铺设完毕后方可安装，并应符合下列要求：

（1）安装栏杆立柱时，应全桥对直、校平，弯桥、坡桥应平顺。

（2）栏杆的间距和形式、构件连接、基础固定等应符合设计文件的要求。

（3）栏杆不得有面向行人或自行车的连接螺栓等突起物，栏杆之间的接口处不得对行人或自行车等造成伤害。

## 十一、质量过程控制

桥梁护栏的质量过程控制应符合下列要求：

（1）桥梁护栏的形式、设置位置、构件规格及基础连接应与设计文件相一致，并与防护等级、桥面结构强度相适应。桥梁护栏的线形应与桥梁保持一致，以达到美观效果。

（2）护栏伸缩缝的宽度应与桥梁主体结构相一致，伸缩缝的位置应与桥梁伸缩缝相一致，护栏伸缩缝的功能要满足设计要求。

(3)钢构件应连接牢固,符合设计规范和设计文件的要求。防腐处理表面应光洁,焊缝处不应有毛刺、滴瘤和多余结块。热浸镀锌后的钢构件不能有过酸洗或露镀等缺陷,镀锌层要均匀。

(4)混凝土护栏表面不应出现裂缝、蜂窝、剥落、漏筋等缺陷,以免影响其功能。

(5)桥梁护栏与路基护栏连接应设置符合设计文件要求的护栏过渡段,采用搭接过渡时,桥梁护栏与路基护栏连接处应具有一定的可伸缩性。如两种护栏刚度不同时,要检查护栏过渡段的施工是否符合设计文件的要求。

(6)施工过程中应加强质量检查,金属桥梁护栏、混凝土桥梁护栏和栏杆各检查项目应符合表4-29~表4-31的规定。

**金属桥梁护栏施工质量过程控制项目** 表4-29

| 项次 | 检查项目 | 规定值或允许偏差 | 检查方法 |
|---|---|---|---|
| 1 | 横梁基底金属厚度(mm) | 满足设计要求 | 板厚千分尺、涂层测厚仪 |
| 2 | 立柱基底金属壁厚(mm) | 满足设计要求 | 千分尺或超声波测厚仪、涂层测厚仪 |
| 3 | 横梁中心高度(mm) | ±20 | 尺量 |
| 4 | 立柱中距(mm) | ±20 | 尺量 |
| 5 | 立柱竖直度(mm/m) | ≤10 | 垂线法 |
| 6 | 立柱外边缘距桥梁外边缘距离(mm) | 满足设计要求 | 尺量 |

**混凝土桥梁护栏施工质量过程控制项目** 表4-30

| 项次 | 检查项目 | | 规定值或允许偏差 | 检查方法 |
|---|---|---|---|---|
| 1 | 护栏断面尺寸(mm) | 高度 | ±10 | 尺量 |
| | | 顶宽 | ±5 | |
| | | 底宽 | ±5 | |
| 2 | 钢筋骨架尺寸(mm) | | 满足设计要求 | 尺量 |
| 3 | 横向偏位(mm) | | ±20或满足设计要求 | 尺量 |
| 4 | 护栏混凝土强度(MPa) | | 满足设计要求 | 根据现行行业标准《公路工程质量检验评定标准 第一册 土建工程》(JTG F80/1)中规定的“水泥混凝土抗压强度评定方法”检测 |
| 5 | 混凝土护栏块件之间的错位(mm) | | ≤5 | 尺量 |

**栏杆安装质量过程控制项目** 表4-31

| 项次 | 检查项目 | 规定值或允许偏差 | 检查方法 |
|---|---|---|---|
| 1 | 栏杆平面偏位(mm) | ±4 | 尺量 |
| 2 | 扶手高度(mm) | ±10 | 尺量 |
| 3 | 栏杆立柱顶面高差(mm) | ±4 | 尺量 |

续上表

| 项　次 | 检 查 项 目 | 规定值或允许偏差 | 检 查 方 法 |
|---|---|---|---|
| 4 | 栏杆立柱纵、横向竖直度(mm) | ≤4 | 垂线法 |
| 5 | 相邻栏杆扶手高差(mm) | ≤3 | 尺量 |

**思考与练习**

1. 简述桥梁护栏和栏杆的设置原则。
2. 简述桥梁护栏的防护等级及选取条件。
3. 桥梁护栏的形式有哪些？如何选择？
4. 桥梁护栏的材料有哪些？防腐处理的要求是什么？
5. 简述桥梁护栏、自行车道栏杆和人行道栏杆的构造要求。
6. 桥梁护栏与桥面板的连接方式有哪些？
7. 桥梁护栏的端部如何处理？
8. 桥梁护栏的过渡段如何设计？
9. 简述桥梁护栏的施工工序。
10. 桥梁护栏施工质量过程控制项目有哪些？
11. 栏杆安装质量过程控制项目有哪些？

# 单元七　中央分隔带开口护栏

**知识目标**

1. 掌握中央分隔带开口护栏的设置原则；
2. 熟悉中央分隔带开口护栏的防护等级及要求；
3. 了解中央分隔带开口护栏的材料要求；
4. 掌握中央分隔带开口护栏施工质量过程控制项目。

**能力目标**

1. 能够进行中央分隔带开口护栏形式的选择；
2. 能够进行中央分隔带开口护栏的设计与施工。

## 一、中央分隔带开口护栏简介

中央分隔带开口护栏(即活动护栏)设置于公路中央分隔带开口处、具有开启功能的公路护栏结构段，在紧急情况下为公路交通事故处理、公路养护作业提供紧急通道。

## 二、设置原则

中央分隔带开口护栏设置应遵循下列原则：

(1)高速公路的中央分隔带开口必须设置中央分隔带开口护栏。

(2)作为次要干线的一级公路在禁止车辆掉头的中央分隔带开口处可设置中央分隔带开口护栏。

(3)中央分隔带开口护栏宜设置在中央分隔带开口处的公路中心线位置,设置长度应能有效封闭中央分隔带开口。

(4)中央分隔带开口护栏的高度应与中央分隔带护栏的高度协调一致。

(5)中央分隔带开口护栏上部应设置轮廓标或反射体。设置反射体时,规格不宜小于4cm×18cm,可由Ⅲ~Ⅴ类反光片或反光膜制作,颜色和设置高度宜与中央分隔带保持一致。

(6)位于有防眩要求路段的中央分隔带开口护栏上宜设置防眩设施。

## 三、防护等级

中央分隔带开口护栏防护等级宜与相邻路段保持一致。线形良好路段经论证可低于相邻路段1~2个等级,但高速公路中央分隔带开口护栏不得低于三(Am)级。

## 四、形式选择

选取中央分隔带开口护栏形式时,应符合下列要求:

(1)应有效地阻止非紧急车辆在中央分隔带开口处的通行。

(2)中央分隔带开口护栏应方便开启与关闭、具有可移动性,宜在10min内开启10m及以上的长度。

(3)应与相邻中央分隔带护栏能合理过渡。

(4)中央分隔带开口处活动护栏的两固定端安装应牢固,连接部分应具有防盗功能。

(5)在发生碰撞时,中央分隔带开口护栏各结构组成部分不得飞散,不应对碰撞车辆、周围的行人及其他车辆产生损坏或伤害。

## 五、材料

除设计文件另行规定外,中央分隔带开口护栏所用的材料应符合下列要求:

(1)中央分隔带开口护栏所采用的钢构件应符合现行国家标准《碳素结构钢》(GB/T 700)、《优质碳素结构钢》(GB/T 699)等的规定。混凝土基础所用的钢筋、水泥、细集料、粗集料、拌合用水、外加剂等材料,应符合现行行业标准《公路桥涵施工技术规范》(JTG/T 3650)的规定。

(2)中央分隔带开口护栏的防护等级应满足设计要求,安全性能应符合现行行业标准《公路护栏安全性能评价标准》(JTG B05-01)的规定。

(3)中央分隔带开口护栏所采用的钢构件均应进行防腐处理。

## 六、施工(相关资源见二维码4-11)

中央分隔带开口护栏施工应符合下列要求:

(1)中央分隔带开口护栏基础应根据设计文件放样,并与中央分隔带护栏端头相协调。应调查基础与地下管线是否冲突,发生冲突时,应根据设计文件对基础的埋设位置或高程进行适当调整。

(2)混凝土基础施工应符合现行行业标准《公路桥涵施工技术规范》(JTG/T 3650)的规定,混凝土浇筑时应按设计文件的规定预埋连接件。基础施工完成后应采取措施,防止杂物落入预埋套管内。

(3)基础混凝土强度达到设计强度的80%以上后,可按照设计文件的要求安装中央分隔带开口护栏的钢构件部分,并应按照设计文件的要求,做好与相邻中央分隔带护栏的连接过渡处理。

(4)对有视线诱导和防眩要求的路段,应按设计文件要求安装视线诱导设施和防眩设施。

## 七、质量过程控制

中央分隔带开口护栏的质量过程控制应符合下列规定:

(1)中央分隔带开口护栏要开启灵活、造型美观,其形式、规格、钢构件的防腐处理应符合设计文件的要求。

(2)中央分隔带开口护栏应按设计文件的要求与相邻中央分隔带护栏合理过渡,高度宜与两端护栏齐平,平纵线形与公路保持一致。

(3)施工过程中应加强质量检查,各检查项目应符合表4-32的规定。

**中央分隔带开口护栏施工质量过程控制项目** 表4-32

| 项　次 | 检查项目 | 规定值或允许偏差 | 检查方法 |
|---|---|---|---|
| 1 | 高度(mm) | ±20mm | 尺量 |
| 2 | 涂层厚度(μm) | 满足设计要求 | 涂层测厚仪 |
| 3 | 开启时间 | 满足设计要求 | 按产品规定的开启方式 |
| 4 | 过渡处理 | 满足设计要求 | 对照设计文件 |

(4)中央分隔带开口护栏安装完成之后,应对开启与关闭功能进行测试,按照产品说明的开启方式检查开启时间及开启长度能否满足设计文件的要求,能否快速移动。

### 思考与练习

1. 简述中央分隔带开口护栏的设置原则。
2. 简述中央分隔带开口护栏的防护等级及要求。
3. 中央分隔带开口护栏的形式有哪些?如何选择?
4. 简述中央分隔带开口护栏的材料要求。
5. 简述中央分隔带开口护栏的施工工序。
6. 中央分隔带开口护栏施工质量过程控制项目有哪些?

# 单元八　缓冲设施

1. 掌握缓冲设施的设置原则;
2. 掌握缓冲设施的防护等级及选取条件;
3. 熟悉缓冲设施的形式和构造;
4. 了解缓冲设施的材料要求;

5. 掌握简述缓冲设施的施工工序;

6. 掌握缓冲设施施工质量过程控制项目。

能够进行缓冲设施的设计与施工。

## 一、缓冲设施简介

1. 概念

缓冲设施是设置于公路互通式立体交叉、服务区、停车区出口处的分流鼻端、收费岛头,或者护栏端部等,可以减缓冲击、降低碰撞车辆和车内人员伤害的设施。

2. 分类

缓冲设施的主要形式有防撞端头、防撞垫等。

(1)防撞端头。

防撞端头是设置于护栏的迎车流方向起点,和护栏连接在一起,对碰撞车辆起阻挡、缓冲和导向作用的设施。例如,波形梁护栏起始端所设置的端头需进行特殊处理,避免车辆与端头发生正面碰撞时护栏板刺入车体,对乘员造成伤害,这种处理方式就是防撞端头。

(2)防撞垫。

防撞垫是设置于公路交通分流处的障碍物或其他位置的障碍物前端的一种缓冲设施,车辆碰撞时通过自体变形吸收碰撞能量,从而降低乘员的伤害程度。防撞垫可分为可导向防撞垫和非导向防撞垫。高速公路、一级公路的出口匝道三角端一般为事故多发地点,目前采用的防护措施通常为防撞垫。

## 二、设置原则

缓冲设施设置应遵循下列原则:

(1)未进行安全处理的位于公路计算净区宽度内的路侧护栏,其上游端部应设置防撞垫或防撞端头。

(2)高速公路的互通式立体交叉主线分流端、匝道分流端等应设置可导向防撞垫,隧道入口段洞口等位置未进行安全处理时宜设置可导向防撞垫。隧道入口与外侧护栏已经进行了护栏过渡处理的,可不设置防撞垫。

(3)高速公路、作为干线的一级公路中央分隔带护栏起始端部,上跨高速公路的跨线桥中墩端部,宜设置可导向防撞垫。

(4)收费站导流岛端部可采用非导向防撞垫。

(5)高速公路路侧计算净区宽度范围内有特殊形式的危险障碍物,不能采用其他方式进行有效安全防护时,应设置可导向防撞垫或非导向防撞垫。

(6)防撞垫的平面布设应与公路线形相一致,设置于主线分流端、匝道出口或收费站导流岛前端时,防撞垫的轴线宜与防撞垫两侧公路路线交角的中心线相重叠,并与所在位置的其他公路交通设施相协调。

## 三、防护等级

防撞端头、防撞垫的防护等级见表4-33,应根据公路的设计速度选取,设计速度越高的高速公路,车辆撞击防撞垫的车速也就越高,因而所采用的防护等级也应该越高。因运行速度、交通量等因素易造成更严重碰撞后果的路段,应结合实际防护需求提高防撞端头、防撞垫的防护等级。

护栏防撞端头和防撞垫防护等级适用条件　表 4-33

| 设计速度(km/h) | 设计防护速度(km/h) | 防 护 等 级 |
| --- | --- | --- |
| 120 | 100 | 三(TS)级 |
| 100 | 80 | 二(TA)级 |
| 80 | 60 | 一(TB)级 |

注:1. 括号内为护栏端头防护等级的代码。
2. 设计速度为 60km/h 的公路上游端头可根据实际情况确定是否设置防撞端头。

## 四、形式选择

选择缓冲设施形式时,应考虑下列因素:

1. 防撞端头

(1)防护性能。所选取的防撞端头形式必须能有效阻挡碰撞车辆,并使其正确改变行驶方向。

(2)碰撞变形。防撞端头及连接过渡段的最大碰撞动态变形量不得超过路侧空间容许的变形距离。

(3)所在位置的现场条件。防撞端头的使用应适应公路线形、路肩宽度、边坡坡度等条件。

(4)与护栏的协调性。所选取的防撞端头形式、所用材料应与护栏相协调,便于连接过渡处理。

(5)环境因素。应满足多雨、潮湿的气候特点,具有可靠性和耐久性。

2. 防撞垫

(1)防护性能。所选取的可导向防撞垫形式必须能有效阻挡碰撞车辆,并使其正确改变行驶方向。

(2)碰撞变形。按照防撞垫的标称防护等级进行侧面碰撞后,可导向防撞垫的最大动态变形量不得超过相邻车道的限界。

(3)所在位置的现场条件。防撞垫形式应适应道路纵横坡度、路面条件、防护对象的宽度、路肩宽度等。

(4)环境因素。应满足多雨、潮湿的气候特点,具有可靠性和耐久性。对景观有特殊要求的公路可选择外观自然、与周围环境相融合的防撞垫形式,但不得降低防撞垫的防护性能。

## 五、构造

缓冲设施的构造应符合下列要求:

(1)防撞端头和护栏标准段应进行安全可靠连接。

(2)防撞垫从路面到防撞垫顶面的高度宜为 80 ~ 110cm。

(3)防撞垫末端的支撑结构可直接和路面基础相连接。在保证结构强度的前提下,也可和防撞垫后部的护栏端部或其他固定物相连接。

(4)防撞垫所用的钢构件技术性能应符合现行国家标准《碳素结构钢》(GB/T 700)的规定。所用钢构件应进行金属防腐处理,防腐处理的方法及技术要求应符合现行行业标准《公路波形梁钢护栏》(JT/T 281)的规定。

(5)防撞垫所用材料为橡胶或塑料时,其耐高温性能、耐低温性能、耐候性能应符合现行国家标准《公路防撞桶》(GB/T 28650)的规定。

(6)护栏端头和防撞垫应设置视线诱导设施,包括轮廓标或反光膜。

车辆侧面碰撞可导向防撞端头之后,有可能会沿着防撞端头的侧面滑行,如果防撞端头的导向结构没有和后部的护栏结构连为一体,防撞端头和护栏之间的间隙有可能形成新的事故隐患点,因此,防撞端头与护栏标准段要进行安全可靠连接。

## 六、材料

除设计文件另行规定外,缓冲设施所用的材料应符合下列要求:

(1)缓冲设施所用的钢构件应符合现行国家标准《碳素结构钢》(GB/T 700)、《优质碳素结构钢》(GB/T 699)等的规定,并进行防腐处理。

(2)缓冲设施所用螺栓紧固件应符合现行国家标准《钢结构用高强度大六角头螺栓、大六角螺母、垫圈技术条件》(GB/T 1231)的规定。

(3)防撞垫所用材料为橡胶或塑料时,其耐高温性能、耐低温性能、耐候性能应符合现行国家标准《公路防撞桶》(GB/T 28650)的规定。

## 七、施工

缓冲设施施工应符合下列要求:

(1)缓冲设施的放样应以其后部的被防护结构为主要控制点。缓冲设施的主要作用是防止车辆直接撞击后部的固定障碍物,只有以后部的被防护结构为主要控制点,才能够实现其功能。

(2)缓冲设施施工时,不得对地下设施造成损坏。

(3)缓冲设施施工时,应按照设计文件的规定与后部的护栏结构连接牢固。缓冲设施与相邻的护栏连接处,往往是薄弱环节,也是造成衔接处防护失效的主要原因之一。因此,要保证缓冲设施和相邻护栏的连接强度,确保车辆碰撞时,连接结构不先于缓冲设施本身遭到破坏。

(4)防撞垫的安装线形应与三角端护栏(或其他被防护构造物)线形相协调。

(5)防撞垫支撑结构埋深、支撑结构立柱的间距等应符合设计要求,预埋基础的施工应符合现行行业标准《公路桥涵施工技术规范》(JTG/T 3650)的规定。

(6)防撞垫应组装正确,构件齐全,紧固件应安装牢固。

(7)防撞端头施工安装后,与相连接的护栏在行车方向上应保持线形平顺。设置在护栏起点的护栏防撞端头主要作用是降低车辆碰撞护栏起点处的事故严重度,与护栏要协同受力,因此防撞端头要保证和护栏的线形一致,连接平顺。

## 八、质量过程控制

缓冲设施的质量过程控制应符合下列规定:

(1)缓冲设施所有构件不得有凹凸、起伏等缺陷,没有因运输、施工造成防腐层损伤的缺陷。

(2)缓冲设施所有构件不得有现场焊割和钻孔情况。

(3)施工过程中应加强质量检查,各检查项目应符合表4-34的规定。

缓冲设施施工质量过程控制项目　　表4-34

| 项　次 | 检查项目 | | 规定值或允许误差 | 检查方法 |
|---|---|---|---|---|
| 1 | 几何尺寸(mm) | 长 | ±50 | 直尺 |
| | | 宽 | ±20 | 直尺 |
| | | 高 | ±10 | 直尺 |
| 2 | 混凝土强度(MPa) | | 满足设计要求 | 根据现行行业标准《公路工程质量检验评定标准　第一册　土建工程》(JTG F80/1)中规定的“水泥混凝土抗压强度评定方法”检测 |
| 3 | 基础几何尺寸(MPa) | | ±20 | 直尺 |
| 4 | 立柱埋入深度(mm) | | 满足设计要求 | 直尺 |
| 5 | 壁(板)厚(mm) | | 满足设计要求 | 千分尺 |
| 6 | 锌层平均厚度(μm) | | 满足设计要求 | 测厚仪 |

## 思考与练习

1. 简述缓冲设施的设置原则。
2. 缓冲设施防护等级的选取条件是什么?
3. 缓冲设施的形式有哪些?如何选择?
4. 简述缓冲设施的构造要求。
5. 简述缓冲设施的材料要求。
6. 简述缓冲设施的施工工序。
7. 缓冲设施施工质量过程控制项目有哪些?

# 模块五　视线诱导设施

## 单元一　基 本 知 识

1. 熟悉视线诱导设施的作用；
2. 掌握视线诱导设施的种类。

能够识别各类视线诱导设施。

### 一、视线诱导设施简介

1. 概念

视线诱导设施沿行车道两侧设置，用于指示公路公路线形轮廓及行车方向、行车道边界及危险路段位置等，并用于诱导驾驶员视线。

2. 作用

公路和城市快速路上车辆运行速度很高，安全行车需要驾驶员综合判断周围情况，特别是前方道路线形等情况；在夜间行驶时，车辆自身位置、速度、前方道路的方向等信息尤其重要，但仅有前照灯照明有时还远远不够，需要视线诱导设施帮助驾驶员获得位置感、速度感和方向感。

### 二、种类（相关资源见二维码 5-1）

视线诱导设施按照不同的功能可分为：轮廓标、合流诱导标、线形诱导标、隧道轮廓带、示警桩、示警墩、道口标柱等。不同类型的视线诱导设施从不同侧重点来诱导驾驶员视线，使行车更趋舒适、安全。

1. 轮廓标

轮廓标用于指示公路的前进方向和边缘轮廓，如图 5-1 所示。

2. 合流诱导标、线形诱导标

合流诱导标用于指示交通合流（图 5-2），线形诱导标（图 5-3）用于指示或警告改变行驶方向，二者分别属于警告标志和指路标志。

3. 隧道轮廓带

隧道轮廓带是指在隧道壁或隧道洞门上设置的用于指示隧道横断面边界的交通安全设施，如图 5-4 所示。

a)柱式轮廓标

b)附着式轮廓标

图 5-1　轮廓标

图 5-2　合流诱导标

图 5-3　线形诱导标

4. 示警桩、示警墩

示警桩、示警墩用于达不到护栏设置标准但存在一定危险因素的三、四级公路路段，如图 5-5 所示。

图 5-4　隧道轮廓带

图 5-5　示警桩(墩)

5. 道口标柱

道口标柱设置在公路沿线较小交叉路口两侧，用于提醒主线车辆提高警觉，防范小路口车辆突然出现而造成意外的情况发生，如图 5-6 所示。

图 5-6　道口标柱

**思考与练习**

1. 简述视线诱导设施的主要作用。
2. 按照不同的功能对视线诱导设施进行分类。

## 单元二　视线诱导设施的设计

**知识目标**

1. 熟悉视线诱导设施设计的基本要求；
2. 掌握轮廓标的设置原则；
3. 了解合流诱导标、线形诱导标、隧道轮廓带、示警桩、示警墩、道口标柱的设置原则。

**能力目标**

能够进行轮廓标的设计。

### 一、基本要求

各类视线诱导设施在设置时，要注意相互协调、避免相互影响。视线诱导设施应能对驾驶员进行有效视线诱导，同时不得侵入公路建筑限界以内，其结构形式和材料应尽可能降低对误驶撞上的车辆和人员的伤害。视线诱导设施属于主动引导设施，对提高夜间的行车安全水平有重要作用，在条件允许时，可以适当地增加设置，以发挥其节能、价廉的优点。

1. 视线诱导设施的设计要求

（1）视线诱导设施的反射体，在正常的入射角、观察角条件下，应保持恒定的、充足的亮度，并应能满足大、小型车在近光和远光灯照射下的识别和确认要求。

（2）视线诱导设施的支撑结构应能支撑反射体，且应尽可能降低对误驶撞上的车辆和人员的伤害。

（3）在设置多种视线诱导设施的路段，应协调不同视线诱导设施之间的间距和高度，宜保证视线上的一致性和连续性。

（4）视线诱导设施应充分考虑降雨、降雪等特殊天气条件下的视线诱导功能。

2. 视线诱导设施的设计顺序

(1)收集公路需要进行视线诱导的路段资料,包括各类护栏的设置资料、桥隧构造物的分布资料、沿线较小平面交叉的分布等。

(2)确定视线诱导的类别。

(3)确定视线诱导设施的形式及设置间距等参数。

在综合考虑使用效果、技术经济比较、耐久性分析等因素的基础上,应积极推广使用新型视线诱导设施。

## 二、轮廓标(相关资源见二维码5-2)

(1)高速公路、一级公路的主线及其互通式立体交叉、服务区、停车区等处的进出匝道和连接道及避险车道应全线连续设置轮廓标,中央分隔带开口路段应连续设置轮廓标。二级及二级以下公路的视距不良路段、设计速度大于或等于60km/h的路段、车道数或车行道宽度有变化的路段及连续急弯陡坡路段宜设置轮廓标,其他路段视需要可设置轮廓标。

(2)轮廓标反射体应面向交通流,其表面法线应与公路中心线成0°~25°角。轮廓标反射器的安装角度,无论在直线段或在曲线段上,要尽可能与驾驶员视线方向垂直。轮廓标反射体表面法线与公路中心线成25°角主要适用于柱式轮廓标。

(3)隧道侧壁应设置双向轮廓标。隧道内设有高出路面的检修道时,在检修道顶部靠近车行道方向的端部或检修道侧壁应增设轮廓标,如图5-7所示。

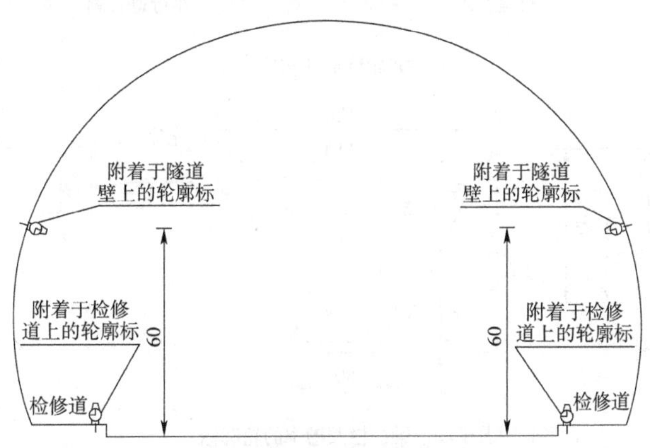


图5-7 隧道内轮廓标设置示例(尺寸单位:cm)

(4)轮廓标应在公路前进方向左、右侧对称设置。高速公路、一级公路,按行车方向配置白色反射体的轮廓标应安装于公路右侧,配置黄色反射体的轮廓标应安装于中央分隔带。二级及二级以下公路,按行车方向配置的左右两侧的轮廓标均为白色。避险车道轮廓标颜色为红色。隧道路段、二级及二级以下公路,轮廓标宜设置为双面反光形式。

(5)直线路段轮廓标设置间距不应超过50m,曲线路段轮廓标设置间距不应大于表5-1的规定。公路路基宽度、车道数量有变化的路段及竖曲线路段,可适当加密轮廓标的间隔。

曲线路段轮廓标的设置间距　　表5-1

| 曲线半径(m) | ≤89 | 90~179 | 180~274 | 275~374 | 375~999 | 1000~1999 | ≥2000 |
|---|---|---|---|---|---|---|---|
| 设置间距(m) | 8 | 12 | 16 | 24 | 32 | 40 | 48 |

在曲线段外侧的起止路段设置间隔如图5-8所示,图中 $S$ 为曲线路段轮廓标的设置间距。如果两倍或三倍的间距大于50m,则取为50m。

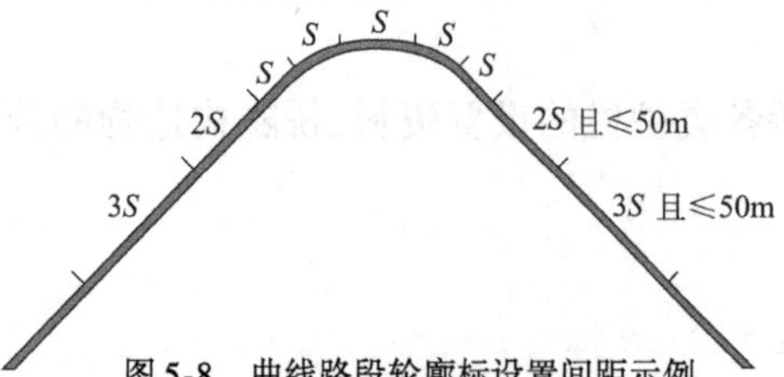


图 5-8　曲线路段轮廓标设置间距示例

注:图中 $S$ 为曲线路段轮廓标的设置间距,当 $2S$(或 $3S$) > 50m 时,取 50m。

(6)设置于隧道检修道上的轮廓标应保持同一高度,设置于其他位置的轮廓标反射器中心高度宜为 60 ~ 75cm。有特殊需要时,经论证可采用其他高度。

(7)轮廓标按设置条件可分为柱式轮廓标和附着式轮廓标两类,如图 5-9 所示。柱式轮廓标又可分为普通柱式轮廓标和弹性柱式轮廓标,应根据实际情况合理选用。

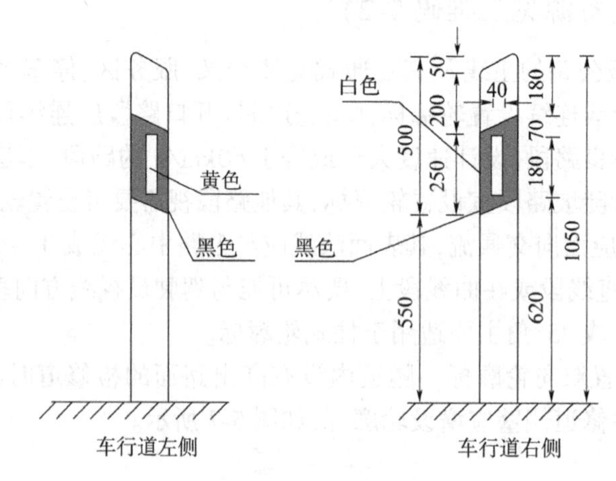


a)柱式轮廓标的构造

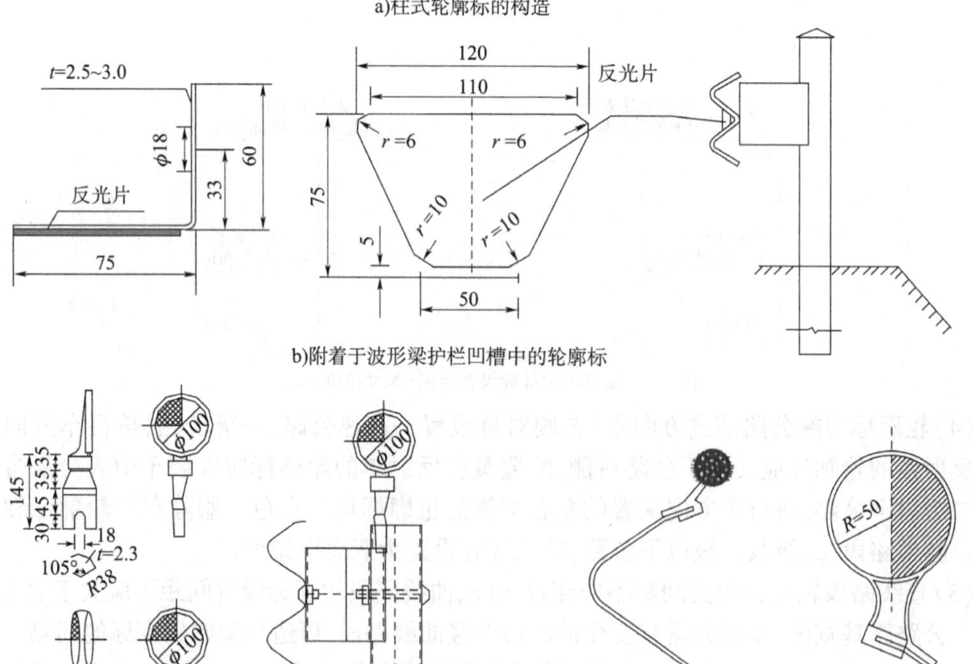


b)附着于波形梁护栏凹槽中的轮廓标

c)附着于波形梁护栏立柱上的轮廓标　　d)附着于波形梁护栏板上的轮廓标

图　5-9

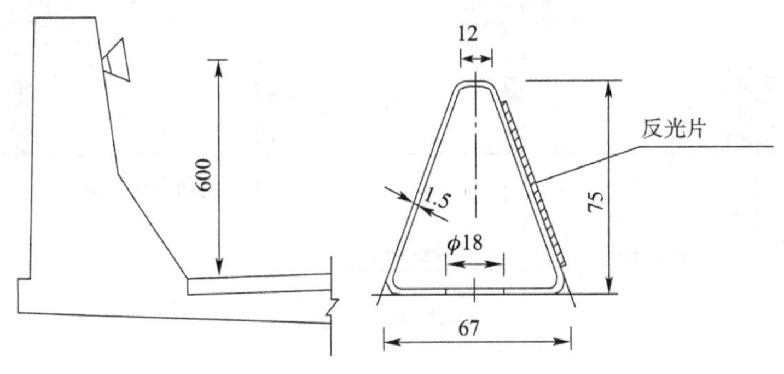


e)附着于混凝土护栏上的轮廓标

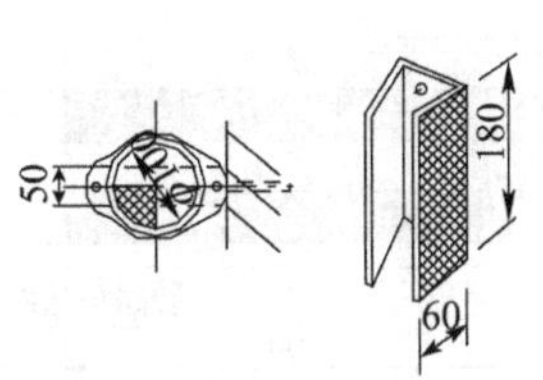

f)附着于隧道侧墙上的轮廓标

g)附着于缆索护栏上的轮廓标

图 5-9 轮廓标形式示例(尺寸单位:mm)

(8)根据路侧设置的不同护栏形式及结构物的分布,轮廓标可分别附着于波形梁护栏、混凝土护栏、隧道侧壁和缆索护栏上,其他未设置护栏但需设置轮廓标的路段,可设置柱式轮廓标,其中设置示警桩、示警墩的路段除外。

(9)在设置轮廓标的基础上,可辅助设置其他形式的轮廓显示设施,如在护栏立柱上粘贴反光膜等。

(10)在线形条件复杂的路段应设置反光性能高、反射体尺寸较大的轮廓标。

(11)柱式轮廓标可采用柔性材料。

## 三、合流诱导标、线形诱导标

合流诱导标、线形诱导标分别属于警告标志和指路标志,具体设置要求与本书模块二和现行行业标准《公路交通标志和标线设置规范》(JTG D82)的有关规定保持一致。

## 四、隧道轮廓带

特长隧道、长隧道可每隔 500m 设置一处隧道轮廓带,视距不良等特殊路段宜适当加密;无照明的二级及二级以下公路隧道可视需要设置隧道轮廓带;紧急停车带前适当位置宜设置隧道轮廓带。

隧道轮廓带的颜色宜采用白色,宽度宜为 15 ~ 20cm,应避免产生眩光。隧道轮廓带的设置位置应与行车方向垂直,不应侵入建筑限界。

## 五、示警桩、示警墩

三、四级公路达不到护栏设置标准但存在一定危险因素的路段,宜设置示警桩、示警墩等设施,示警桩、示警墩的颜色应为黄黑相间,其设置位置如图 5-10 所示。示警墩应设置基础。

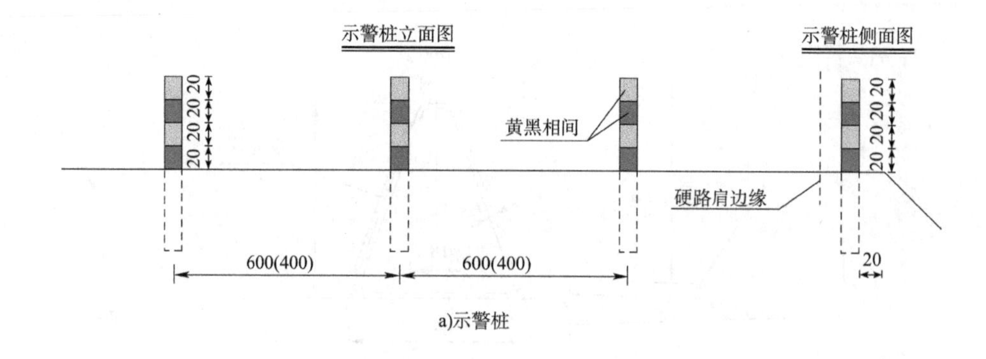

a)示警桩

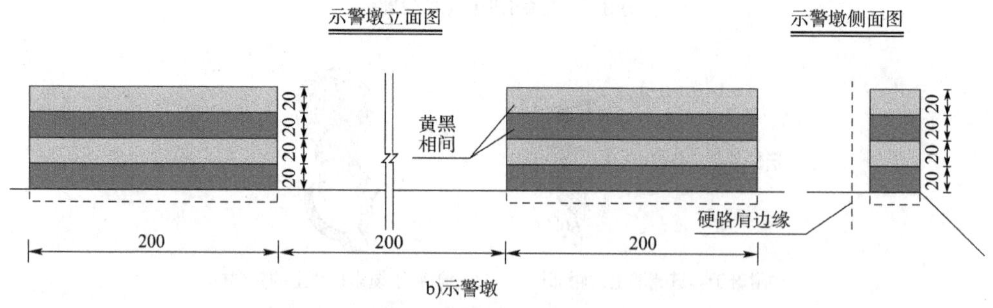

b)示警墩

图5-10 示警桩、示警墩设置示例(尺寸单位:cm)

注:图中数据带有括号的,括号外、内的数据分别适用于直线段、曲线段。

## 六、道口标柱

未设置相应指路标志或警告标志的公路沿线较小平面交叉两侧应设置道口标柱,道口标柱的颜色应为红白相间,其设置位置如图5-11所示。

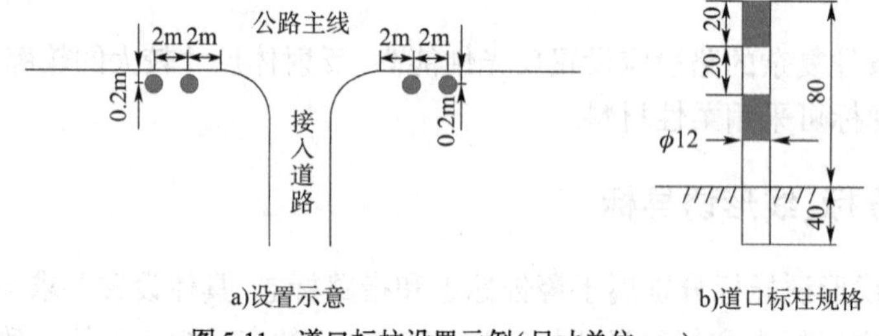

a)设置示意　　b)道口标柱规格

图5-11 道口标柱设置示例(尺寸单位:cm)

## 思考与练习

1. 简述视线诱导设施设计的基本要求。
2. 简述轮廓标的设置原则。

# 单元三　视线诱导设施的施工

## 知识目标

1. 熟悉视线诱导设施的施工基本要求和材料要求;

2. 掌握轮廓标的施工方法;

3. 了解隧道轮廓带、示警桩、示警墩、道口标柱、合流诱导标、线形诱导标的施工方法;

4. 掌握轮廓标、隧道轮廓带、示警墩、道口标柱施工质量过程控制内容及项目。

能够进行轮廓标的施工。

## 一、基本要求

在施工安装前,应对视线诱导设施的安装条件、设置位置和数量等进行核对,合理确定施工时机,与相关设施的施工工序相协调,避免因安装太早而遭到破坏。如附着于护栏的轮廓标要与护栏施工相配合,柱式轮廓标要与土路肩的施工相配合,隧道轮廓带要与隧道施工相配合等。改扩建工程拆除的视线诱导设施经检测符合设计文件要求时,宜重复利用。

## 二、材料

视线诱导设施包含内容较多,除设计文件另行规定外,其材料应符合现行相应标准规范的规定。混凝土基础所用的钢筋、水泥、细集料、粗集料、拌和用水、外加剂等材料,应符合现行行业标准《公路桥涵施工技术规范》(JTG/T 3650)的规定。以轮廓标为例,轮廓标所用材料要符合现行国家标准《轮廓标》(GB/T 24970)的规定,其混凝土基础所用的材料要符合现行行业标准《公路桥涵施工技术规范》(JTG/T 3650)的规定。

视线诱导设施所用钢构件均应进行防腐处理。除设计文件另行规定外,防腐处理均应满足现行国家标准《公路交通工程钢构件防腐技术条件》(GB/T 18226)的规定。螺栓、螺母等紧固件和连接件在防腐处理后,应清理螺纹或进行离心分离处理。

## 三、施工

1. 柱式轮廓标(相关资源见二维码5-3、5-4)

(1)柱式轮廓标应按设计文件的规定量距定位。

(2)柱式轮廓标施工时,要设置混凝土基础。混凝土基础可采用现浇或预制施工,并应符合现行行业标准《公路桥涵施工技术规范》(JTG/T 3650)的规定,预制时应按设计文件的规定预埋连接件。现浇混凝土基础施工中的模板及钢筋等应符合交通标志施工的相关规定。

①采用现浇施工:基础开挖达到规定的尺寸和深度后,先浇筑一层砂浆,厚度10~15cm。接着在砂浆上支模板,测定模板顶部的高程。当立柱与混凝土基础浇在一起时,则可将立柱放入模板中,固定就位后,即可浇筑混凝土。混凝土浇筑完成后要采取正常的养护措施,直到混凝土达到规定的强度。

②采用预制施工:当轮廓标柱体或立柱为装配式结构,则要预留柱体插入的空穴,或采用法兰盘连接。柱式轮廓标,可在混凝土基础的预留空穴中安装。

(3)柱式轮廓标安装时,柱体应垂直于水平面,三角形柱体的顶角平分线应垂直于公路中心线,柱体与混凝土基础之间可用螺栓连接。

2. 附着式轮廓标

(1)附着于梁柱式护栏上的轮廓标可按立柱间距定位,附着于混凝土护栏和隧道侧墙上的轮廓标应量距定位。

(2)附着式轮廓标应按照放样确定的位置进行安装。附着于护栏槽内的轮廓标,反射器为梯形,把反射器后底板固定在护栏与立柱的连接螺栓上;附着于缆索护栏上的轮廓标,通过夹具把轮廓标固定在缆索上;附着于隧道壁、挡墙、桥墩、桥台侧墙、混凝土护栏等处的轮廓标,通过预埋件或用胶固定在侧墙上。

(3)反射器的安装角度应符合设计文件的规定。

(4)安装高度宜保持一致,并应连接牢固。

(5)施工完成后应清除包装膜。

3. 合流诱导标、线形诱导标

合流诱导标、线形诱导标的施工应符合交通标志施工的规定。

4. 隧道轮廓带(相关资源见二维码5-5)

(1)隧道轮廓带应量距定位。

(2)隧道轮廓带应按照放样确定的位置进行安装,并应与隧道连接牢固。

(3)隧道轮廓带在安装时不得侵入公路建筑限界以内。

5. 示警桩、示警墩、道口标柱

(1)应根据设计文件的要求和现场条件,进行量距定位。

(2)示警桩、示警墩、道口标柱可采用现浇或预制施工,并应符合现行行业标准《公路桥涵施工技术规范》(JTG/T 3650)的规定。

## 四、质量过程控制

视线诱导设施的外形尺寸、安装高度、线形、材质、反光性能等应符合设计文件的规定。自发光视线诱导设施的闪烁频率、使用寿命及工作条件应满足设计要求。

(1)轮廓标质量过程控制应满足下列要求:

①轮廓标安装完成后,应与公路线形协调一致,这样夜间反光效果才能更明显、线条更流畅。安装高度宜保持一致,设置间隔要均匀。夜间应具有良好的反光性能,逆反射性能应符合现行国家标准《轮廓标》(GB/T 24970)的规定。

②柱式轮廓标应安装牢固,外形美观,颜色黑白分明。柱体为白色,与中间的黑色标记形成对比,黑色标记的中间镶嵌反射器或反光膜,白天晚上均要清晰。柱体表面不应有明显的划痕、气泡、裂纹及颜色不均等缺陷。

③附着式轮廓标应安装牢固、角度准确、高度一致。附着于波形梁护栏上的轮廓标,由于与波形梁连接螺栓串在一起,而连接螺栓与护栏立柱连在一起,一般均采用防盗螺栓,因此,最好与护栏安装一起进行。安装要牢固、角度要准确;附着于混凝土墙壁或隧道壁上的轮廓标,一般通过预埋件连接,或用膨胀螺栓连接,其支撑结构和紧固件要与设计文件相符。

④施工过程中应加强质量检查,各检查项目应符合表5-2的规定。

轮廓标施工质量过程控制项目 表 5-2

| 项次 | 检查项目 | 规定值或允许偏差 | 检查方法 |
|---|---|---|---|
| 1 | 安装角度(°) | +5,0 或满足设计要求 | 花杆、十字架、卷尺、万能角尺 |
| 2 | 反射器中心高度(mm) | ±20 | 尺量 |
| 3 | 柱式轮廓标竖直度(mm/m) | ≤10 | 垂线法 |

(2)隧道轮廓带质量过程控制应满足下列要求:

①隧道轮廓带安装完成后,其表面法线应与公路中心线垂直。

②隧道轮廓带应安装牢固,整体线形流畅,表面无划痕等缺陷。

③施工过程中应加强质量检查,各检查项目应符合表 5-3 的规定。

隧道轮廓带施工质量过程控制项目 表 5-3

| 项次 | 检查项目 | 规定值或允许偏差 | 检查方法 |
|---|---|---|---|
| 1 | 面向来车方向前倾角度(°) | +5,0 或满足设计要求 | 花杆、十字架、卷尺、万能角尺 |
| 2 | 逆反射系数(反射型)或亮度要求(自发光型) | 满足设计要求 | 逆反射系数测试仪等 |

(3)示警桩、示警墩、道口标柱质量过程控制应满足下列要求:

①示警桩、示警墩的位置应与公路线形相协调。

②施工过程中应加强质量检查,各检查项目应符合表 5-4 的规定。

示警桩、示警墩、道口标柱施工质量过程控制项目 表 5-4

| 项次 | 检查项目 | | 规定值或允许偏差 | 检查方法 |
|---|---|---|---|---|
| 1 | 断面尺寸(mm) | 高度 | ±10 | 尺量 |
| | | 顶宽 | ±5 | |
| | | 底宽 | ±5 | |
| 2 | 竖直度(mm/m) | | ≤10 | 垂线法 |

(4)合流诱导标、线形诱导标的质量过程控制应符合交通标志质量过程控制的有关规定。

## 思考与练习

1. 简述视线诱导设施的施工基本要求和材料要求。

2. 简述轮廓标的施工方法。

3. 轮廓标、隧道轮廓带、示警桩、示警墩、道口标柱施工质量过程控制项目各有哪些?

# 模块六　隔离设施

## 单元一　基本知识

1. 熟悉隔离设施的作用；
2. 掌握隔离设施的种类。

能够识别各类隔离设施。

### 一、隔离设施简介

隔离设施是为阻止人、畜进入公路或其他禁入区域，防止非法侵占公路用地，拦阻公路上方坠物、落石等而设置的人工构造物的统称。其作用在于排除横向干扰和落物对高速行车的危险，避免由此产生的交通延误或交通事故，保障公路交通安全和运输效益的发挥。

### 二、种类（相关资源见二维码6-1）

隔离设施按照不同的功能可分为隔离栅和防落网。

1. 隔离栅

隔离栅是设置于公路沿线两侧，阻止人、动物进入公路或沿线其他禁入区域，防止非法侵占公路用地的设施。

隔离栅有金属网、刺钢丝网和常青绿篱三大类，其中金属网按网面加工方式和材料的不同，又分为电焊网、钢板网、编织网等形式（图6-1～图6-3）。常青绿篱在南方地区与刺钢丝网（图6-4）配合使用，具有降低噪声、美化路容和节约投资的功效。隔离栅的分类见表6-1。

图6-1　电焊网

图6-2　钢板网

图6-3　编织网

图6-4　刺钢丝网

**隔离栅类型**　　表6-1

<table>
<tr><th colspan="2">隔离栅类型</th><th>埋设条件</th><th>支撑结构</th></tr>
<tr><td rowspan="3">金属网</td><td>电焊网</td><td rowspan="3">埋入混凝土基础或土中</td><td rowspan="3">钢支柱</td></tr>
<tr><td>钢板网</td></tr>
<tr><td>编织网</td></tr>
<tr><td colspan="2">刺钢丝网</td><td>埋入混凝土基础或土中</td><td>钢筋混凝土支柱或钢支柱</td></tr>
<tr><td colspan="2">常青绿篱</td><td>土中</td><td>栽植</td></tr>
</table>

隔离栅主要由立柱、网片、基础、斜撑、连接件、张力钢丝等构件组成(相关资源见二维码6-2)。

(1)网片。

隔离栅的网片一般采用钢板网、电焊网、编织网或刺钢丝网。

(2)立柱、斜撑的构造。

钢板网、电焊网及编织网立柱、斜撑可采用直缝焊接钢管、等边槽钢、等边内卷边槽钢、Y形钢及其他断面形状的钢管或型钢;刺钢丝网的立柱、斜撑可采用与金属网相似的钢管或型钢,也可采用混凝土柱等。

(3)连接件。

隔离栅的连接件主要有挂钩、螺母、垫片、抱箍、条形钢片、上横框、下横框、竖框等,通过这些构件将网片连接、固定在立柱和斜撑上。

隔离栅可直接挂在型钢立柱上冲压而成的挂钩上或混凝土立柱中预埋的钢筋弯钩上,挂钩的距离要与网格大小相匹配,大小要能满足固定网片的要求。

通过螺栓、螺母、垫片、抱箍、条形钢片等连接附件将网片与立柱、立柱与斜撑连接。条形钢片用于网片端头与立柱的连接,其厚度不小于4mm;抱箍用于钢管立柱与网片的连接,针对钢管的外径进行设计。

上横框、下横框、竖框用于网片固定,其宽度不小于40mm,厚度不小于1.5mm,横框、竖框与网片之间用铁铆钉固定,立柱与斜撑及网框用螺栓连接。

(4)张力钢丝。

将编织网串联成整体需用三根张力钢丝,底部一根靠近地面,顶部一根靠近网边,张力钢丝用直径小于3.5mm的低碳钢丝。

(5)延伸臂。

延伸臂用于增加攀爬的难度,挂刺钢丝或金属网,通常向公路外侧与立柱成40°~45°角。延伸臂长为250 ~ 300mm,可由立柱直接折弯;或另外设计,通过焊接或螺栓与立柱连接。

(6)基础。

立柱采用混凝土基础,基础的尺寸通常为30cm×30cm×50cm或30cm×40cm×60cm。

2. 防落网

设置于公路桥梁两侧防止抛扔的物品、杂物或运输散落物进入桥梁下铁路、通航河流或交通量较大的公路的设施,称为防落物网(又称桥梁护网)。设置于公路路堑边坡防止落石进入公路建筑限界内的柔性防护设施,称为防落石网。防落物网(图6-5)和防落石网(图6-6)统称为防落网。

图6-5 防落物网

图6-6 防落石网

防落物网的主体结构和连接件与金属网隔离栅基本相同,但网片还可以采用实体板。防落物网的主要功能是防止抛物,通常无须刻意防止攀爬,所以立柱上部不设延伸臂;立柱下部通常预埋;在桥梁护栏或桥面上,或通过预埋连接件固定,不做独立基础。由于在空旷的原野上,上跨立交桥往往是周围地物中的最高点,在桥上设置金属防护网后,其遭雷击的危险性大大增加,因而防落物网应做防雷接地处理,防雷接地的阻抗应小于10Ω。对交通量大、邻近城镇厂矿的桥梁更应引起设计者的注意。

防落石网可分为主动型防落石网和被动型防落石网。主动型防落石网是将钢丝绳网等柔性网覆盖包裹在道路两侧上方的斜坡或岩石上,限制坡面岩石的风化剥落、危岩崩塌、土体松动,或将土石约束在一定范围内运动的隔离设施。被动型防落石网是将钢丝绳网等柔性网以栅栏方式设置于道路两侧上方的斜坡上,拦截落石、滑坡、泥石流等的隔离设施。前者主要起加固和围护作用,后者主要起拦截作用。

主动型防落石网由柔性网、支撑绳、锚杆、缝合绳、扣压件、搭接件等构成。柔性网主要是钢丝绳网和金属网,金属网通常与钢丝绳网叠加配合使用,拦截小尺寸土石;但有一种由高强度钢丝编织的单层金属网,又称TECCO网(钛克网),也可以单独使用。支撑绳用于将柔性网网片连接起来、对柔性网施加张力并将张力传递到锚杆上,纵向支撑绳与横向支撑绳如同经纬线一样,形成方格网状;网片用缝合绳缝合在每个方格四周的支撑绳上并预张拉,从而形成具有预应力裹覆作用的大面积柔性网。锚杆有钢丝绳锚杆和钢筋锚杆,一端锚固在稳定的岩石或土体上,另一端锁紧支撑绳,将支撑绳的张紧力以及岩石、土体松动下坠的重力、冲击力,分散传递到稳定的岩石或土体上。支撑绳、缝合绳、锚杆等对柔性网进行的预张拉作业,使柔性网紧紧裹覆在被防护面上,形成了抑制岩土体发生松动或局部位移的预应力,从而实现主动防护(加固)功能。

被动型防落石网由柔性网、支撑绳、钢立柱、基座、拉锚绳、锚杆、消能环、缝合绳、扣压件、搭接件等构成,在需要拦截小块落石时还应在柔性网上附加一层小孔径的金属网。柔性网、支撑绳、缝合绳的结构和作用与主动型防落石网大致相同,其中柔性网除常用的钢丝绳网外,还有一种环形网,是由钢丝绳制成环状相互嵌套连接而成的柔性网,在冲击过程中自身能发生较大的几何形态改变,具有更高的抗冲击性能、更突出的柔性特征;支撑绳不是直接锁定在锚杆上,而是张紧在钢立柱之间,通过缝合绳固定柔性网。与隔离栅立柱不同,被动型防落石网的立柱通常采用工字钢柱铰接在稳定的基座上,再用若干拉锚绳张紧固定在锚杆上,形成可在一定范围内变形的缓冲消能结构。消能环也称减压环缓冲环,是钢管制成的开口环,拉锚绳从管中穿过形成环状,受到冲击张力时钢管被拉锚绳束紧变形,从而消解一部分冲击能量,使系统的抗冲击能力得到进一步提高。钢立柱与柔性网连接组合构成一个整体,对所防护的边坡区域形成面防护,阻止崩塌岩石土体直接坠落到道路上。

**思考与练习**

1. 简述隔离设施的作用。
2. 隔离设施的种类有哪些?

## 单元二　隔离设施的设计

**知识目标**

1. 熟悉隔离栅和防落网设计的基本要求;
2. 掌握隔离栅和防落网的设置原则。

**能力目标**

能够进行隔离栅和防落网的形式选择。

隔离设施的设计可按照下列顺序实施:首先,收集公路路侧及公路用地范围内的地形资料和全线管理养护机构的位置、互通式立体交叉、桥梁涵洞、隧道、服务设施、沿线城镇村庄分布的资料。然后确定合理、有效、美观、经济的设计方案。

### 一、隔离栅

1. 基本要求

(1)隔离栅应能有效阻止行人、动物误入高速公路、需要控制出入的一级公路。它可有效地排除横向干扰,避免由此产生的交通延误或交通事故,保障公路的通行安全和效益的发挥。

(2)隔离栅应根据地形进行设置,其顶部距地面的高度主要以成人高度为参考标准,一般在1.5~1.8m之间。在城镇及郊区人口密度较大的路段,隔离栅的设计高度不宜低于1.8m,并且根据实际需要可在此基础上进一步加高到使人无法攀越的程度。而在动物身高不超过50cm等人烟稀少的荒漠地区、山村或郊外,由于人流较少,攀登隔离栅穿越公路的可能性远远低于城镇地区,经交通安全综合分析后隔离栅高度可降至1.3~1.5m。

隔离栅的高度是结构设计的重要指标,该指标的取值高低直接影响着工程的材料费用和性能价格比。所以,隔离栅高度的确定需要结合实际的地域地形、沿线城镇人口的稠密程度,以及人们生产、生活流动路线等诸多因素而定。为了保证隔离栅的整体美观效果和设计施工的便利性,高度的变化只是根据特殊的地形和其他特殊因素而产生间断式的变化。一般情况下隔离栅的高度尽可能统一,高度变化不能太频繁。

(3)隔离栅的材料和结构形式应适应所在地区的地形、气候和环境特点。公路沿线地区的气候特点不同,重工业城市或沿海地区对金属的腐蚀较严重,宜采用防腐性能较好的防腐涂料进行表层处理。

(4)隔离栅的结构直接关系到使用效果和寿命,其结构设计应考虑风荷载作用下自身的强度和刚度,不承担防撞的功能,根据项目所在地区的风压进行隔离栅结构的设计。具体计算方法,可参考交通标志结构设计的相关内容。需要指出的是,交通标志结构迎风面基本以实体结构受力为主,而隔离栅的迎风面为网孔结构,网孔结构的折减系数需要考虑网面孔隙率的大小及绿篱的覆盖面积等因素。对人、动物造成的破坏作用可通过结构手段如防盗措施等加以解决。

2. 设置原则

(1)除符合下列条件之一的路段外,高速公路、需要控制出入的一级公路沿线两侧必须连续设置隔离栅,其他公路可根据需要设置。

①路侧有水面宽度超过6m且深度超过1.5m的水渠、池塘、湖泊等天然屏障的路段。

②高度大于1.5m的路肩挡土墙或砌石等陡坎的填方路段。

③桥梁、隧道等构造物,除桥头、洞口需与路基隔离栅连接以外的路段。

④挖方高度超过20m且坡度大于70°的路段。

(2)隔离栅遇桥梁、通道、车行和人行涵洞时,应在桥头锥坡或端墙处进行围封。

桥梁、通道等处为隔离栅设置的薄弱环节,动物从桥头锥坡处有钻入的可能性。靠近村庄的通道,行人可能会通过破坏隔离栅进入高速公路、需要控制出入的一级公路等候车辆。因此,在这些路段,需采取措施进行围封。在小桥桥头,隔离栅可沿锥坡爬上,在桥头处围封,也可沿端墙围封。通道的进出口,由于过往行人较多,需特别注意人为破坏的可能性,需要选择强度高的隔离栅进行围封,并加强长途运营客车的管理,杜绝高速公路、需要控制出入的一级公路上下乘客的现象。

(3)隔离栅遇跨径小于2m的涵洞时可直接跨越,跨越处应进行围封。跨越涵洞时,立柱可以适当加强、加深。

(4)隔离栅的中心线可沿公路用地范围界限以内20~50cm处设置,以避免因侵占界外用地发生纠纷。

(5)在进出高速公路、需要控制出入的一级公路的适当位置可设置便于开启的隔离栅活动门。

为了满足高速公路、需要控制出入的一级公路养护和检查的需要,方便公路管理人员和养护人员以及机修设备的进出,需要在适当的位置设置隔离栅开口。开口处均需设立活动门,隔离栅活动门的规格大小,可根据进出大门的设备、人员情况进行设计。设计形式要力求简易、实用。大门的形式一般可分为单开门和双开门两种。单开门用于人员的出入,双开门主要为机修设备及车辆的进出而设置的。单开门门宽设计尺寸不能大于1.2m,双开门总宽不能超过

3.2m。对于桥梁和通道等需要进行检测的路段，可以设置便于开启的单开门。

(6)高速公路、需要控制出入的一级公路在行人、动物无法误入分离式路基内侧中间区域时，可仅在分离式路基外侧设置隔离栅；在行人、动物可误入分离式路基内侧中间区域的条件下，应在分离式路基内侧需要的位置设置隔离栅。分离式路基段遇桥梁、通道、车行和人行涵洞时，应在桥头锥坡或端墙处进行围封。

3. 形式选择

(1)隔离栅可选用电焊网、刺钢丝网、编织网、钢板网、隔离墙、绿篱、刺钢丝网和绿篱相结合等。设计时应根据隔离封闭的功能要求，对其性能、造价、美观性、与公路周围景观的协调性、施工条件及养护维修等因素进行综合比较，具体如下：

①造价比较：按单位造价由高到低排列其顺序依次为钢板网、电焊网、电焊卷网、编织网、刺钢丝网。

②后期养护维修的比较：钢板网、电焊网、刺钢丝网在网面及局部破坏后，易修补，维修费用低；编织网在局部破坏后，将影响整张网，不易修补，维修费用高。

③适应地形的性能比较：钢板网、电焊片网爬坡性能差，一般用于平坦路段；在起伏较大的路段，如用钢板网、电焊片网，需将其设计成阶梯状，或将网片设计成平行四边形顺坡设置，施工较困难；电焊卷网和编织网爬坡性能较好；编织网网面的柔性、电焊卷网的波纹构造均可适应起伏地形，但其施工需要专门的机械设备；刺钢丝适应地形能力强，爬坡性能优，在地势起伏较大的地形条件下，无须特殊的施工机具，施工方便。

④外观比较：钢板网、电焊网、编织网结构合理、美观大方，是城镇沿线、互通区、服务区、风景旅游区等处首选的隔离栅形式；在远离城市等人烟稀少的路段可设置刺钢丝网。

⑤隔离墙隔离效果最好，坚固耐用，但造价高，经论证可在以下情况采用：

A. 由于有些公路设置的位置远离城市，部分公路的电焊网和刺钢丝网等形式的隔离栅经常被破坏或者盗窃，公路运营管理单位已经加强了管理，但是仍无法杜绝，对公路养护管理带来了较大的困难，因此，考虑到隔离栅维护和管理的需要，这些路段可以采用隔离墙的形式，从而减少隔离栅被偷盗的情况。

B. 公路景观和公路文化受到更多重视，根据公路建设和管理的需要，可采用隔离墙作为公路景观设计的载体。

C. 公路外侧存在人员活动较为集中的路段，易燃易爆等危险化学品生产、存储的路段和其他有可能对公路产生较大危害的路段。

(2)下列路段可选择电焊网、编织网、钢板网的形式：

①靠近城镇人口稠密地区的路段。

②沿线经过风景区、旅游区、著名地点等的路段。

③互通式立体交叉、服务区、停车区、管理养护机构两侧。

(3)下列路段可选择刺钢丝网的形式，具备条件时，刺钢丝网可和绿篱结合使用：

①人口稀少的路段。

②公路预留地。

③跨越沟渠而需要封闭的路段。

④在小型动物出没较多的路段，可设置变孔的刺钢丝网；变孔的刺钢丝网可采用上部的刺钢丝间距较大而下部刺钢丝间距较小的形式。

(4)下列路段可选择隔离墙的形式：

①电焊网和刺钢丝网等形式隔离栅经常遭到破坏的路段。

②需要采用隔离墙作为景观设计的路段。

③公路外侧存在较大不安全影响因素的路段。

(5)根据当地条件，在满足隔离的条件下可采用绿篱作为隔离栅。

4. 构造要求

(1)金属材料的隔离栅网片、立柱、斜撑、门柱、连接件等应符合现行国家标准《隔离栅》(GB/T 26941)的规定。绿篱可以采用灌木或小乔木等，应能阻止行人和动物误入。隔离栅所采用的钢构件均应采用热浸镀锌、锌铝合金涂层、浸塑以及双涂层等方法进行防腐处理，其防腐要求应满足现行国家标准《隔离栅》(GB/T 26941)的规定。

①电焊网可分为片网和卷网两种形式。片网用金属丝和卷网用横丝要采用低碳钢丝，其力学性能要符合现行行业标准《一般用途低碳钢丝》(YB/T 5294)的规定。卷网用纵丝要采用高强度钢丝，其强度不低于650MPa。

②刺钢丝网分为普通型和加强型，普通型刺钢丝网股线及刺线要采用低碳钢丝，其力学性能要符合现行行业标准《一般用途低碳钢丝》(YB/T 5294)的规定，加强型刺钢丝网股线及刺线要采用高强度低合金钢丝，其抗拉强度要不低于700MPa。刺钢丝的整股破断拉力要不低于4230N。

③编织网钢丝及张力钢丝要采用低碳钢丝，其力学性能要满足现行行业标准《一般用途低碳钢丝》(YB/T 5294)的规定。

④钢板网要采用低碳钢板，其化学性能和机械性能要满足现行行业标准《碳素结构钢和低合金结构钢热轧薄钢板和钢带》(GB 912)、《碳素结构钢冷轧薄钢板及钢带》(GB/T 11253)的规定。

⑤隔离墙可以采用钢筋混凝土结构形式和砌体结构形式等，分别要符合现行国家标准《混凝土结构设计规范》(GB 50010)和《砌体结构设计规范》(GB 50003)的规定。

(2)隔离栅具有多种形式和材料，采用的网孔尺寸可根据公路沿线动物的体型进行选择。电焊网和编织网常用的网孔尺寸包括100mm×50mm和150mm×75mm等，最小网孔不宜小于50mm×50mm。隔离栅网孔规格的选取应考虑下列因素：

①不利于人和小动物攀爬并进入高速公路。

②在小型动物出没较多的路段，可设置变孔的刺钢丝网。

③结构整体和网面的强度。

④与公路沿线景观的协调性。

⑤性能价格比。

综合考虑不利于人为攀越、结构整体的配合要求、网面的强度(绷紧程度)三个因素，网孔在保证封闭功能的要求下，在保证隔离网自身强度和刚度的条件下，可选用变孔网，以减少工程费用，提高隔离栅的性能价格比。

(3)受地形限制、隔离栅前后不能连续设置时，可自然断开，并以此处作为隔离栅的端部。

公路两侧的地形变化很大，有些地点(如陡坎、湖泊、河流、深沟等)隔离栅的设置前后不能连续，需要做好隔离栅的端部处理。

(4)地形起伏较大的路段,隔离栅可沿地形顺坡设置卷网,或将地形整修成阶梯状,采用片网,如图6-7所示。

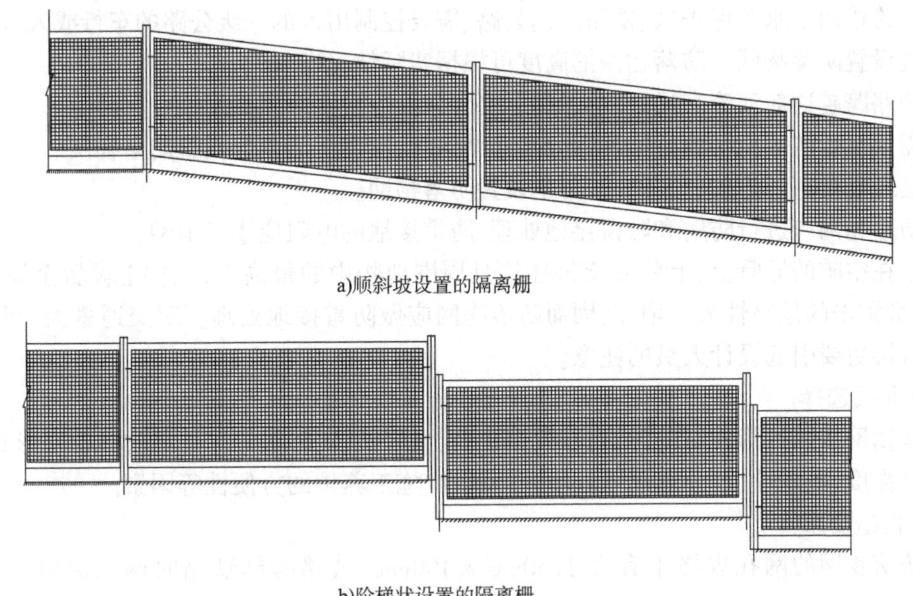

a)顺斜坡设置的隔离栅

b)阶梯状设置的隔离栅

图6-7 地形起伏较大的路段隔离栅的设置示例

编织网、电焊卷网、刺钢丝网对起伏地形适应性较强。而钢板网、电焊网(片网)、编织网(卷网)较差,在起伏地形使用,需设置成阶梯状或将网片特制成平行四边形顺坡设置。如地形起伏过大,可考虑对地形进行一定的整修,尽可能使隔离栅起伏自然,避免局部地段的突然变化。

在地势起伏较大的地区,要尽量避免采用钢板网、焊接片网。这两种形式的隔离栅爬坡性能较差。

(5)隔离栅改变方向处应做拐角设计。

为保证隔离栅的有效性,在每段隔离栅的起点和终点,以及因地形条件需要断开的地段,都要针对不同的情况做专门的端头围封设计。在隔离栅需要改变方向的地点,要进行专门的拐角设计。设计时要力求结构稳定、施工方便,保持立柱和隔离网规格的统一性。

## 二、防落网

### 1.基本要求

(1)防落物应能阻止公路上的落物进入饮用水保护区、铁路、高速公路、需要控制出入的一级公路等建筑限界以内,或阻止挖方路段落石进入公路建筑限界以内。

(2)防落网的结构直接关系到其使用效果和寿命,在设计中要以考虑风载的影响为主,对人、畜造成的破坏作用可通过结构手段如防盗措施等加以解决。具体计算方法可参考交通标志结构设计的有关规定。需要指出的是,交通标志结构迎风面基本以实体结构受力为主,而防落网的迎风面为网孔结构,网孔结构的折减系数需要考虑网面孔隙率的大小。对防落网而言,一般有野外攀藤植物依附,维护清除又有困难,使网片的透风性降低,计算风载时,要根据所在地区的不同取不同的孔隙率值。对于防落石网,除风载外,还要考虑边坡落石的冲击力作用。

2. 防落物网

(1)设置原则。

①上跨饮用水水源保护区、铁路高速公路、需要控制出入的一级公路的车行或人行构造物两侧均应设置防落物网。防落物网的高度可根据实际情况进行设置。

②公路跨越通航河流交通量较大的其他公路时,应设置防落物网。

③需要设置防落物网的桥梁采用分离式结构时,应在桥梁内侧设置防落物网。

④已经设置声屏障的公路路段,可不设置防落物网。

⑤防落物网应进行防腐和防雷接地处理,防雷接地的电阻应小于10Ω。

由于在空旷的原野上,上跨立交桥往往是周围地物中的最高点,在桥上设置金属防护网后,则其遭雷击的危险性大大增加,因而防落物网应做防雷接地处理。对交通量大、邻近城镇厂矿的桥梁更要引起设计人员的注意。

(2)形式选择。

防落物网按网片形式可分为钢板网、编织网、电焊网、实体板等。选择防落物网形式时,必须考虑其强度、美观性、与公路周围环境的协调性、施工养护的方便性等因素。

(3)构造要求。

①防落物网的网孔规格不宜大于50mm×100mm,公路跨越铁路时网孔规格不宜大于20mm×20mm。

②公路跨越铁路电气化区段的上跨立交桥防落物网应设置“高压危险”警示标志。

③防落物网的设置范围为下穿铁路、公路等被保护区的宽度(当上跨构造物与公路斜交时,应取斜交宽度)并各向路外延长10~20m,其中上跨铁路的防落物网的设置范围还应符合相关规定。

④防落物网的设置高度为1.8~2.1m,在交通量大、行人密度高、邻近城镇厂矿等地点可取上限,反之则取下限。防落物网宜与桥梁横断面比例协调,避免给人压抑感。桥梁两侧设置混凝土护栏时,防落物网网面可从护栏顶部设计;设置梁柱式护栏时,防落物网网面应从桥面开始设计。跨越高速铁路的立交桥防落物网距桥面的高度应不低于2.5m,跨越一般铁路的立交桥防落物网距桥面的高度应不低于2.0m。

3. 防落石网

防落石网分为主动型和被动型两种,此处仅说明承担被动防护功能的被动型防落石网。主动型防落石网属于采取主动防护措施不使其产生落石病害的路基防护工程,其设置要符合现行行业标准《公路路基设计规范》(JTG D30)的规定。

(1)设置原则。

①根据路堑边坡的地质条件和土体、岩石的稳定性,在高速公路或一级公路建筑限界内有可能落石,经落石安全性评价对公路行车安全产生影响的路段,应对可能产生落石的危岩进行处理或设置防落石网;二级及二级以下公路有可能落石并影响交通安全的路段,可综合考虑安全、经济、美观等因素,根据需要设置防落石网、警告标志或其他设施,以保障安全。

②防落石网应充分考虑地形条件、地质条件、危岩分布范围、落石运动途径及与公路工程的相互关系等因素后加以设置。防落石网宜设置在缓坡平台或紧邻公路的坡脚宽缓场地附近,通过数值计算确定落石的冲击动能、弹跳高度和运动速度,并选取满足防护强度和高度要

求的防落石网。

(2)形式选择。

选择防落石网形式时,应符合下列要求:

①被动型防落石网按网片形式可分为钢丝绳网和环形网,其中环形网能力有限,极少使用,几乎所有被动型防落石网其主网均为钢丝绳网,设置实例如图6-8所示。需拦截小块落石时可附加一层钢丝格栅,如图6-9所示。

a)钢丝绳网　　b)环形网

图6-8　防落石网设置实例

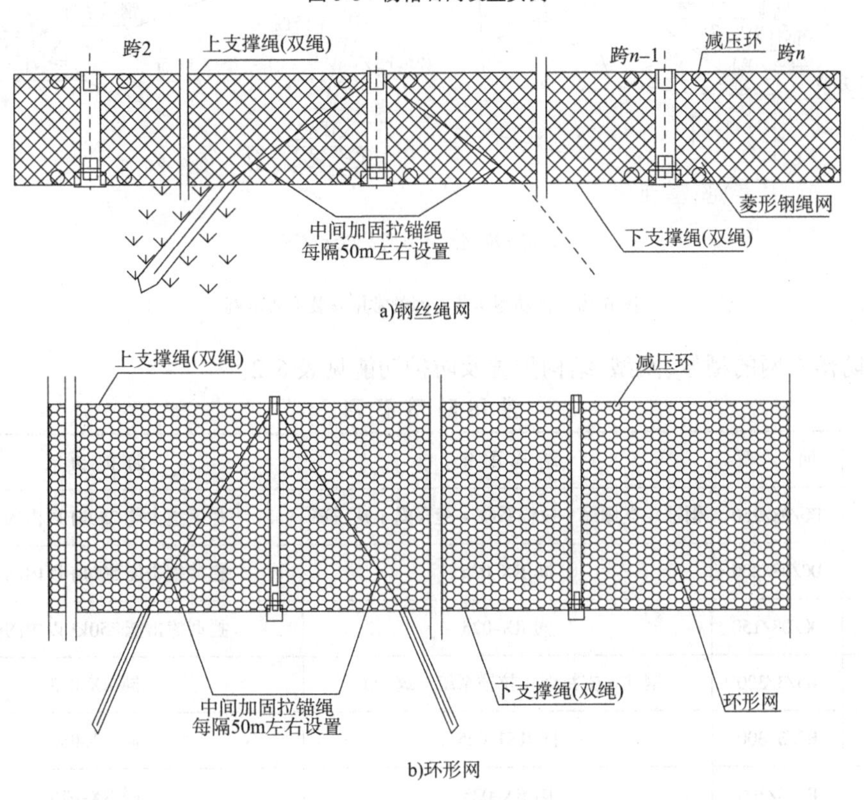


a)钢丝绳网

b)环形网

图6-9　防落石网设置示例

②防落石网的选型及安装方式应考虑防落石网的防护能量、结构形式、美观性、与公路周围环境的协调性、施工养护的方便性等因素,如图6-10所示。

防落石网的结构形式,主要根据其防护能量进行确定。防落石网一般采用边坡柔性被动防护系统，该系统由钢丝绳网或环形网（需拦截小块落石时附加一层钢丝格栅）、固定系统（锚杆、拉锚绳、基座和支撑绳）、减压环和钢柱四个主要部分构成。被动型防护网防护能力是有限的，一般为 250～2000kJ，特殊设防能量高达 5000kJ。资料表明，常用的三种型号 RX-025、RX-050、RX-075 其防护能量分别为 250kJ、500kJ、750kJ，理论上防护能力可以更高。目前，RX-075 是常用型号中防护能力较强的一种，但该系统的原理决定了如其防护能量过大，并不适宜或并不经济。

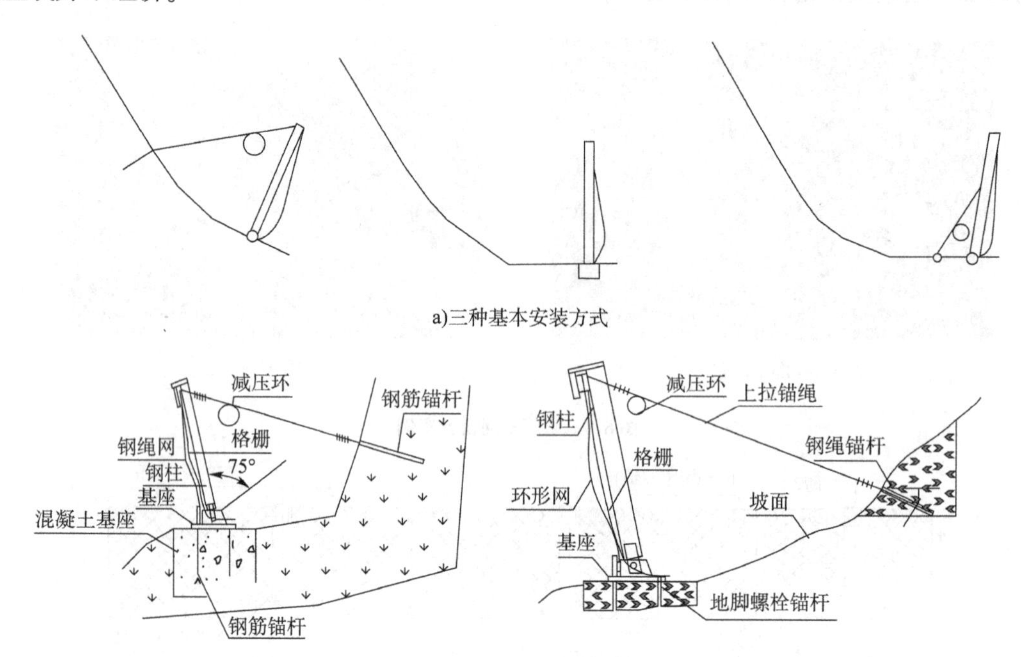


图 6-10　被动型防落石网的常用安装形式示例

常用防落石网的型号、网型、结构配置及防护功能见表 6-2。

**常用防落石网**　　表 6-2

| 型　号 | 网　型 | 结构配置 | 防护功能 |
| --- | --- | --- | --- |
| RX-025 | D0/08/250 | 钢柱 + 支撑绳 + 拉锚系统 + 缝合绳 + 减压环 | 拦截撞击能 250kJ 以内的落石 |
| RX-050 | D0/08/200 | 同 RX-025 | 拦截撞击能 500kJ 以内的落石 |
| RX-075 | D0/08/150 | 同 RX-025 | 拦截撞击能 750kJ 以内的落石 |
| RXI-025 | R5/3/300 | 钢柱 + 支撑绳 + 拉锚系统 + 缝合绳 | 同 RX-025 |
| RXI-050 | R7/3/300 | 同 RX1-025 | 同 RX-050 |
| RX1-075 | R7/3/300 | 同 RX-025 | 同 RX-075 |
| RXI-100 | R9/3/300 | 同 RX-025 | 拦截撞击能 1000kJ 以内的落石 |
| RXI-150 | R12/3/300 | 同 RX-025 | 拦截撞击能 1500kJ 以内的落石 |
| RXI-200 | R19/3/300 | 同 RX-025 | 拦截撞击能 2000KJ 以内的落石 |

续上表

| 型　号 | 网　型 | 结构配置 | 防护功能 |
|---|---|---|---|
| AX-015 | D0/08/250 | 同 RX-025 | 拦截撞击能 150kJ 以内的落石 |
| AX-030 | D0/08/200 | 同 RX-025 | 拦截撞击能 300kJ 以内的落石 |
| AXI-015 | R5/3/300 | 同 RX-025 | 同 AX-015 |
| AXI-030 | R7/3/300 | 同 RX-025 | 同 AX-030 |
| CX-030 | D0/08/200 | 同 RX-025 | 同 AX-030 |
| CX-050 | D0/08/150 | 同 RX-025 | 同 RX-050 |
| CXI-030 | R7/3/300 | 同 RXI-025 | 同 AX-030 |
| CXI-050 | R7/3/300 | 同 RX-025 | 同 RX-050 |

注:1. 型号中后边数字代表被动防护网的能量吸收能力。如“050”表示系统最大能量吸收能力为 500kJ,“150”表示系统最大能量吸收能力为 1500kJ,依次类推。

2. 本表摘自《铁路沿线斜坡柔性安全防护网》。需要说明的是,尽管被动防护系统具有明显的柔性,但它不是无限的,当落石速度超过 25m/s 时,即便落石动能没有达到系统的防护能级,在系统的其他构件不发生明显变形破坏时,也可能会因子弹效应而使柔性网发生穿透性破坏。因此,当预计落石速度过大时,要考虑改用主动防护系统或在不同高程分段设置拦石网等。

(3)构造要求。

①防落石网的网孔规格宜根据其防护的落石频率和规格合理确定。

②防落石网应具有易铺展性和高防冲击能力,并便于工厂化生产。

③所有钢构件均应按现行国家标准《公路交通工程钢构件防腐技术条件》(GB/T 18226)的规定进行防腐处理。

防落石网的构造要求要根据实际情况具体分析,参考现行行业标准《铁路沿线斜坡柔性安全防护网》(TB/T 3089)的规定,网块规格以展开张紧后的外边缘边长表示有 2m×2m、4m×4m、4m×2m、5m×6m、5m×5m、5m×4m、5m×3m 等规格的矩形、直角三角形和斜角菱形网块,网孔规格以其菱形边长表示有 300mm、250mm、200mm、150mm、120mm、100mm 等规格,要根据防护落石的尺寸进行确定。网眼尺寸问题并不代表其抗冲击能力,抗冲击能力主要由钢绳强度、减压环等确定。

其结构设计应包括下列内容:

①根据能有效而经济地拦截落石的原则,确定防落石网设置的位置。

②根据落石的计算动能选择防落石网的型号。

③根据计算落石的弹跳高度,确定防落石网的高度。

④确定防落石网的布置方式,即确定防落石网的长度与走向。

⑤选择合适的钢柱、柔性锚杆、基座、连接件等构件,计算确定钢柱间距。

⑥通过分析确定基座及系统的铅直方位,必要时应采用防倾倒螺杆。

⑦拉锚系统的设计。

⑧选择和确定合适的支撑绳、减压环、钢丝绳网、缝合绳、格栅等相应配套设施的型号及规格。

## 思考与练习

1. 简述隔离栅和防落网设计的基本要求。

2. 简述隔离栅和防落网的设置原则。

3. 如何进行隔离栅和防落网的形式选择?

## 单元三　隔离设施的施工

### 知识目标

1. 熟悉隔离栅和防落网的材料要求;
2. 掌握隔离栅和防落网的施工内容;
3. 掌握隔离栅和防落网施工质量过程控制内容及项目。

### 能力目标

能够进行隔离栅和防落网的施工。

### 一、隔离栅的施工(相关资源见二维码6-3、6-4)

1. 基本要求

(1)施工前进行施工准备,发现问题及时处理。

隔离栅施工前应熟悉设计文件、掌握设计要点,并核查设计图纸是否齐全、清晰、准确,发现问题应及时提出并解决;应进行技术交底;应结合设计图纸、监理验收资料等对现场条件进行检查、验收。根据不同公路交通安全设施施工技术要求,对前道工序进行检查,发现问题应查明原因,提交建设单位进行处理,整改验收合格后方能进行后续工程的施工。

(2)隔离栅施工前应对施工场地进行清理。

隔离栅是纵向设置的连续构造物,设置良好的隔离栅是沿地形平缓过渡。因此,沿隔离栅的安装位置要进行场地清理,特别是对一些小土丘、坑洞等需进行挖掘、填平补齐处理。

(3)在隔离栅安装前,应对隔离栅的设置条件、设置位置和数量等进行核对。

(4)改扩建工程中拆除的隔离栅网材、支撑钢材等,经局部修补或翻新等方式进行处理、检验合格后,在符合现行行业标准《公路交通安全设施设计规范》(JTG D81)和设计文件的要求时,可重复利用或作为施工期间临时设施使用。

2. 材料

隔离栅所用的各种材料,为了便于采购和加工,其型号、规格、尺寸要尽可能选用标准化产品。除设计文件另行规定外,隔离栅所用的金属材料应符合现行国家标准《隔离栅》(GB/T 26941)的规定,混凝土立柱和基础的钢筋、水泥、细集料、粗集料、拌和用水、外加剂等材料应符合现行行业标准《公路桥涵施工技术规范》(JTG/T 3650)的规定。

所有钢构件均应进行防腐处理,应采用热浸镀锌、锌铝合金涂层、浸塑以及双涂层等处理方法。除设计文件另行规定外,防腐处理均应满足现行国家标准《隔离栅》(GB/T 26941)的规定。螺栓、螺母等紧固件和连接件在防腐处理后,应清理螺纹或进行离心分离处理。

3. 施工

(1)根据设计文件中规定的隔离栅设置位置和实际地形条件确定出控制立柱的位置后,

进行必要的清场、定出立柱中心线。然后在控制立柱之间按设计文件规定的柱距测量立柱的准确位置,做出标记。

(2)每个柱位均应按设计文件的要求确定设置高度,并允许按实际地形进行调整。隔离栅在地形起伏的路段设置时,可将地面整修成一定的纵坡,也可顺坡设置。确定高度的目的在于控制各立柱基础高程,保证安装后隔离栅顶面的平顺和美观。

(3)根据设计文件的规定和柱位开挖基坑。在放样和定位工作完成的基础上,根据设计文件的要求开挖基坑或钻孔,挖钻深度要符合设计要求。基坑开挖到设计要求深度后,要将基底清理干净,经检验合格后,才能进行下道工序的施工。

(4)立柱应根据设计文件的规定设置在现浇混凝土基础或预制混凝土基础内。立柱的埋设应分段进行,可先埋设两端的立柱,然后拉线埋设中间立柱,控制立柱与中间立柱的平面投影应在一条直线上,保持基础高程的平顺过渡。立柱基础混凝土施工包括现场浇筑和预制两种,不管选用何种施工安装方式,在施工过程中都要严格检查立柱就位后的竖直度和立柱高程,以保证网片安装的质量和隔离栅安装完毕后的整体美观效果。预制混凝土立柱和基础在运输及装卸时应避免折断或损坏边角。

(5)混凝土基础强度达到设计强度的80%以上时,可按下列要求安装隔离栅网片:

①安装无框架卷网时,应从端头立柱开始,先将金属网挂在立柱挂钩上扣牢,然后沿纵向展开,边铺设应边拉紧。展网要求自如,挂钩时网片不得变形。整网铺设可在地势较平坦的路段施工,需要承受一定的张拉力,端柱需加斜撑加固。

②安装有框架的片网时,网面应平整、无明显的凹凸现象,立柱间距正确,框架与立柱连接牢固,框架整体平顺、美观。

③安装刺钢丝网时,应从端头立柱开始。刺钢丝之间应平行、平直,绷紧后可以用钢丝与混凝土立柱或钢立柱上的钢钩绑扎固定,横向与斜向刺钢丝相交处也应绑扎牢固。

(6)隔离栅网片安装完毕后,应对基础周围进行夯实处理。

(7)在桥梁、通道、车行和人行涵洞等构造物处进行围封时,应保证隔离栅的封闭严密,并将隔离栅锚固于构造物上,以有效提升隔离栅的稳定性。隔离栅跨越沟坎时,应保证隔离栅下边缘与沟底的距离能有效阻止行人或动物误入,如果隔离栅下边缘与沟底距离过大,需要增设隔离栅网片。

(8)因为养护和管理的需要,隔离栅的活动门应便于开启、保证强度,隔离栅活动门两侧各10m范围内的隔离栅基础应根据设计文件的规定进行加强。除设计文件另行规定外,隔离栅活动门变形量不应超过高度的2%。

(9)绿篱栽植应能有效阻止行人和动物误入,并应考虑将来养护的需求。

4. 质量过程控制

(1)隔离栅的封闭应严密、牢固,不应出现缺口。隔离栅是一种防止行人和动物误入公路、侵占公路用地或干扰公路正常运行的封闭措施,防钻、防翻越是主要考虑的因素,因此隔离设施的封闭要做到严密、牢固,在桥梁、通道、车行和人行涵洞等构造物处,尤其需要保障隔离栅的连续设置。

(2)隔离栅应与公路线形走向一致,顺直、流畅,纵坡起伏自然、美观,边坡较陡的路段应进行修坡处理。

(3)隔离栅的网面应平整、无断丝,网孔无明显倾斜。卷网安装张拉完成后,金属网不能有明显变形,网孔长轴方向变形量、网孔夹角变形量不能超过规定范围。电焊网不能脱焊、虚焊,否则达不到规定的强度和平整度。

(4)混凝土基础尺寸和埋深、立柱的竖直度和柱间距、网面高度以及混凝土立柱和基础的强度应符合设计文件的规定。

(5)镀锌构件表面应均匀完整、颜色一致,表面不得有气泡、裂纹、疤痕、折叠和断面分层等缺陷。

(6)混凝土立柱应密实、平整,无裂缝、翘曲、蜂窝、麻面等缺陷。

(7)绿篱的高度和密度应满足设计文件的要求。

(8)隔离墙的基础、高度和强度应满足设计文件的要求。

(9)施工过程中应加强质量检查,各检查项目应符合表6-3的规定。

**隔离栅施工质量过程控制项目** 表6-3

<table>
<tr><th>项次</th><th colspan="2">检查项目</th><th>规定值或允许偏差</th><th>检查方法</th></tr>
<tr><td>1</td><td colspan="2">高度(mm)</td><td>±15</td><td>尺量</td></tr>
<tr><td>2</td><td colspan="2">刺钢丝的中心垂度(mm)</td><td>≤15</td><td>尺量</td></tr>
<tr><td rowspan="4">3</td><td rowspan="4">立柱中距<br>(mm)</td><td>焊接网</td><td>±30</td><td rowspan="4">尺量</td></tr>
<tr><td>钢板网</td><td>±30</td></tr>
<tr><td>刺钢丝网</td><td>±60</td></tr>
<tr><td>编织网</td><td>±60</td></tr>
<tr><td>4</td><td colspan="2">立柱竖直度(mm/m)</td><td>≤10</td><td>垂线法</td></tr>
<tr><td>5</td><td colspan="2">立柱埋置深度</td><td>不小于设计要求</td><td>尺量</td></tr>
<tr><td rowspan="3">6</td><td rowspan="3">隔离墙断面尺寸<br>(mm)</td><td>高度</td><td>±15</td><td rowspan="3">尺量</td></tr>
<tr><td>顶宽</td><td>±10</td></tr>
<tr><td>底宽</td><td>±10</td></tr>
<tr><td>7</td><td colspan="2">隔离墙竖直度(mm/m)</td><td>±10</td><td>垂线法</td></tr>
<tr><td>8</td><td colspan="2">隔离栅活动门变形量</td><td>不超过高度的2%</td><td>尺量</td></tr>
</table>

## 二、防落网的施工(相关资源见二维码6-5)

1.基本要求

(1)除设计文件另行规定外,防落物网应在桥梁护栏施工完毕、后开始施工,防落石网应在公路路堑边坡施工完毕后开始施工。

(2)防落物网设置于跨越已通车的公路、铁路和航道上方的桥梁时,应编制专项安全施工方案,经评审通过后方能施工。

(3)在施工安装前,应对防落网的设置条件、设置位置和数量等进行核对。

(4)防落物网施工前应对所有预埋件的设置位置、强度、腐蚀程度进行检查,不符合设计要求的应整改。

(5)设置防落石网前,应检查路堑边坡土体、岩石的稳定性是否已达到设计文件规定的要求。

(6)改扩建工程中拆除的防落网网材、支撑钢材等,经局部修补或翻新等方式进行处理、检验合格后,在符合现行行业标准《公路交通安全设施设计规范》(JTG D81)和设计文件的要求时,可重复利用。

2. 材料

(1)除设计文件另行规定外,防落网所用材料应符合下列要求:

①防落物网所用的金属材料应符合现行国家标准《隔离栅》(GB/T 26941)的规定,混凝土立柱和基础的钢筋、水泥、细集料、粗集料、拌和用水、外加剂等材料应符合现行行业标准《公路桥涵施工技术规范》(JTG/T 3650)的规定。

②防落石网所用的金属材料应符合现行行业标准《铁路沿线斜坡柔性安全防护网》(TB/T 3089)和《边坡柔性防护网系统》(JT/T 1328)的规定,基础的钢筋、水泥、细集料、粗集料、拌和用水、外加剂等材料应符合现行行业标准《公路桥涵施工技术规范》(JTG/T 3650)的规定。

(2)所有钢构件均应进行防腐处理。除设计文件另行规定外,防腐处理均应满足现行国家标准《公路交通工程钢构件防腐技术条件》(GB/T 18226)的规定。螺栓、螺母等紧固件和连接件在防腐处理后,应清理螺纹或进行离心分离处理。

防落物网和防落石网的所有钢构件都要进行表面防腐处理,由于防落石网受到落石冲击后会导致防腐层的局部损坏,会降低防落石网的防腐效果,所以,要对防落石网进行必要的检查。

3. 施工

(1)防落物网的施工应符合下列要求:

①防落物网应以上跨桥梁与公路、铁路等设施的交叉点为控制点,向两侧对称进行施工。当上跨桥梁为斜交时,防落物网的长度应根据设计文件的要求做相应调整。

②防落物网的立柱一般采用预埋基础,要按设计要求制作预埋件,安装立柱时要控制立柱间距,保证连接部件的牢固。立柱与基础连接要符合设计要求,牢固、垂直、高度一致。未设置预埋件时,应根据设计单位的变更文件,采取后固定的施工工艺设置立柱。

③防落物网的网片应牢固地安装在立柱上,网片应平整、绷紧,螺栓应在防落物网的线形达到规定要求时方能拧紧。

④应根据设计文件的规定对防落物网做防雷接地处理。

(2)防落石网施工应按照清坡—放样—基础施工—立柱及拉锚绳安装—支撑绳安装—钢丝绳网(或环形网)安装—格栅安装的工序进行施工,具体要求如下:

①清坡。在设置防落石网前,应对路堑边坡上方的浮土和危石进行清理,做好安全防护工作,在防落石网上下方5m以内可能影响防落石网安装及使用的绿化清除,防落石网应在满足公路交通安全的条件下进行施工。

②放样。应采用测量工具确定立柱和柔性锚杆的位置,立柱的定位从防落石网的起始位置,按照设计的要求逐一确定立柱的位置,立柱应尽量保持在同一等高线上。如遇到地形限制,可以采用一定的工程措施,使相邻立柱高差尽量控制在0.5m以内。

③基础施工。按照设计文件的要求,直接设置于基岩或坚硬岩石的地脚螺栓可通过钻孔的方式进行,用水泥砂浆将地脚螺栓浇筑,钻孔的深度一般不小于1m;设置混凝土基础的方式时,可采取预置或现浇混凝土基础的方式进行施工。

④立柱及拉锚绳安装。在基础强度已经达到80%以上后可进行立柱及拉锚绳的安装,立

柱应与拉锚绳同时安装,并在安装后通过改变拉锚绳张拉段的长度将立柱调整到设计的安装倾角。

⑤支撑绳安装。上支撑绳应在钢丝绳网(或环形网)铺挂前安装,而下支撑绳的安装是可以选择的,一般建议在钢丝绳网(或环形网)铺挂前安装。因为先于钢丝绳网(或环形网)的安装方法较为简单,而在钢丝绳网(或环形网)安装后采用直接穿过下沿网孔的方式可以省去底部缝合连接,但安装相对麻烦,特别是有减压环时。支撑绳的安装要严格满足其位置要求,同时要事先将减压环调整到正确位置,否则一旦支撑绳张紧后,其位置就不易改变。支撑绳安装就位后,要予以张紧。经验表明,当为双支撑绳时,最好按相反的方向对两根支撑绳各自同步张拉,避免单向张拉时立柱发生明显倾斜;当为单支撑绳时,最好在张拉的同时对已发生明显倾斜的立柱调整复位,避免立柱进行二次调试。

⑥钢丝绳网(或环形网)安装。可采用绳卡或卸扣将钢丝绳网(或环形网)临时悬挂在上支撑绳上,且网上的悬挂点宜在上沿网孔以下,以方便下一步的缝合连接。缝合从一端开始逐步向另一端,直至所有钢丝绳网(或环形网)形成一个整体。缝合在任何情况下都不能与钢柱、基座、拉锚绳连接,仅在网与支撑绳和不同网块间连接。

⑦格栅安装。格栅与钢丝绳网(或环形网)间可采用扎丝扎结,并宜翻越网顶上沿适当宽度,避免落石冲击时格栅被轻易坠拉下来。

⑧应根据设计文件的规定对防落石网做防雷接地处理。

4. 质量过程控制

(1)防落物网。

防落物网的封闭应严密、牢固,不应出现缺口;防落物网的混凝土基础尺寸和埋深、立柱的竖直度和柱间距、网面高度以及混凝土立柱和基础的强度等级应符合设计文件的规定;防落物网的防腐处理和防雷接地处理应符合设计文件的规定;施工过程中应加强质量检查,各检查项目应符合表6-4的规定。

**防落物网施工质量过程控制项目** 表6-4

| 项 次 | 检查项目 | | 规定值或允许偏差 | 检查方法 |
|---|---|---|---|---|
| 1 | 高度(mm) | | ±15 | 尺量 |
| 2 | 立柱中距(mm) | 焊接网 | ±30 | 尺量 |
| | | 钢板网 | ±30 | |
| | | 编织网 | ±60 | |
| 3 | 立柱竖直度(mm/m) | | ≤10 | 垂线法 |
| 4 | 立柱固定方式 | | 符合设计要求 | 尺量 |
| 5 | 螺栓终拧扭矩 | | ±10% | 扭力扳手 |

(2)防落石网。

防落石网的地脚螺栓埋置深度、混凝土基础尺寸和埋深、立柱的竖直度和柱间距、拉锚绳、支撑绳、减压环、钢丝绳网(或环形网)及立柱和基础的强度等级应符合设计文件的规定;防落石网的防腐处理和防雷接地处理应符合设计文件的规定;施工过程中应加强质量检查,各检查项目应符表6-5的规定。

防落石网施工质量过程控制项目　表 6-5

<table>
<tr><th>项　次</th><th colspan="2">检 查 项 目</th><th>规定值或允许偏差</th><th>检 查 方 法</th></tr>
<tr><td>1</td><td colspan="2">高度(mm)</td><td>±15</td><td>尺量</td></tr>
<tr><td>2</td><td colspan="2">防落石网的中心垂度(mm)</td><td>≤15</td><td>尺量</td></tr>
<tr><td rowspan="2">3</td><td rowspan="2">立柱中距<br>(mm)</td><td>钢丝绳网</td><td>±60</td><td rowspan="2">尺量</td></tr>
<tr><td>环形网</td><td>±60</td></tr>
<tr><td>4</td><td colspan="2">立柱竖直度(mm/m)</td><td>≤10</td><td>垂线法</td></tr>
<tr><td>5</td><td colspan="2">立柱埋置深度</td><td>符合设计要求</td><td>尺量</td></tr>
<tr><td>6</td><td colspan="2">地脚螺栓抗拔力</td><td>符合设计要求</td><td>拉拔器</td></tr>
<tr><td>7</td><td colspan="2">拉锚绳直径</td><td>符合设计要求</td><td>尺量</td></tr>
<tr><td>8</td><td colspan="2">支撑绳直径</td><td>符合设计要求</td><td>尺量</td></tr>
<tr><td>9</td><td colspan="2">减压环型号和数量</td><td>符合设计要求</td><td>尺量</td></tr>
<tr><td>10</td><td colspan="2">钢丝绳网(或环形网)的固定</td><td>符合设计要求</td><td>手拉无松动</td></tr>
<tr><td>11</td><td colspan="2">格栅的扎结</td><td>符合设计要求</td><td>现场检查</td></tr>
</table>

## 思考与练习

1. 简述隔离栅和防落网的材料要求。
2. 简述隔离栅和防落网的施工内容。
3. 隔离栅和防落网施工质量过程控制项目有哪些?

# 模块七　防眩设施

## 单元一　基本知识

1. 熟悉防眩设施的作用；
2. 掌握防眩设施的种类。

能够识别各类防眩设施。

### 一、防眩设施简介

1. 眩光

眩光就是指在视野范围内，由于亮度的分布或范围不适宜，在空间或时间上存在极端的亮度对比，导致驾驶员视觉机能或视距降低的现象。试验证明，在夜间会车的过程中，会车时的眩光会促使驾驶员意识到前方危险的存在，驾驶员有意识地改变横向位置和减速以免与对向车辆碰撞，车辆往往会离开原来的正常车道。由于习惯性地转头避光动作和避免碰撞的心理作用，车辆往往会向路侧偏离，如不及时修正操作，车辆就有可能冲出路外，造成严重后果。

眩光按其视觉效应可分为不适眩光和失能眩光。前者不损害视觉，但造成视觉不舒适；后者严重影响视觉功能，甚至导致暂时失明。不适眩光又称为心理性眩光，失能眩光又称生理性眩光，它们的影响不同，但无严格的界限。随着亮度由弱而强，眩光会由不适眩光转为失能眩光。夜间会车时远光灯的照射，多半会导致失能眩光，从而危害行车安全。

人眼睛对眩光感觉的强弱与下列因素有关：

(1)光源的强度。

(2)光源表面积的大小。

(3)光源的背景亮度。

(4)光源与视线的相对位置。

(5)视野内光束发散度的分布。

(6)眼睛受到的照度。

(7)眼睛的适应性。

2. 防眩设施

在道路交通中，产生眩光的光源主要有对向来车的前照灯、太阳光、道路照明光源、广告或标志照明、路面反光镜或其他物体表面的反射光等。对太阳光，可在驾驶员座位前安装遮阳板，或者驾驶员佩戴太阳镜；对道路照明光源，可采用截光型或半截光型灯具来调整光源光线的分布，以减小眩光影响；对广告或标志照明，可采用发光柔和的低压荧光灯外部投光照明或内部照明；而对于对向车辆前照灯带来的眩光影响，就需要设置专门的防眩设施。

防眩设施就是设置在道路中央分隔带上用于消除对向车辆前照灯夜间眩光影响的交通安全设施，其作用是可有效地防止对向车辆前照灯的眩光影响，保护驾驶员的视觉健康，对减少交通事故、提高行车安全、改善夜间行车环境提高道路通行能力有着积极的作用。

## 二、种类（相关资源见二维码 7-1）

在道路上设置的防眩设施有很多种形式，有板条式的防眩板、扇面状的防眩扇板、网格状的防眩网、防眩棚等人工构造物，也包括栽植的树木。《公路交通安全设施设计细则》（JTG/T D81—2017）中主要推荐了防眩板、防眩网和植树防眩三种。

1. 防眩板

防眩板与中央分隔带护栏配合设置，在结构处理上可以有三种办法，具体可分为：

（1）防眩板单独设置。

防眩板安装在独立基础上，是将单独设置的立柱埋入中央分隔带的土中或混凝土基础中，立柱上端搭设纵梁，将防眩板按需要的间距安装在纵梁上，如图 7-1 所示。

a)

b)

图 7-1　防眩板单独设置

（2）防眩板与波形梁护栏结合。

在波形梁护栏上安装防眩板，可在分设型护栏每对立柱间固定金属横梁，然后上面搭设纵梁，将防眩板按需要的间距安装在纵梁上，如图 7-2a）所示；也可在分设型护栏板之间按需要的间距固定金属横梁，然后将防眩板安装在横梁上，如图 7-2b）所示；也可在组合型护栏立柱上搭设纵梁，然后在纵梁上安装防眩板。

a)

b)

图 7-2　防眩板与波形梁护栏结合

(3)防眩板与混凝土护栏结合(图7-3)。

防眩板安装在混凝土护栏上,主要是通过预埋在护栏顶面上的地脚螺栓来实现;在已有混凝土护栏上安装防眩板,可以采用打入膨胀螺栓的办法。

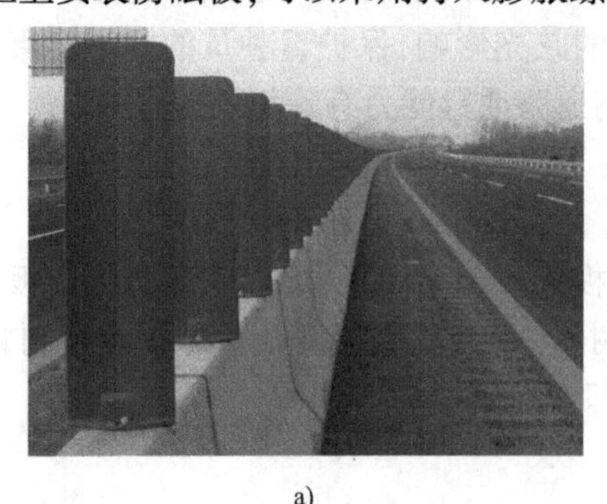

a)

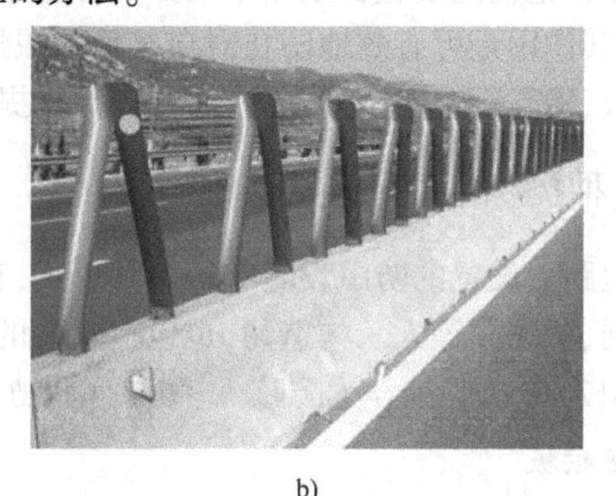

b)

图7-3 防眩板与混凝土护栏结合

2. 防眩网

防眩网通常在中央分隔带中单独设置立柱支撑,立柱可直接埋入土中或混凝土基础中,如图7-4a)所示;也可将立柱通过连接件附着固定在护栏上,如图7-4b)所示。

a)

b)

图7-4 防眩网

3. 植树防眩

植树防眩分为密集型和间距型(图7-5)。密集型防眩效果好,但通视性差、阻挡景观;间距型则往往形成路面阴影,明暗晃动,导致视觉疲劳和人影错觉。为克服两者的弊端,国外有时采用一种新的间距植树防眩的方式:树木栽植间距按泊松分布规律设计(平均间距为5~6m),形成随机分布状态,其视觉影响与会车的规律相似,驾驶员比较容易适应。

a)密集型

b)间距型

图7-5 植树防眩

**思考与练习**

1. 简述防眩设施的作用。
2. 防眩设施的种类有哪些?

## 单元二　防眩设施的设计

1. 熟悉防眩设施设计的基本要求;
2. 掌握防眩设施的设置原则;
3. 了解防眩网和植树防眩的设置原则。

能够进行防眩设施的形式选择。

### 一、基本要求

(1)防眩设施应按部分遮光原理设计,直线路段遁光角不小于 8°,平、竖曲线路段遮光角为 8°~15°,计算防眩设施的眩光距离采用 120m。

防眩设施既要有效地遮挡对向车辆前照灯的眩光,也要满足横向通视好、能看到斜前方,并对驾驶员心理影响小的要求。如采用完全遮光,反而缩小了驾驶员的视野,影响巡逻管理车辆对于对向车行道的通视,且对驾驶行车有压迫感。同时,无论白天或黑夜,对向车行道的交通状况是行车的重要参照系,其中很重要的一点是驾驶员在夜间能通过对向车前照灯的光线判断两车的纵向距离,使其注意调整行驶状态。从国外试验结果可知,相会两车非常接近(小于 50m)时,光线不会影响视距,但当达到某一距离时,眩光会对视距产生较大的影响。防眩设施不需要很大的遮光角,也可获得良好的遮光效果。所以,防眩设施不一定要把对向车灯的光线全部遮挡,而采用部分遮光的原理,允许部分车灯光穿过防眩设施,当然透光量不能使驾驶员感到不舒适。

平直路段感觉不到眩光的两车最小纵距即为 120m 左右,汽车远射灯光的照距一般也在 120m 左右,因此规定计算防眩设施的眩光距离采用 120m。

(2)防眩设施的设置不得影响公路的停车视距。

在曲线半径较小且中央分隔带较窄的弯道上,设置防眩设施可能会影响曲线外侧车行道的视距。因此,在设置防眩设施之前需要进行停车视距的分析,保证设置防眩设施后不会减小停车视距。对停车视距的影响是随中央分隔带宽度和曲线半径的减小而趋于严重,故对在弯道上设置防眩设施可能引起的视距问题要予以足够的重视。

弯道上设置的防眩设施如果经检验影响了视距,则可考虑降低防眩设施的高度。降低高度后的防眩设施可阻挡对向车前照灯的大部分眩光,且驾驶员能看见本车道前方车流中最后一辆车的顶部,这个高度值一般在 1.2m 左右。另外,也可考虑将防眩设施的设置位置偏向曲线内侧,但此方法对于较小半径的弯道来说,效果并不明显,景观效果也不好,因而主要在较大半径的曲线路段采用。

如采取上述方法仍不能得到较好的防眩效果和景观效果，则不宜在中央分隔带上设置防眩设施。如确需设置，则可采取加宽中央分隔带的方法、使车行道边缘至防眩设施之间有足够的余宽，以保证停车视距。日本东名高速公路就采取了加宽中央分隔带的方法，取得了明显的成效，使东名高速公路成为绿茵连续的优美舒适公路，这是日本东名与名神高速公路不同的区别之一。

(3)防眩设施设置应经济合理、因地制宜。

防眩设施是一种提高行车安全性、舒适性的设施，设置要遵循经济合理的原则。考虑我国东西部发展不平衡，且南北、东西气候条件差异比较大，原则上要因地制宜地考虑防眩设施的设置及形式。

## 二、设置原则

(1)高速公路、一级公路中央分隔带宽度小于9m且符合下列条件之一者，宜设置防眩设施：

①夜间交通量较大，且设计交通量中，大型货车和大型客车自然交通量之和所占比例大于或等于15%的路段。

②设置超高的圆曲线路段。

③凹形竖曲线半径等于或接近于现行行业标准《公路工程技术标准》(JTG B01)规定的最小半径值的路段。

④公路路基横断面为分离式断面，上下车行道高差小于或等于2m时。

⑤与相邻公路、铁路或交叉公路、铁路有严重眩光影响的路段。

⑥连拱隧道进出口附近。

(2)不设防眩设施的情况如下：

①非控制出入的一级公路平面交叉、中央分隔带开口两侧各100m(设计速度80km/h)或60m(设计速度60km/h)范围内可逐渐降低防眩设施的高度，由正常高度逐步过渡到开口处的0高度，否则不应设置防眩设施。

在无封闭设施的路段上设置防眩设施，如有人翻越防眩设施或从中跳出，往往会使驾驶员猝不及防。尤其在夜间，以一定间距栽植的树木在灯光的照射下就像人站立在路旁一样，使驾驶员感到紧张，而更加谨慎地行车。即使道路条件好，驾驶员也不敢将车速提高，而且本能地使车辆轨迹偏离车道，即离中央分隔带远些。许多统计资料都表明，在无封闭设施的路段设置防眩设施后，反而使该路段的事故率增加，尤其是恶性事故率上升，这与侧向通视不好致使驾驶员对前方的突发事件反应不及有关。因此，在无封闭设施的路段是否设置防眩设施、选择什么类型的防眩设施要慎重考虑。如确需设置，则要选择好防眩设施的形式和高度，既尽量不给人、动物随意横穿的可能，又要有利于驾驶员横向通视。

非控制出入的一级公路平面交叉和中央分隔带开口处有行人及车辆穿越，若连续设置防眩设施，驾驶员在突发情况下往往反应不及，防眩设施需要在路口一定范围内断开或逐渐降低防眩设施高度加以提醒。根据停车视距的要求，设计速度不小于80km/h时，靠近中央分隔带车行道行驶的车辆发现行人到完全停止的防眩设施开口长度要求为100m左右，设计速度为60km/h时，防眩设施开口长度要求为60m左右，故建议一级公路平面交叉、中央分隔带开口两侧一定范围内不宜设置防眩设施。考虑到车辆驾驶员遇到平面交叉、中央分隔带开口的减速心理及外侧车道行驶等其他因素，平交路口的防眩设施断开长度可适当缩小。

②穿村镇路段不宜设置防眩设施。

为安全考虑，不封闭公路在穿村镇路段一般不设防眩设施。

③公路沿线有连续照明设施的路段，可不设置防眩设施。

在有连续照明设施的路段，车辆夜间一般都以近光灯行驶，会车时炫目影响甚微，显然在这种情况下可以不考虑设置防眩设施。

④在干旱地区，中央分隔带宽度小于3m的路段不宜采用植树防眩。

在干旱地区，年降水量少于200mm以下的地区，且中央分隔带小于3m的路段，植树不容易成活，且养护困难，不宜采用植树防眩方式。

(3)防眩设施连续设置时应符合下列要求：

①应避免在两段防眩设施中间留有短距离不设置防眩设施的间隙。

防眩设施的设置要考虑连续性，避免在两段防眩设施之间留有短距离的间隙，因为这种情况会给毫无思想准备的驾驶员造成很大的潜在炫目危险，易诱发交通事故，而且从人的视觉感受和景观上来说，效果也不好。

②各结构段应相互独立，每一结构段的长度不宜大于12m。

防眩设施要以一定长度的独立结构段为制造和安装单元，这种结构段的长度一般小于12m，视采用材料、工艺情况而定。防眩设施设置在道路上，免不了要遭受车辆的冲撞而损坏。为减轻损坏的严重程度，方便更换维修，设计时需要每隔一定距离使前后相互分离，使各段互不相连。这样做不但有利于加工制作和运输安装，而且从防止温度应力破坏的角度来说也是必需的。防眩设施每一独立段的长度可与护栏的设置间距相协调，选择4m、6m、8m、12m或稍长一些都是可以的。

③结构形式、设置高度、设置位置发生变化时应设置渐变过渡段，过渡段长度以50m为宜。

防眩设施的设置高度原则上要全线统一。不同防眩结构的连接要注意高度的平滑过渡，不要出现突然的高低变化。设置在凹形竖曲线路段的防眩设施，其设置高度要根据竖曲线半径及纵坡情况由计算确定，并在一定长度范围(渐变段)内逐步过渡，以符合人的视觉特性。该渐变段的长度与人的视觉特性、结构尺寸和变化幅度和车辆的行驶速度(公路等级)等有关，该渐变段的长度一般宜大于50m。但在设计中，要根据具体情况确定合适的渐变段长度。另外，防眩板板条宽度的变化幅度一般都不大，故其变渐变段的长度还可小一些。

(1)防眩设施固定在混凝土护栏顶部时，可按独立结构段为单位进行安装。

(2)防眩设施与波形梁护栏配合设置时，可通过连接件将防眩设施架设在护栏上，或通过立柱将防眩设施埋设于中央分隔带上。

(3)防眩设施与护栏组合设置后，不应影响护栏的阻挡、缓冲、导向等正常使用功能。

## 三、形式选择(相关资源见二维码7-2)

选择防眩设施形式时，应针对公路的平纵线形、气候条件，充分比较各种防眩设施的性能，分析行驶安全感、压迫感、景观要求，并考虑与公路周围环境的协调，结合经济性、施工条件及养护维修等因素综合确定。

除植树(灌木)外，在公路上设置的防眩设施有很多形式。总的来说，有网格状的防眩网、栅样式的防眩网、扇面式的防眩扇板及板条式防眩板等形式；制造材料方面，有金属的也有塑料等合成材料的。经过几十年的发展和淘汰,目前在世界各国使用最广泛的主要是防眩板及防眩网两种形式。

就防眩板和防眩网而言,交通运输部公路科学研究院在“七五”国家科技攻关中就防眩设施形式进行选择,通过大量的资料分析和调查研究,从下列方面对防眩设施的性能进行了综合比较:

(1)有效地减少对向车前照灯的眩目。

(2)对驾驶员的心理影响小(行车质量的影响、单调感)。

(3)经济性。

(4)良好的景观(美观)。

(5)施工简单、养护方便。

(6)对风阻力小,积雪少。

(7)有效地阻止人为破坏和车辆损坏。

(8)通视效果好。

研究结果表明(表7-1):防眩板是一种经济、美观、对风阻挡小、积雪少、对驾驶员心理影响小的防眩设施,尤其是适当板宽的防眩板与混凝土护栏配合使用效果更佳。从而确定防眩板是最佳的结构形式。防眩板和植树两种形式是我国公路上防眩设施的基本形式。

**不同防眩设施的综合性比较** 表7-1

| 特　点 | 植树(灌木) | | 防　眩　板 | 防　眩　网 |
|---|---|---|---|---|
| | 密集型 | 间隔型 | | |
| 美观 | 好 | | 好 | 较差 |
| 对驾驶员心理影响 | 小 | 大 | 小 | 较小 |
| 对风阻力 | 大 | | 小 | 大 |
| 积雪 | 严重 | | 好 | 严重 |
| 自然景观配合 | 好 | | 好 | 不好 |
| 防眩效果 | 较好 | | 好 | 较差 |
| 经济性 | 差 | 好 | 好 | 较差 |
| 施工难易 | 较难 | | 易 | 难 |
| 养护工作量 | 大 | | 小 | 小 |
| 横向通视 | 差 | 较好 | 好 | 好 |
| 阻止行人穿越 | 较好 | 差 | 较好 | 好 |
| 景观效果 | 好 | | 好 | 差 |

高速公路、一级公路宜采用防眩板和植树两种方式交替设置进行防眩。在进行技术经济论证后,也可采用其他的防眩形式。对中央分隔带有隔离要求的路段可采用防眩网,积雪严重的路段可采用防眩板。

就防眩板和植树(灌木)两种形式的具体设置而言,当中央分隔带宽度较小时,要以防眩板为主进行防眩;而在中央分隔带较宽、地形变化较大、需要保护自然景观并且气候条件也较适宜植树时,可采用植树(灌木)防眩。从经济、景观、养护和克服单调性等方面而言,防眩板和植树相结合是比较理想的形式。设置缆索护栏时,因缆索护栏与防眩板结合设置会给人以“头重脚轻”之感,景观效果不好,再加之缆索护栏是柔性结构,不能很好地对防眩板起保护作用。车辆侧撞或侧擦对缆索护栏可能没有什么损伤，而防眩板却可能遭受破坏，或产生变形，修复较困难。如植树与缆索护栏结合设置，既能起到防眩的作用，也弥补了缆索护栏诱导效果不理想的缺点，景观效果极佳。故在设置缆索护栏的路段，最好采用植树防眩。

采用植树防眩时，应根据当地气候条件，选择易成活、根系发达且对埋土深度要求较浅、枝叶茂密、落叶少、养护工作量少的树种；根据中央分隔带的宽度合理选择树种，若中央分隔带护栏间距小于树冠直径时，或植树对中央分隔带通信管道有影响时，以及寒冷地区、干旱、半干旱地区路基填料采用水稳性差的材料时，不宜采用植树防眩；若植树需侵占道路净空时，要改为人工防眩设施防眩。

## 四、构造要求

防眩板的结构设计要素有：遮光角、防眩高度、板宽、板的间距等。其中，遮光角和防眩高度最重要。由于防眩板的宽度部分阻挡了对向车前照灯的眩光。也就是说，在中央分隔带连续设置一定间距、一定宽度的防眩板后，当与前照灯主光轴水平夹角（遮光角）的光线照射到防眩板上，它刚好被相邻两块板条所阻挡。因此遮光角是设计的重要参数。

### 1. 遮光角

（1）直线路段遮光角 $\beta_0$ 如图 7-6 所示，应按式（7-1）计算：

$$\beta_0 = \tan^{-1}(b/L) \tag{7-1}$$

式中：$b$——防眩板的宽度（m）；

$L$——防眩板的纵向间距（m）。

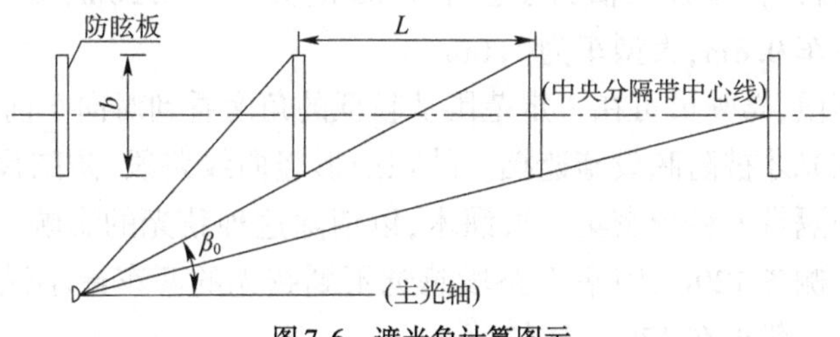


图 7-6　遮光角计算图示

（2）平曲线路段遮光角 $\beta$ 应按式（7-2）计算：

$$\beta = \cos^{-1}\left(\frac{R - B_3}{R}\cos\beta_0\right) \tag{7-2}$$

式中：$R$——平曲线半径（m）；

$B_3$——车辆驾驶员与防眩设施的横向距离（m）。

（3）防眩网遮光角应根据不同的网孔宽度和板材厚度计算确定。

### 2. 防眩设施的高度

防眩设施的高度 $H$ 可按式（7-3）计算：

$$H = h_1 + (h_2 - h_1)B_1/(B_1 + B_2) \tag{7-3}$$

式中：$h_1$——汽车前照灯高度（m），见表 7-2；

$h_2$——驾驶员视线高度（m），见表 7-2；

$B_1$、$B_2$——车行道上车辆距防眩设施中心线的距离（m），$B = B_1 + B_2$，如图 7-7 所示。

驾驶员视线高度和前照灯的高度值　　表 7-2

| 车　种 | 视线高度 $h_2$(m) | 前灯高度 $h_1$(m) |
| --- | --- | --- |
| 大型车 | 2.0 | 1.0 |
| 小型车 | 1.30 | 0.8 |

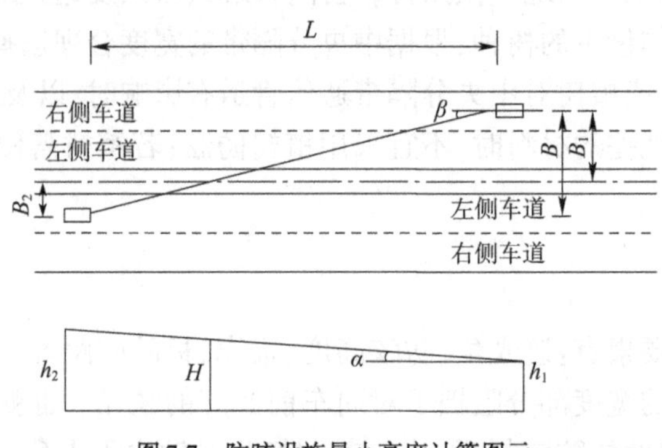


图 7-7　防眩设施最小高度计算图示

在竖曲线路段,当竖曲线半径小于现行行业标准《公路工程技术标准》(JTG B01)所规定的一般最小半径时,应根据竖曲线路段前后纵坡的大小计算防眩设施的高度是否满足遮光要求。

防眩设施的高度不宜超过 2m。防眩设施的高度与驾驶员的视线高度和前照灯的高度有直接关系。在公路线形设计中,我国采用的驾驶员视线高度标准值是 1.20m,而在实际行驶的车辆群体中,由于车辆结构和驾驶员个体等因素的差别,驾驶员的视线高变化很大。根据调查,我国汽车驾驶员视线高度建议值为小型车 1.30m,大客车 2.20m,货车 2.00m。汽车前照灯高度建议值为小型车 0.8m,大型车为 1.0m。

在凸形竖曲线路段,驾驶员可在一定范围从较低的角度看到对向车前照灯的眩光,随着两车驶近,视线上移,眩光才被防眩设施遮挡。故在凸形竖曲线路段,防眩设施的下缘要接近或接触路面或在中央分隔带上种植密集式矮灌木,以消除这种眩光的影响。其设置的范围至少为凸形竖曲线顶部两侧各 120m,因平直路段感觉不到眩光的两车最小纵距即为 120m 左右,汽车远射灯光的照距一般也在 120m 左右。

在凹形竖曲线路段,驾驶员显然可从较高的角度看到对向车前照灯的眩光,因而宜根据凹形竖曲线的半径和前后纵坡度的大小,适当增加凹形竖曲线路段防眩设施的高度。一般可通过计算或计算机绘图求出凹形竖曲线内各典型路段相应的防眩设施高度值,最后取一平均数值作为整个凹形竖曲线的设置高度。显然,在凹形竖曲线路段种植足够高度的树木防眩是比较理想的形式,它可为驾驶员提供优美的视觉环境。

为使防眩设施的高度能与道路的横断面比例协调,不使防眩设施受冲撞后倒伏到车行道上,及减少行驶的压迫感,防眩设施的高度不宜超过 2m。

### 3. 防眩板宽度和间距

防眩板宽度和间距应满足防眩要求,所用材料应符合现行国家标准《防眩板》(GB/T 24718)的规定;植树防眩的树丛间距应根据树冠有效直径经计算确定。防眩板条的间距规定为 50 ~ 100cm。主要是为了与护栏的设置间距相吻合,同时也有利于加工制作;另外,还在于按此间距计算出的板宽能很好地与护栏顶部宽度尺寸相配合。

4. 防眩网尺寸

防眩网板材厚度可采用 2 ~ 3mm，网面高度可采用 50 ~ 110cm，长度 200 ~ 400cm，网格尺寸计算确定。

在平曲线段或竖曲线段设置防眩网时，单片长度不宜大于 2.5m。

从我国防眩设施和中央分隔带护栏的设置原则可看出，两者设置条件考虑的基本因素多数是一致的。一般在需设置防眩设施的路段，基本上也需设置中央分隔带护栏，因而防眩设施宜与护栏配合设置。而且，防眩设施与护栏配合设置具有一定的优越性：首先，可大大降低防眩设施的投资，防眩设施与护栏配合设置就可利用护栏作为支撑结构，护栏本身可作为防眩的一个组成部分，从而节省投资降低造价；其次，护栏对防眩设施可起到保护的作用，由于防眩设施本身并不具备防撞功能，因而与护栏配合使用时，护栏就起了保护的作用，使防眩设施受冲撞破坏的概率降低，从而可节省大量的维修养护费用。实践表明：防眩设施与护栏可以互为补充，能起到增强道路景观的作用。

**思考与练习**

1. 简述防眩设施设计的基本要求。
2. 简述防眩设施的设置原则。
3. 如何选择防眩设施的形式？

## 单元三　防眩设施的施工

**知识目标**

1. 熟悉防眩设施的材料要求；
2. 掌握防眩设施的施工内容；
3. 掌握防眩设施施工质量过程控制内容及项目。

**能力目标**

能够进行防眩设施的施工。

### 一、基本要求

桥梁段或混凝土护栏上设置防眩板、防眩网时，应在预制护栏安装到位或现浇混凝土护栏的混凝土强度达到设计强度的 80% 以上时进行。施工前，首先要对防眩板、防眩网的设置条件进行检查，包括上道工序中的桥梁护栏是否已经安装到位并完成了工序验收，涉及的现浇混凝土是否强度达到要求，上道工序不符合规定的不能安装防眩设施。同时应对预埋件的设置位置、强度和腐蚀程度进行检查，不符合要求的查明原因，提交建设单位进行处理，整改验收合格后方能进行后续工程的施工。

植树防眩的树种以及树木高度、树径和株距应符合设计文件的规定。各种防眩方式之间应衔接平顺，不得有突变及漏光现象。根据需要，防眩设施横向可适当偏心设置，并应由设计单位确认。

改扩建工程中拆除的防眩板、防眩网及其支撑结构等，经局部修补或翻新等方式进行处理、检验合格后，在符合现行行业标准《公路交通安全设施设计规范》(JTG D81)和设计文件的要求时，宜重复利用或作为施工期间临时设施使用。

## 二、材料

除设计文件另行规定外，防眩板所用材料应符合现行国家标准《防眩板》(GB/T 24718)的规定。独立设置的混凝土基础所用的钢筋、水泥、细集料、粗集料、拌和用水、外加剂等材料，应符合现行行业标准《公路桥涵施工技术规范》(JTG/T 3650)的规定。

防眩板可以用金属材料和合成材料制成，防眩网可以用金属材料制成。金属材料指金属板材、金属网和连接件；合成材料包括工程塑料、玻璃纤维增强塑料制品等。上述材料要满足耐腐蚀性及耐候性的要求。现行国家标准《防眩板》(GB/T 24718)中对各类防眩板的构件材料有详尽的要求，除设计文件另行规定外，要遵照执行。

所有钢构件均应进行防腐处理。除设计文件另行规定外，防腐处理均应满足现行国家标准《公路交通工程钢构件防腐技术条件》(GB/T 18226)的规定。螺栓、螺母等紧固件和连接件在防腐处理后，应清理螺纹或进行离心分离处理。

钢构件防腐处理可以采用热浸镀锌、热浸镀铝、表面涂塑和涂刷油漆等方式，除设计文件另行规定外，要符合现行国家标准《公路交通工程钢构件防腐技术条件》(GB/T 18226)和设计文件的规定。对于合成类材料，如设置在海边盐雾腐蚀、酸雨或除雪剂影响较大的环境时，可以根据设计文件的规定，选用不易老化、不易褪色和不易变形的高分子合成材料。

## 三、施工

### 1. 设置于混凝土护栏上的防眩板或防眩网(相关资源见二维码7-3)

设置于混凝土护栏上的防眩板或防眩网的安装施工应符合下列要求：

(1)防眩板或防眩网可通过混凝土护栏顶部的预埋件及连接件安装在混凝土护栏上。未设置预埋件时，可根据设计单位的变更文件，采取后固定的施工工艺安装。预埋件的设置位置、结构尺寸等不符合设计要求，或未按要求设置预埋件时，要与设计单位或建设单位联系，由设计单位变更设计，没有相关设计文件，不能随意处理，以免破坏混凝土护栏的使用功能。

(2)混凝土护栏强度达到设计强度的80%时，方可安装防眩板或防眩网。混凝土护栏是支撑防眩板、防眩网的结构物，防眩板、防眩网安装完成后，各连接件就要受力，混凝土强度达到设计强度的80%以上时，方可在混凝土护栏顶部安装防眩设施。

(3)防眩板或防眩网下缘与混凝土护栏顶部的间距应符合设计文件的规定。防眩板、防眩网安装后，其下缘与混凝土护栏顶部的间距要符合设计文件的规定。安装过程中，不能随意抬高防眩板、防眩网以调整高度及竖直度，以免下缘漏光过量影响防眩效果。

(4)防眩板或防眩网安装后，与混凝土护栏成为整体结构，不得削弱混凝土护栏的原有功能。

(5)防眩板安装应保证顶面平整、平齐及清洁。

(6)防眩网应按照设计文件规定的方向安装。

### 2. 设置于波形梁护栏上的防眩板或防眩网

设置于波形梁护栏上的防眩板或防眩网的安装施工应符合下列要求：

(1)防眩板或防眩网可通过连接件安装在波形梁护栏上。

(2)防眩板或防眩网安装在波形梁护栏上时,不得削弱波形梁护栏的原有功能。为了简化防眩板或防眩网结构,有时把防眩板或防眩网安装在单侧波形梁护栏上,一般情况下,这种做法不会削弱波形梁护栏原有的功能,但一旦发生碰撞事故,护栏和防眩设施均会遭受破坏,要经常注意检查。

(3)防眩板或防眩网下缘与波形梁护栏顶面的间距应符合设计文件的规定,以免漏光过量影响防眩效果。

(4)施工过程中不应损伤波形梁护栏的防腐层,否则应在24h之内予以修补。防眩板或防眩网通过连接件与波形梁护栏连接,施工过程中不能损伤波形梁护栏的金属涂层。任何形式涂层的损伤,均要在24h之内进行修补。

3. 独立设置立柱的防眩板或防眩网(相关资源见二维码7-4)

独立设置立柱的防眩板或防眩网的安装施工应符合下列要求:

(1)施工前,应清理场地、协调与其他设施的关系。防眩板或防眩网单独设置时,立柱一般直接落地埋在中央分隔带内,因此,施工前,要注意清理中央分隔带内的杂物、坑洞,了解管线埋深及位置,处理好与其他在中央分隔带内构造物的关系。立柱埋设在其他位置时,也要进行场地清理。

(2)防眩板或防眩网单独设置立柱时,可根据所在位置将立柱埋入土中、设置混凝土基础或固定于桥梁、通道、明涵等构造物上。设置混凝土基础时,其强度应达到设计强度的80%以上时,方能在立柱上安装防眩板或防眩网。

(3)立柱施工时,不得破坏地下管线和排水设施。防眩板或防眩网立柱的施工,采用开挖法埋设混凝土基础时,不能破坏地下的通信管线或电缆管线。混凝土基础开挖深度达规定尺寸后,要夯实基底,调整好竖直度和高程,夯实回填土。施工中不能损坏中央分隔带地下管线和排水系统。

## 四、质量过程控制(相关资源见二维码7-5)

(1)防眩板及支架的材质、防腐处理、几何尺寸应符合设计要求。预埋件的设置位置、强度和腐蚀程度应符合设计要求并经过上道工序的验收。

(2)防眩板或防眩网安装完成后,其设置路段、防眩高度、遮光角应满足设计要求。

防眩高度、遮光角是防眩设施的重要指标,防眩设施安装完成后,其防眩高度、遮光角要满足设计文件的要求。防眩设施安装完成后,往往在桥梁与路基连接处,在中央分隔带开口处,防眩设施有不连续的地方,在两段防眩设施中间留有短距离间隙,会产生严重的漏光现象,要加以避免。从纵断面来看,防眩漏光发生在线形起伏变化较大的路段,在这些路段从防眩板或防眩网上漏光是很难避免的,需要做到的一点是,首先要满足设计要求,尽量使这种情况加以避免或减少。

(3)防眩板或防眩网整体应与公路线形协调一致,不得出现高低不平或者扭曲的外形。防眩板或防眩网安装完成后,成为公路的附属结构物,成为保障安全的一种设施,同时,也是一种公路的景观设施。防眩设施应与公路线形协调一致,不能有明显的扭曲或凹凸不平等现象。

(4)防眩板或防眩网外观不应有划痕、颜色不均、变色等外观缺陷。表面不得有气泡、裂纹、疤痕、断面分层、毛刺等缺陷。

(5)防眩板或防眩网应牢固安装。

(6)施工过程中应加强质量检查,各检查项目应符合表7-3的规定。

防眩设施施工质量过程控制项目　　表7-3

| 项次 | 检查项目 | 允许偏差 | 检查方法 |
|---|---|---|---|
| 1 | 安装高度(mm) | ±10 | 尺量 |
| 2 | 防眩板设置间距(mm) | ±10 | 尺量 |
| 3 | 竖直度(mm/m) | ≤5 | 垂线法 |
| 4 | 防眩网网孔尺寸 | 满足设计要求 | 尺量 |

(7)防眩设施施工完成后,宜在晚间进行实地目测检查。

## 思考与练习

1. 简述防眩设施的材料要求。
2. 简述防眩设施的施工内容。
3. 防眩设施施工质量过程控制项目有哪些?

# 模块八　其他交通安全设施

## 单元一　避 险 车 道

1. 熟悉避险车道的概念及组成；
2. 掌握避险车道的设置原则和几何设计方法；
3. 了解制动床、救援车道铺装材料及技术要求；
4. 了解配套交通安全和救援辅助设施，防污、排水系统的设置要求；
5. 掌握避险车道施工质量过程控制项目。

能够进行避险车道的设计与施工。

### 一、避险车道简介

避险车道是指在长陡下坡路段行车道外侧，增设的供速度失控（制动失灵）车辆驶离正线安全减速的专用车道，由引道、制动床、救援车道等构成，如图 8-1 所示。避险车道主要利用制动床材料的滚动阻力可逐渐降低失控车辆动能的原理，或者利用动能转化成势能的原理，为制动失效货车提供消能，从而降低事故严重程度。

图 8-1　避险车道

避险车道的主要组成如下：

1. 交通安全设施

避险车道应设置相关的交通标志、标线、轮廓标等交通安全设施，有助于驾驶员对避险车道的有效识别并引导失控车辆驶入。

设置了避险车道的道路上,在其前方适当位置应至少设置一块避险车道标志,如图8-2a)所示,用以提醒货车驾驶员注意是否使用避险车道。如果条件允许,宜在避险车道前2km、1km、500m左右及其他适宜位置分别设置预告标志,如图8-2b)所示,在避险车道的入口处设置指示的警告标志,如图8-2c)所示。

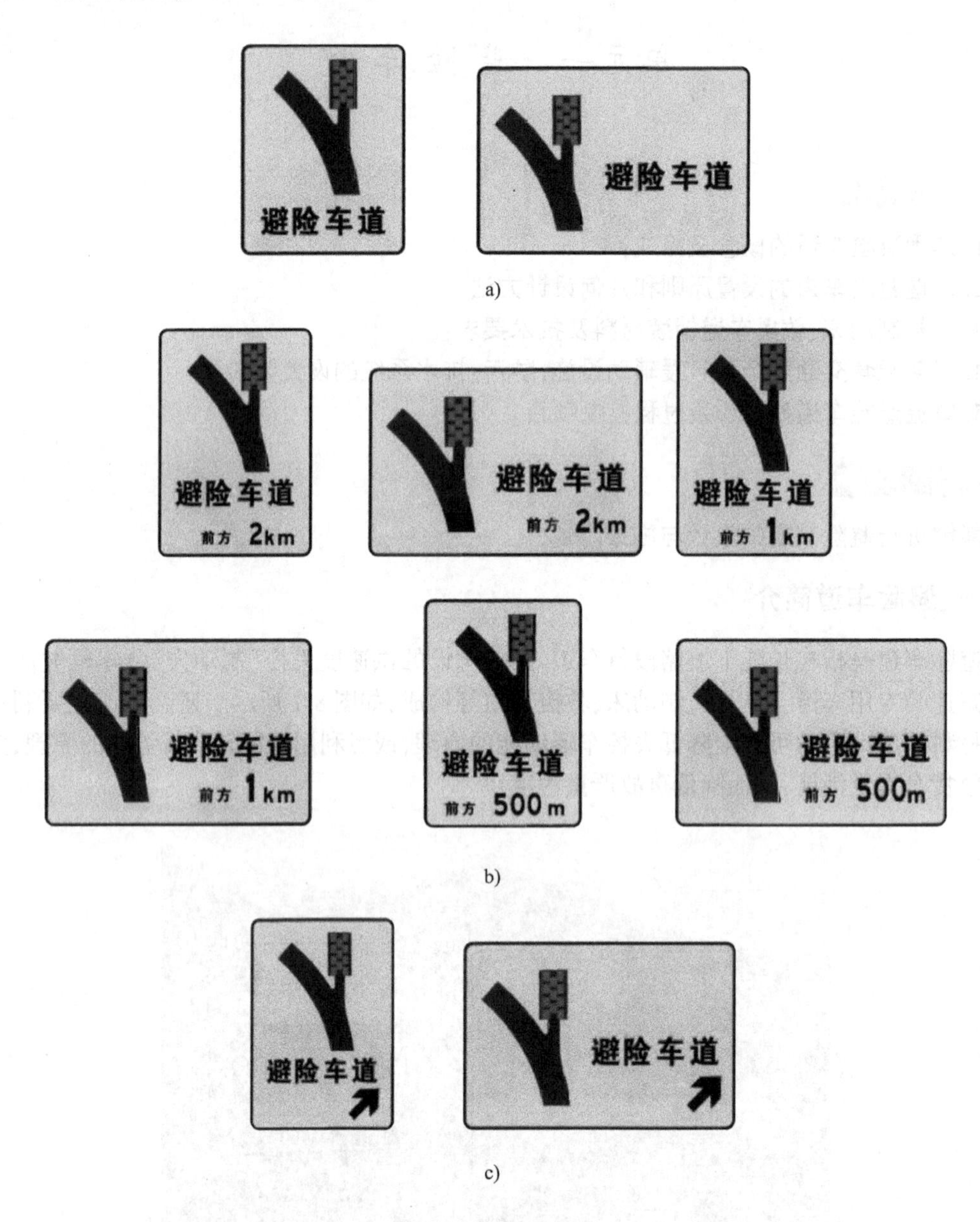


图8-2　避险车道标志

2. 管理设施

为了加强避险车道在夜间的视认性、提高养护及救援效率,高速公路避险车道宜设置照明、车辆检测器及外场监控等设施,将其作为高速公路机电系统设计的部分内容。其他等级公路根据需要可设置照明、监控等管理设施。各等级公路的避险车道应在合适位置设置救援电话告示标志。

3. 排水设施

避险车道排水系统能有效地避免制动床结冰和污染，是保障制动床制动性能的重要措施。避险车道制动床铺装材料混入其他材料会降低其制动性能，特别是不易清理的细小颗粒异物会掺杂在制动材料中填补其空隙，影响制动材料间的滚动置换，降低滚动阻力。避险车道排水系统可以将污染物随排水过程清除一部分，减少制动床的污染程度。另外，避险车道排水系统要避免其内部积水，北方冬季避险车道内部积水结冰会使其板结，驶入的失控车辆会沿着表面直接冲到端部造成严重的事故。因此，从安全与养护的角度，排水设施是避险车道的重要组成部分。

## 二、设置原则

避险车道设置应符合以下原则：

(1)在连续下坡路段，应根据车辆组成、坡度、坡长平曲线等公路线形和交通特征以及交通事故等因素，在货车因长时间连续制动而制动失效风险高的路段，结合路侧环境确定是否设置避险车道以及具体设置位置，并应符合下列要求：

①新建公路的连续长、陡下坡路段，当平均纵坡和坡长满足表 8-1 的规定，且交通组成的货车构成比例达到 20% ~30% 时，宜结合交通安全评价结论，考虑设置避险车道。

**连续长、陡下坡路段考虑设置避险车道的平均纵坡和坡长** 表 8-1

| 平均坡度(%) | 2.5 | 3.0 | 3.5 | 4.0 | 4.5 | 5.0 | 5.5 | 6.0 |
|---|---|---|---|---|---|---|---|---|
| 连续坡长(km) | 20.0 | 14.8 | 9.3 | 6.8 | 5.4 | 4.4 | 3.8 | 3.3 |
| 相对高差(m) | 500 | 450 | 330 | 270 | 240 | 220 | 210 | 200 |

②在已开通运营公路的连续下坡路段，应将与制动失灵有关的事故多发段(点)作为确定避险车道位置的首要考虑因素。分析连续长、陡下坡路段的货车制动失效事故特征，参考制动毂温度实测数据和货车运行速度实测数据，结合公路线形、路侧地形条件、桥隧结构物位置以及视认性要求等选择避险车道的设置位置。

(2)避险车道宜设置在连续下坡路段右侧视距良好、车辆不能安全转弯的主线平曲线之前或路侧入口稠密区之前的路段。驾驶员在驶入引道前便能看到避险车道的全貌，有利于失控车辆的驾驶员及早获取避险车道的相关信息。连续下坡末端设置民房、集市、学校、医院等建筑或场所，失控车辆冲入后将造成重特大事故的高风险地点前要考虑设置避险车道。

避险车道宜沿较小半径的平曲线路段的切线方向，如设置在直线或大半径曲线路段时，避险车道与主线的夹角宜小于 5°。

(3)避险车道的设置位置及形式宜结合地形、线形条件确定，设置位置处宜避开桥梁，并应避开隧道。从失控车辆驶入避险车道避免产生二次伤害的角度，避险车道宜避免设置在桥梁路段；由于隧道洞口的明暗视觉效应增加了驾驶员的心理、生理负荷，不利于驾驶员顺利驶入避险车道，因此，在隧道出口处不要设置避险车道。

## 三、几何设计

(1)避险车道入口之前宜采用不小于表 8-2 规定的识别视距。条件受限制时，识别视距应大于1.25倍的主线停车视距。

**避险车道入口的识别视距** 表8-2

| 制动床入口设计速度(km/h) | 120 | 100 | 80 | 60 |
|---|---|---|---|---|
| 识别视距(m) | 350~460 | 290~380 | 230~300 | 170~240 |

车辆制动失效时,驾驶员心理处于极度恐慌状态,避险车道较好的视认性有利于驾驶员及时做出进入避险车道的决定,并操纵车辆顺利进入避险车道。考虑到避险车道与公路出口匝道均是车辆驶离主线,因此参考现行行业标准《公路路线设计规范》(JTG D20)规定的主线分流鼻之前判断出口所需的识别视距制定出表8-2的避险车道识别视距,该识别视距界定为车辆距制动床入口的距离。

(2)避险车道引道长度不宜小于70m,引道入口宽度宜为3.8~5.5m,末端宽度与制动床宽度相同,并应平顺连接;引道应终止在三角端后方,如图8-3所示。

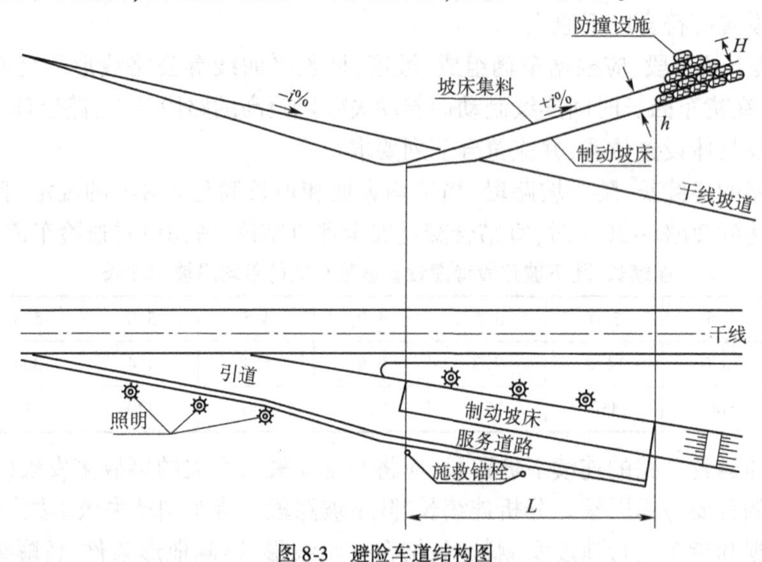


图8-3 避险车道结构图

(3)避险车道平、纵线形应为直线。

(4)避险车道的纵坡坡度应确保车辆不发生纵向倾覆和纵向滑动,其值宜控制在15%以下。

(5)为便于失控车辆驶入避险车道,并考虑到经济性因素,避险车道制动床的宽度宜为4~6m,且应等宽或逐渐加宽,应避免逐渐变窄设计。

(6)救援车道与制动床宜设置在同一平面,且应紧邻制动床,救援车道的宽度宜为5.5m,以便拖车和维护车辆使用。救援车道与制动床间应设置具有反光性能的隔离设施。

(7)避险车道制动床的长度应根据车辆驶入速度、避险车道纵坡及坡床材料综合确定。

(8)在避险车道长度不能满足要求时,经论证可在制动床中段以后适当位置设置阻拦索或消能设施,阻拦索或消能设施的安全性应经过实车试验验证。阻拦索或消能设施宜进行防盗处理。

## 四、制动床、救援车道铺装材料及技术要求

(1)避险车道制动床末端应增设防撞桶、废轮胎等缓冲装置或设施。

(2)避险车道制动床材料宜采用具有较高滚动阻力系数、陷落度较好、不易板结和被雨水

冲刷的卵(砾)石材料,材料粒径以2~4cm为宜。不同材料的滚动阻力系数见表8-3。

不同材料的滚动阻力系数 **R** 值　　表8-3

| 表面材料 | $R$ 值 | 表面材料 | $R$ 值 |
|---|---|---|---|
| 硅酸盐水泥混凝土 | 0.01 | 松散的碎料 | 0.05 |
| 沥青混凝土 | 0.012 | 松散的砂砾 | 0.1 |
| 密实的砂砾 | 0.015 | 砂 | 0.15 |
| 松散的砂质泥土 | 0.037 | 豆砾石 | 0.25 |

(3)避险车道制动床集料厚度应为1.1m,最小厚度不应低于1m。

(4)制动床集料的厚度应在30~60m长的距离内从制动床入口处的7.5cm深度逐渐过渡到完整厚度,如图8-4所示。

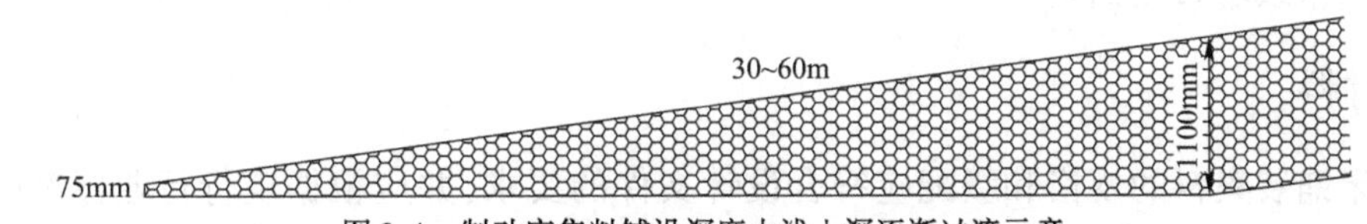


图8-4　制动床集料铺设深度由浅入深逐渐过渡示意

(5)救援车道宜采用水泥混凝土路面,路基和路面设计应满足现行行业标准《公路路基设计规范》(JTG D30)和《公路水泥混凝土路面设计规范》(JTG D40)对三、四级公路的相应规定。

## 五、配套交通安全和救援辅助设施

(1)避险车道应配置的交通安全设施应符合下列要求:

①连续长、陡下坡宜在坡顶设置坡长信息告示标志,并在避险车道前适当位置重复设置。

②在避险车道前宜设置2km、1km、500m的预告标志,在避险车道引道入口应设置避险车道标志。

③引道入口前宜设置“禁止停车”的禁令标志和“失控车辆专用”的告示标志。

④救援车道硬化路面上应设置“救援车道专用”的路面文字标记。

⑤上坡型制动床两侧应设置护栏,宜采用混凝土护栏。

⑥制动床两侧应设置轮廓标,其反光器颜色应为红色,间距宜为12m。救援车道右侧可不设置轮廓标。

(2)救援车道入口应设置保障行车安全的隔离设施及禁止驶入的警告或禁令标志,救援车道与制动床间应用柱式轮廓标或防撞桶隔离,以防止失控车辆把救援车道当作避险车道使用。

(3)救援车道应设防止救援拖车移动的地锚设施,地锚设施的拉力不宜小于200kN。

(4)端部消能设施的设置应符合下列要求:

①避险车道应在制动床末端增设如集料堆、沙桶、废轮胎、阻拦索等缓冲装置或设施。集料堆的尺寸应符合图8-5的要求。沙桶、废轮胎、阻拦索等缓冲设备的结构尺寸,设置数量应结合驶入车型、速度、避险车道的结构形式等通过试验论证后进行设计。

②消能设施的填充材料应与制动床集料相同。

在满足长度要求的避险车道末端设置消能设施是为失控车辆提供更高的安全保障。不宜将制动消能设施和阻拦索作为弥补避险车道长度不足的手段,避险车道设计要尽量满足其长度要求。确因地形所限制无法提供足够长度时，才可采取避险车道末端设置减速消能设施，或在中后段设置阻拦索弥补其长度的不足，所采用的上述措施要通过论证后方可应用。

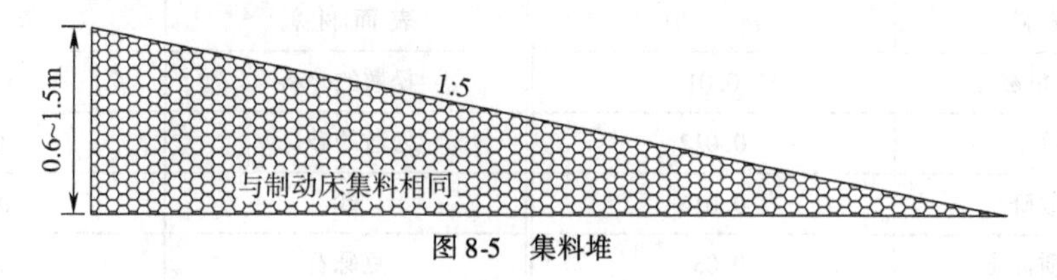


图 8-5　集料堆

## 六、防污、排水系统

制动床基底表面应设置横坡、横向排水管和纵向排水沟。制动床基底和制动床集料之间应铺装土工布或块石路面。

## 七、材料

制动床铺装集料的规格和级配应符合设计文件的要求，并应根据现行行业标准《公路工程集料试验规程》(JTG E42)的规定对铺装材料进行抽样筛分。

卵(砾)石等制动集料应根据现行行业标准《公路工程集料试验规程》(JTG E42)的规定进行压碎值的检测试验，卵(砾)石等制动集料的压碎值不应大于 23%。

路基、路面及交通安全设施、交通监控和照明等设施所用的材料应符合现行行业标准《公路交通安全设施施工技术规范》(JTG/T 3671)等相关标准规范的规定。

## 八、施工

避险车道施工前应对其位置进行定位，确认符合设计图纸要求后方可按程序施工。

避险车道基床、排水系统、服务车道的施工应符合现行行业标准《公路路基施工技术规范》(JTG/T 3610)、《公路路面基层施工技术细则》(JTG/T F20)和《公路水泥混凝土路面施工技术细则》(JTG/T F30)的规定。避险车道设置的交通标志、交通标线、护栏、视线诱导等设施的施工应符合现行行业标准《公路交通安全设施施工技术规范》(JTG/T 3671)的规定。

运营期间增设避险车道，应制定施工组织方案，加强施工作业安全管理，防止失控车辆闯入施工作业区。

(1)避险车道的基床施工完毕，在铺设制动材料前，应对基床表面进行清扫，基床表面不应留有杂物或其他材料，以免其与制动材料混合在一起，填充制动床铺装材料的缝隙，降低制动材料的滚动置换能力，降低制动效果。

(2)应在避险车道施工完毕后，再进行末端设置消能设施的安装或放置，消能设施的内容物应采用与制动床一致的材料，可以避免碰撞后消能设施破碎，其内容物散落污染制动材料。

(3)施工结束前，应对制动床铺装材料进行平整工作，除按设计要求做的隆起部分，表面不应有明显的突起及凹陷。避险车道表面不平整会使失控车辆前面的左右车轮陷入不均匀导致翻车，特别是入口失控车辆驶入速度较高，入口前的制动材料的平整度对失控车辆的安全影响更大。因此在避险车道的护栏、轮廓标、端部消能设施安装完毕后要对制动铺装材料表面进行整平工作。

## 九、质量过程控制

(1)避险车道的结构尺寸、排水设施应符合设计文件要求。

(2)避险车道相关的交通标志、交通标线、护栏、视线诱导等设施的设置应符合现行行业标准《公路交通安全设施施工技术规范》(JTG/T 3671)和设计文件的规定。

(3)末端消能材料的设置位置及数量应符合设计文件的要求。

(4)制动床的铺装集料的规格与级配、卵(砾)石等制动集料的压碎值应符合设计文件的要求。

(5)施工过程中应加强质量检查,各检查项目应符合表8-4的要求。

避险车道施工质量过程控制项目 表8-4

| 项次 | 检 查 项 目 | 规定值或允许偏差 | 检 查 方 法 |
|---|---|---|---|
| 1 | 避险车道宽度(m) | 满足设计要求 | 尺量 |
| 2 | 制动床长度(m) | 满足设计要求 | 尺量 |
| 3 | 制动床集料厚度(m) | 满足设计要求 | 尺量 |
| 4 | 坡度(%) | 满足设计要求 | 水准仪 |

### 思考与练习

1. 简述避险车道的概念及组成。
2. 简述避险车道的设置原则。
3. 制动床、救援车道铺装材料及技术要求是什么?
4. 避险车道配套交通安全和救援辅助设施有哪些?
5. 避险车道施工质量过程控制项目有哪些?

# 单元二 防 风 栅

### 知识目标

1. 熟悉防风栅的概念及作用;
2. 了解防风栅的设计要求;
3. 掌握防风栅的设置原则。

### 能力目标

能够进行防风栅的设计与施工。

## 一、防风栅简介

1. 概念

防风栅是设置在公路上风侧或公路两侧,减轻强风对公路行驶车辆影响的设施,如图1-13所示。

2. 作用

作为一种交通安全设施，其作用是降低路面上风的速度，从而降低横向侧风对车行道内车辆行驶稳定性的影响，提高强风条件下行车的安全性。

## 二、设计要求

公路防风栅设计应符合下列要求：

（1）防风栅设计应有效降低横向侧风对车辆行驶安全的不利影响。

（2）受强侧风影响路段，防风栅应与交通标志、交通标线（含彩色防滑标线）等设施统筹考虑。研究和实践均表明，防风栅并不能彻底消除强侧风对交通安全的影响，需要综合考虑限速、提示、提高路面抗滑能力等多种措施系统以降低强侧风的影响，而不能完全依赖设置防风栅。

（3）桥梁上设置防风栅时，应对桥梁气动稳定性和桥梁受力进行验证。风洞试验显示小透风率防风栅的挡风效率高达75% ~90%（即风速降低到无防风栅时的10% ~25%），但是当防风栅设置在桥梁上时会对整个桥梁结构体系带来非常大的气动阻力，并且可能引起桥梁气动稳定性的下降，因此桥梁上设置防风栅时需要对桥梁的气动稳定性进行验证分析，分析可采用仿真分析和风洞试验的方法。

（4）防风栅设置位置位于公路用地范围以外时，不宜占用农业和工业用地。

（5）公路防风栅设计应首先搜集公路设计项目沿线的风力、风速和风向资料，在路基施工期间在可能存在强侧风路段进行风速和风向观测，根据观测结果确定合理、有效的设计方案。

（6）防风栅透风率不宜高于30%。桥梁上可提高防风栅透风率，但是不宜高于60%。

（7）防风栅宜设置在土路肩边缘处。防风栅顶部距离路面的高度在双车道公路不宜小于3m，在四车道公路上不宜低于路基宽度的五分之一。防风栅设置位置距离路肩有一定距离或公路车道数大于4 时，应对防风栅高度进行专项分析。

（8）防风栅结构设计可采用有限元计算方法和极限状态法，采用极限状态法设计时与交通标志结构设计方法相同。

（9）防风栅采用栅条结构时，应采用横向栅条布置。当防风栅设置于路侧护栏上时，路侧护栏宜采用混凝土护栏，护栏结构应考虑防风栅风载及对行车安全的影响。桥梁上设置防风栅时，应对桥梁结构进行验算。

## 三、设置原则

防风栅并不是必需设置的安全设施，通过限速等措施也能改善强风路段的安全水平，因此并不强制要求设置防风栅，而是作为一种可选的安全设施供设计人员选择。根据日本和我国台湾的相关研究成果，当风向夹角与公路轴线夹角小于 30°时，防风栅的效果就不再明显，因此只有当夹角大于 30°时才可以考虑防风栅。

公路上路侧横风与公路轴线交角大于 30°，且符合下列条件之一时，可在路侧上风侧设置防风栅：

（1）设计速度大于或等于 80km/h 的公路上常年存在风力大于七级的路段。

（2）设计速度小于 80km/h 的公路上常年存在风力大于八级的路段。

(3)隧道洞口、垭口、大桥等路段,瞬时风速大于表8-5的规定值时。

**行车安全风速** 表8-5

| 公路设计速度(km/h) | 100 | 80 | 60 | 40 | 20 |
|---|---|---|---|---|---|
| 风速(m/s) | 15 | 17 | 19 | 20 | 20 |

考虑到如果设置条件全部按瞬时风速控制则可设置防风栅路段过多,而且在常年强风区,风速分布比较均匀,驾驶员会自行控制行车速度,因此按瞬时风速设置防风栅经济效益比不高,为此现行行业标准《公路交通安全设施设计规范》(JTG D81)中对于普通路段借鉴了风力概念,风力表现了平均风速的大小,用风力作为设置条件控制指标更加经济合理。

但是在一些风速分布不均匀的特殊路段,如隧道口或者垭口,驾驶员无法事先预知将面临强风,往往由弱风区突然进入强风区,此时由于缺乏准备,车辆速度较快,比较容易出现交通事故,因此在这些特殊路段,要求采用瞬时最大风速作为设置条件控制指标。气象观测中,瞬时风速一般指3s平均风速,我国高速铁路客运专线以最大瞬时风速2年一遇设计值确定高速列车安全运行风险度或车速限值,铁路部门开展的研究认为最大瞬时风速2年一遇提供了一个具有安全性,又有风险度等级的直观评判指标。据此,设计人员在选取瞬时风速时,可采用路面以上5m、2年一遇3s平均风速为参考。

### 四、施工

同防雪栅施工。

**思考与练习**

1. 简述防风栅的概念及作用。
2. 简述防风栅的设计要求。
3. 简述防风栅的设置原则。

## 单元三 防 雪 栅

**知识目标**

1. 熟悉防雪栅的概念及种类;
2. 了解防雪栅的设计要求;
3. 掌握防雪栅的设置原则;
4. 熟悉防风栅和防雪栅的材料要求;
5. 掌握防风栅和防雪栅的施工内容;
6. 掌握防风栅和防雪栅施工质量过程控制项目。

**能力目标**

能够进行防雪栅的设计与施工。

## 一、防雪栅简介

1. 概念

防雪栅是设置在公路上风侧或公路两侧，减轻风吹雪对公路影响的设施，如图 1-14 所示。防雪栅可分为固定式防雪栅和移动式防雪栅。

2. 作用

根据美国相关研究成果，设置防雪栅后，由于风吹雪形成的低能见度环境导致的交通事故减少了 70%，可见，防雪栅在风吹雪严重地区是一种有效的交通安全设施。国内外防雪栅一般设置在风吹雪比较严重的公路沿线，但是目前关于防雪栅的设置条件国内外都缺少成熟量化成果，更多的是根据现场观测和经验。

## 二、设计要求

公路防雪栅设计应符合下列要求：

(1) 防雪栅设计应有效降低风吹雪对车行道上车辆的不利影响，同时兼顾对公路路基的防护。

(2) 公路防雪栅设计应首先搜集公路设计项目沿线的降雪量、风力、风速和风向等资料，合理确定防雪栅的防雪容量和防雪范围后，结合公路沿线地形进行设计。

(3) 防雪栅的透风率应根据风吹雪的雪量大小和防雪栅后储雪场地的情况确定，防雪栅的透风率宜位于 40% ~70% 之间。

(4) 防雪栅的高度应根据雪害地段的移雪量大小、防雪栅的透风率以及地形条件综合确定，且不宜小于 3.0m。当防雪栅高度大于 6m 时，应考虑设置双排或多排防雪栅。

(5) 防雪栅与地面之间应保留一定的间隙，离地间隙宜比当地最大降雪量深度大 5 ~10cm。

(6) 防雪栅的设置长度应完全覆盖雪害路段，并在两端向外延伸不小于 20 倍防雪栅高度的距离。

(7) 防雪栅结构设计可采用有限元计算方法和极限状态法，采用极限状态法设计时与交通标志结构设计方法相同。

(8) 防雪栅采用栅条结构时，宜采用横向栅条布置。防雪栅采用具有导风功能结构或其他非栅条结构时，应根据其特征确定设置位置和高度。

## 三、设置原则

防雪栅的设置方式和设置位置应符合下列原则：

(1) 在风吹雪量较小且持续时间长、风向变化不大的路段，可设置固定式防雪栅。固定式防雪栅的高度应根据风力及雪量大小确定，且不宜小于 3m。

(2) 在风向多变、风力大、雪量多的路段，可采用移动式防雪栅。移动式防雪栅的高度宜为 1 ~2m。

(3) 当地形开阔、积雪量过大、风力很大时，可设置多排防雪栅。

(4) 防雪栅应设置在迎风侧，防雪栅走向宜与风向垂直，地形受限时与风向的夹角不宜小于 75°。防雪栅与风向垂直时阻雪效果最好。国内实践和研究均表明，当风向与防雪栅夹角减小到40°时，防雪栅效果不明显。因此，原则上要求防雪栅尽可能与风向垂直，以获得更好的阻雪效果。

当路线走向与风向夹角较小时，应采用折线形布置，多排防雪栅可以采用图8-6的雁行式布置方式。

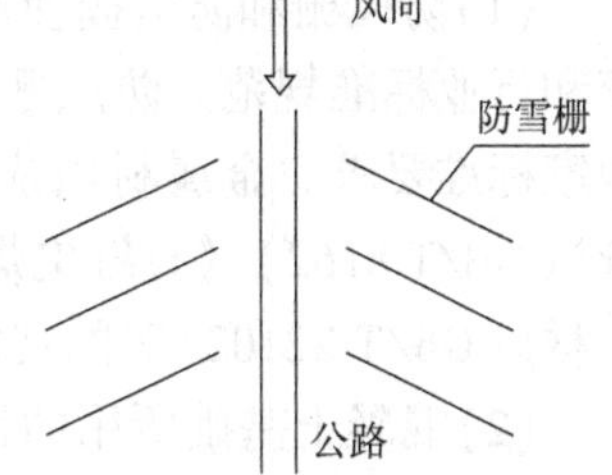


图8-6　风向与公路走向一致或交角很小时的防雪栅布置方式

(5)防雪栅设置位置位于公路用地范围以外时，不宜占用农业和工业用地。防雪栅设置位置一般要与路基保持一定的距离，因此多数情况下，防雪栅设置位置位于用地红线以外。

(6)当公路位于山坡上时，应分析防雪栅的适用性，并根据防雪栅后的雪堤长度确定防雪栅的设置位置。防雪栅的设置位置与路肩边缘的距离宜大于35倍防雪栅高度，在地形受限时不宜小于25倍防雪栅高度。

由于防雪栅的阻雪作用，防雪栅后会形成比较长的雪堤(图8-7)。为避免雪堤延伸至路面上，防雪栅与路肩之间要保证一定的距离。我国研究表明，防雪栅后雪堤长度一般会达到防雪栅高度的20~25倍。考虑到防雪栅对路基的防护以及应该保留一定的安全距离，要求防雪栅与路肩之间的距离至少要为防雪栅高度的35倍，但是允许在地形受限时这一距离放宽到25倍防雪栅高。

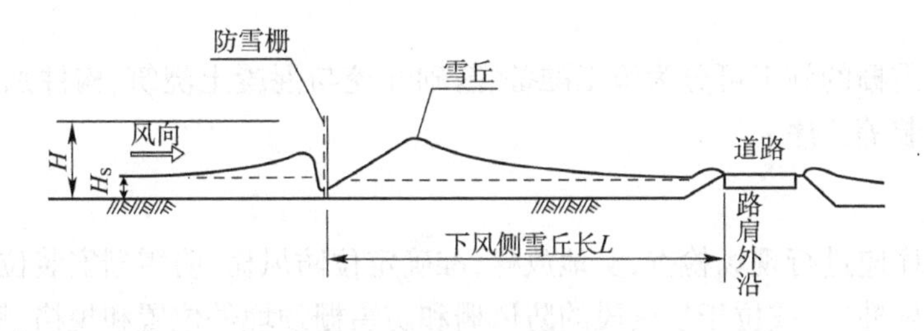


图8-7　防雪栅后的雪堤示意图

当需要设置多排防雪栅时，为了避免前方防雪栅后的雪堤影响到后面的防雪栅，在相邻防雪栅之间也要保证25倍防雪栅高度的距离，如图8-8所示。

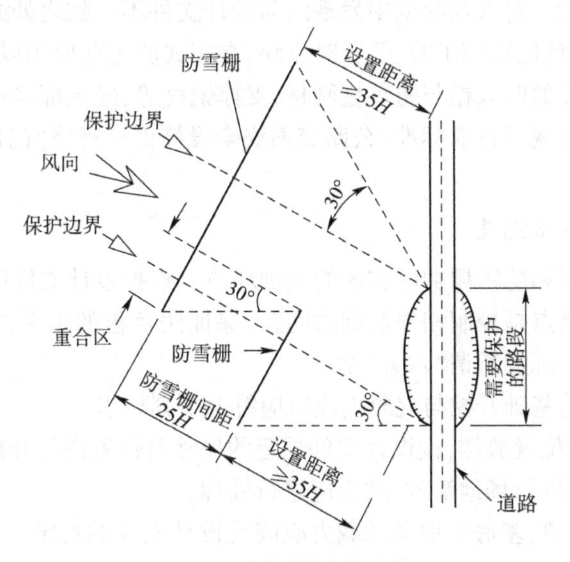


图8-8　多排防雪栅布置示意图

## 四、材料

除设计文件另行规定外，防风栅和防雪栅所用的材料应符合下列要求：

(1)防风栅和防雪栅使用的材料以钢材、混凝土和木材为主，钢材和混凝土材料要符合国家和行业标准规范。防风栅和防雪栅使用木材时，考虑到设施耐久性要使用防腐木材，并符合国家标准要求。金属材料应符合现行国家标准《碳素结构钢》(GB/T 700)、《结构用无缝钢管》(GB/T 8162)、《直缝电焊钢管》(GB/T 13973)等的规定。木材应符合现行国家标准《防腐木材》(GB/T 22102)等的规定。

(2)混凝土基础所用的钢筋、水泥、细集料、粗集料、拌和用水、外加剂等材料应符合现行行业标准《公路桥涵施工技术规范》(JTG/T 3650)的规定；使用预拌混凝土时，应满足现行国家标准《预拌混凝土》(GB/T 14902)的规定。

(3)所有钢构件均应进行防腐处理。除设计文件另行规定外，防腐处理均应满足现行国家标准《公路交通工程钢构件防腐技术条件》(GB/T 18226)的规定。所有木制材料均应进行防腐处理，防腐处理应满足现行国家标准《防腐木材》(GB/T 22102)。螺栓、螺母等紧固件和连接件在防腐处理后，应清理螺纹或进行离心分离处理。

## 五、施工

防风栅和防雪栅的施工可分为施工准备、基础开挖与混凝土浇筑、构件加工和运输、立柱与栅板或横梁安装等工序。

### 1.施工准备

施工准备工序应进行现场检查，实地放样，准确定位防风栅、防雪栅安装位置，发现设计安装位置与其他设施冲突，或位于桥梁段的防风栅和防雪栅预埋件位置和规格、钢构件腐蚀程度不符合设计要求时，应查明原因，提交建设单位进行处理，整改合格后方能进行后续工程的施工。

防风栅和防雪栅的设置位置是综合考虑了多种影响因素后确定的，擅自改动可能导致设施无法发挥正常的功能。对现场踏勘中发现的与设计文件不一致之处或与其他公路设施发生冲突，导致无法按照设计位置施工时，要及时反映，在正式施工前要予以解决。

改扩建工程中拆除的防风栅与防雪栅网材、支撑钢材等，经局部修补或翻新等方式进行处理、检验合格后，在符合现行行业标准《公路交通安全设施设计规范》(JTG D81)和设计文件的要求时，宜重复利用。

### 2.基础开挖与混凝土浇筑

基础是保证防风栅和防雪栅功能实现的关键环节。根据设计文件可以采用预制基础和现浇基础。基础施工的重点是控制相邻基础的间距、保证法兰盘的水平以及基坑回填。基坑回填时不能用水浇使土下沉的所谓“水夯”法。

防风栅和防雪栅的基础开挖与混凝土浇筑应符合下列要求：

(1)基础应按设计位置放样，按设计文件规定的尺寸及位置进行开挖。

(2)基坑开挖前应进行场地清理，软土应进行处理。

(3)基底应夯实平整，基底的地基承载力应满足设计文件的规定。设计文件中未规定时，地基承载力不宜小于150kPa。

(4)浇筑混凝土之前应按照设计图纸准确安装预埋地脚螺栓和法兰盘,预埋法兰盘应水平,检查法兰盘安放水平情况以及相邻基础法兰盘间距后焊牢底座法兰盘和地脚螺栓。

(5)以上工序检查合格后,方可进行基础现场浇筑。

(6)混凝土浇筑完成后,应对法兰盘水平情况进行检查、调整,锚板及法兰盘表面应擦拭干净,不得留有混凝土或其他异物,预埋螺栓的外露部分应清理干净并采取保护措施。

(7)基坑回填时宜使用基槽中挖出的土,不应使用腐殖土和泥炭土,回填土宜多次夯打至密实。

### 3. 构件加工和运输

防风栅和防雪栅的构件加工和运输应符合下列要求:

(1)所有钢构件的切割、钻孔、冲孔、焊接等加工均应按现行行业标准《公路桥涵施工技术规范》(JTG/T 3650)和设计文件的要求,在防腐处理之前完成。

(2)所有构件在运输过程中不应出现变形或损坏,不应损伤防腐层,宜采用保护性包装材料隔离保护。

### 4. 立柱与栅板或横梁安装

防风栅和防雪栅立柱与栅板或横梁安装应符合下列要求:

(1)立柱应根据设计文件的规定设置在现浇混凝土基础或预制混凝土基础内。立柱的安装宜分段进行,先安装每段两端的立柱,然后拉线安装中间立柱,两端立柱与中间立柱的平面投影应在一条直线上,柱顶应平顺。

(2)混凝土基础强度达到设计强度的80%以上时,方可安装防风栅和防雪栅立柱与栅板或横梁。

(3)栅板应整体平顺、美观,与立柱应连接牢固。

## 六、质量过程控制

防风栅和防雪栅的质量过程控制应符合下列规定:

(1)基础施工过程应按下列规定进行质量检查:

①基础应依据设计位置放样,相邻基础中心距离允许偏差为±20mm。

②基坑尺寸不小于设计值,允许偏差为±30mm。地基承载力和基础埋深应满足设计要求。

③用水平尺检测法兰盘安放水平,水平度允许误差为≤4mm/m,预埋件应齐全,地脚螺栓外露部分应妥善保护。

(2)立柱与栅板或横梁施工过程应按下列规定进行质量检查:

①立柱安装应垂直于地面,应用垂线、直尺或经纬仪由相互垂直的两个方向测量检查立柱竖直度,允许偏差为≤3mm/m。

②各部位连接螺栓应齐全、松紧程度应一致。

③防风栅应与公路线形走向一致,顺直、流畅,美观;防雪栅走向应与设计文件一致,顺直、流畅,纵坡起伏自然、美观。

(3)施工过程中应加强质量检查,各检查项目应符合表8-6的要求。

**防风栅和防雪栅施工质量过程控制项目** 表 8-6

| 项次 | 检 查 项 目 | 规定值或允许偏差 | 检 查 方 法 |
|---|---|---|---|
| 1 | 相邻基础中心距离(mm) | ±20 | 尺量 |
| 2 | 基坑尺寸(mm) | ±30 | 尺量 |
| 3 | 法兰盘安放水平度(mm/m) | ≤4 | 水平尺量 |
| 4 | 基础顶面平整度(mm) | ≤4 | 尺量 |
| 5 | 混凝土强度<br>(MPa) | 满足设计要求 | 根据现行行业标准《公路工程质量检验评定标准　第一册　土建工程》(JTG F80/1)中规定的"水泥混凝土抗压强度评定方法"检测 |
| 6 | 预埋件齐全,地脚螺栓外露部分应妥善保护 | 满足设计要求 | 目视 |
| 7 | 立柱竖直度(mm/m) | ≤3 | 垂线、直尺或经纬仪 |

**思考与练习**

1. 简述防雪栅的概念及种类。
2. 简述防雪栅的设计要求。
3. 简述防雪栅的设置原则。
4. 简述防风栅和防雪栅的材料要求。
5. 简述防风栅和防雪栅的施工内容。
6. 防风栅和防雪栅施工质量过程控制项目有哪些?

# 单元四　积 雪 标 杆

**知识目标**

1. 熟悉积雪标杆的概念及功能;
2. 了解积雪标杆的设计要求;
3. 掌握积雪标杆的设置原则。

**能力目标**

能够进行积雪标杆的设计与施工。

## 一、积雪标杆简介

1. 概念

积雪标杆是在可能严重积雪的路段,设置于公路两侧指示公路路面边缘的设施。

2. 功能

公路积雪标杆的功能是在积雪覆盖路面情况下,为驾驶员标识出公路几何线形。因此,积雪标杆设置位置不宜距离车行道过远,在情况允许的情况下最好设置在路肩之上。

3. 颜色

积雪标杆的颜色各国没有统一规定，以红色、橙色、红白相间居多（图1-15），积雪标杆的颜色不但要与积雪的白色形成反差，而且要与公路环境背景形成反差。设计人员可以根据积雪标杆设置路段的环境情况选择容易辨识的颜色。

## 二、设计要求

公路积雪标杆设计应符合下列要求：

（1）公路积雪标杆宜设置在公路路肩上，设置位置不得侵入公路建筑限界以内。

（2）积雪标杆的设置间距可参考轮廓标的设置间距。

## 三、设置原则

公路积雪标杆设置应符合以下原则：

（1）降雪量较大、持续时间长且积雪覆盖车行道的公路路段，可设置积雪标杆。

积雪标杆是一种积雪路段可采用的交通安全设施，要根据积雪严重程度和除雪养护工作情况综合考虑。在除雪养护及时的路段，积雪标杆并不是必需的安全设施。因此，设计人员要根据实际情况酌情考虑。

（2）积雪标杆位于路面之上的高度宜为1.5~2.4m。

积雪标杆的应用效果受周边环境影响很大，因此不宜对全面范围内积雪标杆的规格和尺寸进行统一规定。这里推荐的积雪标杆直径和高度是国外经常采用的范围，原则上标杆越高识认效果越好，但是在线形较好，路侧开阔的路段稍短的标杆也能起到较好的效果，设计人员可根据设计项目的环境特点进行针对性设计。一般而言，积雪标杆高度要大于历史积雪深度1.2m以上。

（3）夜间交通量较大的路段，积雪标杆上应使用反光膜。设置反光膜时应在周长方向闭合，反光膜宜为黄色，可间隔设置，反光膜纵向长度和间隔长度宜为20cm。

积雪标杆上设置反光膜能够加强夜间以及降雪过程中积雪标杆的视认性。反光膜的设置长度和间隔参考了道口标柱的设置要求，其原因是道口标柱在国内的使用经验表明这一长度和设置间隔能为驾驶员提供很好地识别。反光膜使用黄色是为了与积雪背景有很好的对比度，切忌使用白色反光膜。

## 四、施工

除设计文件另行规定外，积雪标杆的材料、施工和质量过程控制要求应符合现行行业标准《公路交通安全设施施工技术规范》（JTG/T 3671）中关于柱式轮廓标施工的相关规定。

**思考与练习**

1. 简述积雪标杆的概念及功能。
2. 简述积雪标杆的设计要求。
3. 简述积雪标杆的设置原则。

# 单元五　限　高　架

1. 熟悉限高架的概念及种类；
2. 掌握限高架的设置原则。

能够进行限高架的设计和施工。

## 一、限高架简介

1. 概念

桥梁、隧道限高架是为了保护桥梁和隧道结构不被超高车辆撞击的设施。同时，为了保障车辆的安全，要告知驾驶员限高的具体要求。因此，设置限高架的同时需要设置限高标志。

2. 分类

限高架分为警示限高架和防撞限高架两类，警示限高架利用悬挂的水平横杆等对车辆不造成损坏的柔性结构，警示车辆高度超出了限高标志允许的高度，车辆仍然可以通过；防撞限高架则要具备足够的强度，避免车辆撞击公路结构物，如图 8-9 所示。重要结构物前可先设置警示限高架，然后再设置防撞限高架。

图 8-9　防撞限高架

为了更好地杜绝车辆对桥梁、隧道结构的损伤，也为了避免超高车辆行驶至桥前才发现车辆无法通行，最好在进入该路段的平面交叉入口设置限高要求相同的警示限高架，并设置限高标志。

限高架对车辆本身有冲击作用，对车辆和驾驶员有一定损伤，因此设计中要综合考虑桥梁隧道的结构安全和驾驶员的生命安全，可在刚性限高架前增设一个限高值相同但结构为柔性结构的警示限高架。

## 二、设置原则

公路限高架设置应符合以下原则：

(1)公路上跨桥梁或隧道内净空高度小于4.5m时可设置防撞限高架,上跨桥梁或隧道内净空高度小于2.5m时宜设置防撞限高架。

(2)根据交通运营管理的规定,需要限制通行车辆的高度时,可设置防撞或警示限高架。

(3)限高架应与限高标志配合使用,限高架下缘距离路面高度不得小于限高标志限定的高度值。根据需要,可配置车辆超高监测预警系统。

(4)限高架应设置黄黑相间的立面标记,立面标记宜采用反光膜。

(5)限高架不得影响消防和卫生急救等应急通行需要。

(6)限高架可根据需要设计为高度可调节的结构。

(7)超高车辆碰撞限高架时,限高架构件及其脱离件不得侵入车辆乘员舱,不得对其他正常行驶车辆造成伤害。

(8)警示限高架与上跨桥梁或隧道的距离应满足驾驶员反应距离与制动距离需求(表8-7);防撞限高架与上跨桥梁或隧道的距离应满足车辆碰撞限高架后运行速度的制动距离需求。

**制动距离及运行速度的关系** 表8-7

| 运行速度(km/h) | 20 | 30 | 40 | 50 | 60 | 70 | 80 | 90 | 100 |
|---|---|---|---|---|---|---|---|---|---|
| 制动距离(m) | 7.6 | 12.7 | 19.0 | 26.2 | 34.4 | 43.5 | 53.7 | 64.9 | 77 |

注:表中所示的制动距离为驾驶员反应时间和制动时间内车辆的制动距离。

调查显示,49t大货车在高速公路上的运行速度约为40~60km/h,综合各等级公路,选取车速为50km/h所需要的制动距离为防撞限高架的最小设置距离,即车辆在该距离内通过制动系统能够在撞击桥梁上部结构之前将车速降为0km/h。当车辆撞击到限高杆后,大多数人的动作反应时间约需1s,且驾驶员会本能采取制动。计算中仍取50km/h的车速,则限高杆与限高防撞架之间的距离$L=500/36=14$m,建议取15m。

## 三、施工

除设计文件另行规定外,限高架的材料、施工和质量过程控制要求应符合现行行业标准《公路交通安全设施施工技术规范》(JTG/T 3671)中关于交通标志施工的相关规定。

**思考与练习**

1. 简述限高架的概念及种类。
2. 简述限高架的设置原则。

# 单元六 减 速 丘

1. 熟悉减速丘的概念及作用;
2. 掌握减速丘的设置原则;
3. 了解减速丘标线的使用;

4. 掌握减速丘的构造；

5. 掌握减速丘的施工内容；

6. 掌握减速丘施工质量过程控制项目。

能够进行减速丘的设计与施工。

## 一、减速丘简介

减速丘是设置于车行道或延展到整个公路路面宽度的弧形突起区域，配合相应的交通标志和标线，起到提醒驾驶员控制车速的作用。减速丘可用于三级、四级公路进入城镇、村庄的路段，或者进入干线的支路上，以降低行驶车辆的速度，提高行人密集区公路的交通安全。

## 二、设置原则

减速丘的设置应符合下列原则：

(1)在支路与干线公路的平面交叉前，宜设置减速丘以控制汇入干线公路的车辆速度。

(2)在进入村镇前的路段、学校前的路段、进入平面交叉的路段，可设置减速丘，以限制过往车辆车速。

(3)减速丘应在路面全幅设置，并应设置相应的减速丘标志、标线、建议速度或限制速度标志。

减速丘凸出路面，在黄昏、夜间或雾天等视线不佳的天气条件下，驾驶员容易因不能及时发现路面的变化，高速通过减速丘而引发事故。因此，减速丘应参照现行国家标准《道路交通标志和标线》(GB 5768)设置相应的减速丘标志、标线、建议速度或限制速度标志，以警示驾驶员减速慢行通过减速丘，防范驾驶员未能及时发现路面发生的变化而紧急制动引发的意外事故。

## 三、减速丘标线

布置减速丘的路段，应在减速丘前设置减速丘标线，以提前告知道路使用者。减速丘标线由设置在减速丘上的标记和设置在减速丘上游的前置标线组成。减速丘标线应采用反光标线。

大型减速丘标线设置如图 8-10 所示(图中箭头仅表示车流行驶方向)，小型减速丘标线设置如图 8-11 所示(图中箭头仅表示车流行驶方向)，标线尺寸如图 8-12 所示。减速丘与人行横道联合设置时，可省略减速丘上的标记部分，但应标示出减速丘的边缘，示例如图 8-13 所示(图中箭头仅表示车流行驶方向)。

## 四、构造

减速丘的构造应符合下列要求：

(1)大型减速丘的宽度宜采用 6600mm，中心高宜采用 76mm，如图 8-14 所示。减速丘的纵向边缘应逐渐降低至与路肩齐平，如图 8-15 所示。

(2)小型减速丘可采用预制型和现浇型。预制型减速丘宽度宜为 300 ~ 500mm，中心高度宜为 30 ~ 50mm；现浇型可采用不低于 C20 的混凝土现场浇制，宽度宜为 500 ~ 600mm，中心高度宜为 50 ~ 60mm。

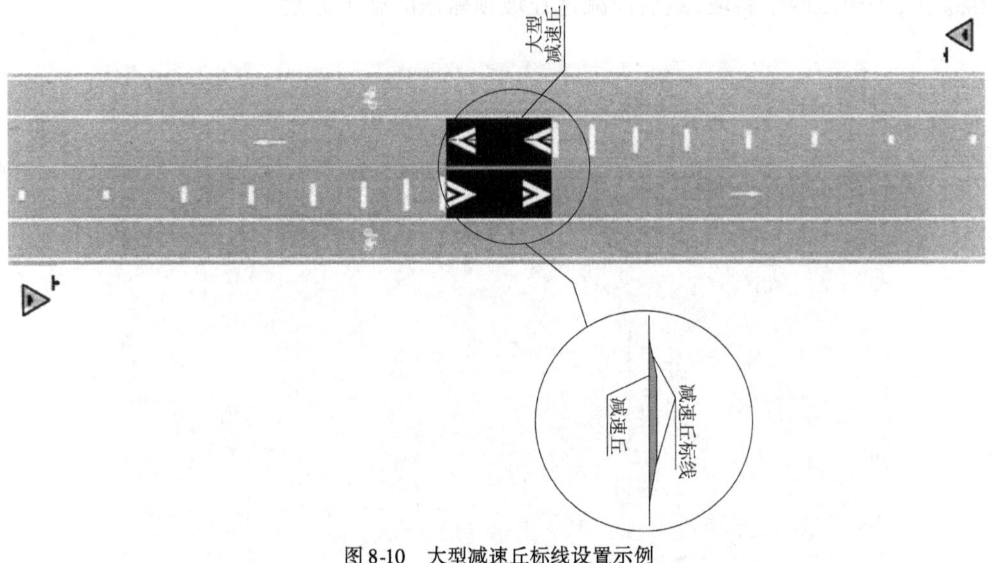


图 8-10　大型减速丘标线设置示例

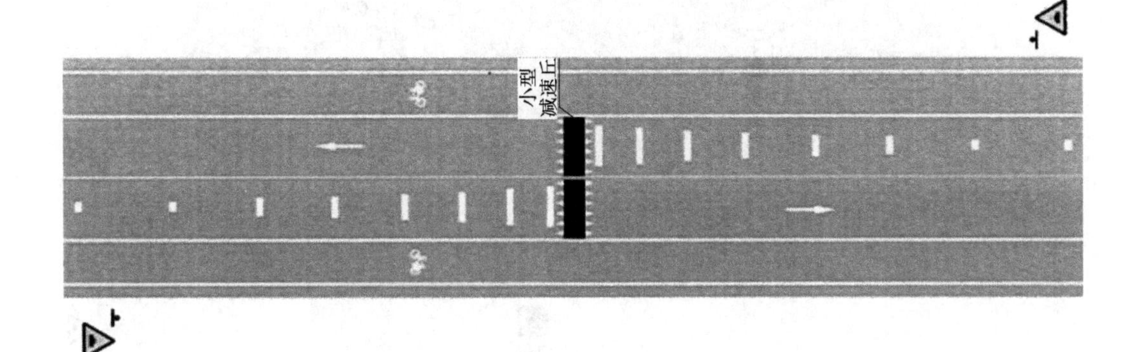


图 8-11　小型减速丘标线设置示例

## 五、施工

除设计文件另行规定外,减速丘施工宜在路面施工完毕后进行,并应符合下列要求:

(1)应根据设计文件进行减速丘的定位及放样。

(2)水泥混凝土路面应根据放样对路面进行切割挖除,然后按照设计文件进行施工。

(3)沥青路面减速丘施工宜符合下列规定:

①减速丘宜先施工丘体中间水平部分。首先确定减速丘中间丘体的位置,进行切割挖除,再填充混凝土至减速丘设计要求的高度。如减速丘上部需要加铺沥青混凝土,宜加铺至减速丘设计高度的 1/2。

②减速丘中间丘体施工完毕后,再在丘体两侧位置进行切割挖除,施工两侧丘体斜坡,丘体斜坡与中间水平部分连接应平顺。

③如减速丘采用沥青混凝土材料施工,中间丘体和丘体两侧施工完毕后,应再进行整体摊铺。先碾压两侧坡度,再由坡脚向坡顶碾压,直至斜坡成型,最后碾压顶部平面。

减速丘施工时需要破路施工。采用沥青混凝土材料施工的减速丘与路面整体性好,但是施工难度较大,根据国内外施工经验,最好采用中间丘体和两侧斜坡分开施工,然后整体摊铺沥青混凝土，先碾压两个斜坡，然后向减速丘坡顶碾压的施工方案。

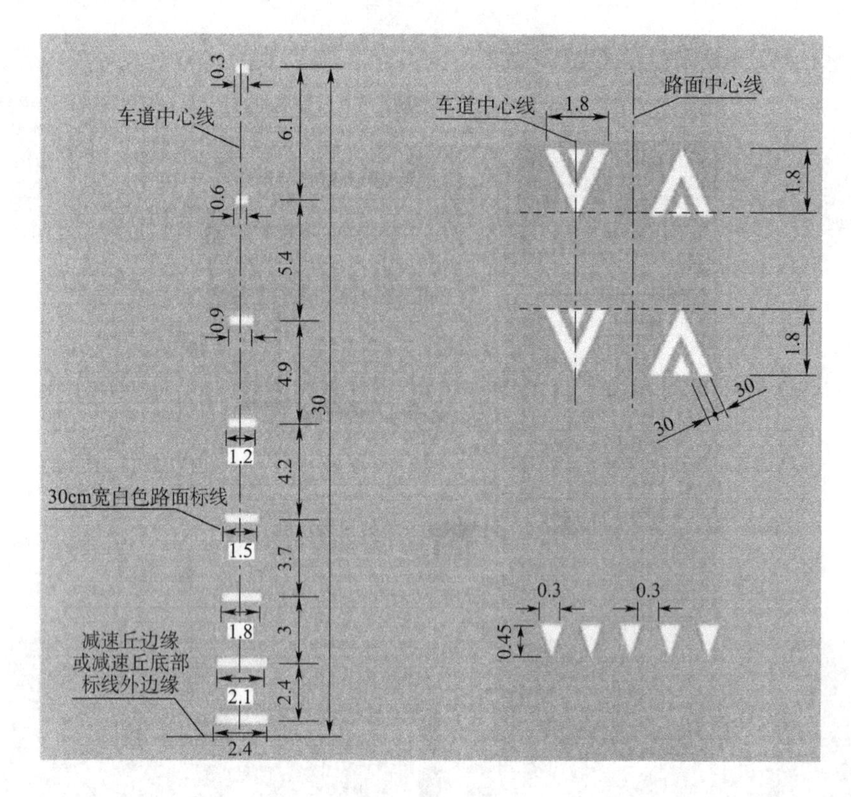

图 8-12　减速丘标线(尺寸单位:m)

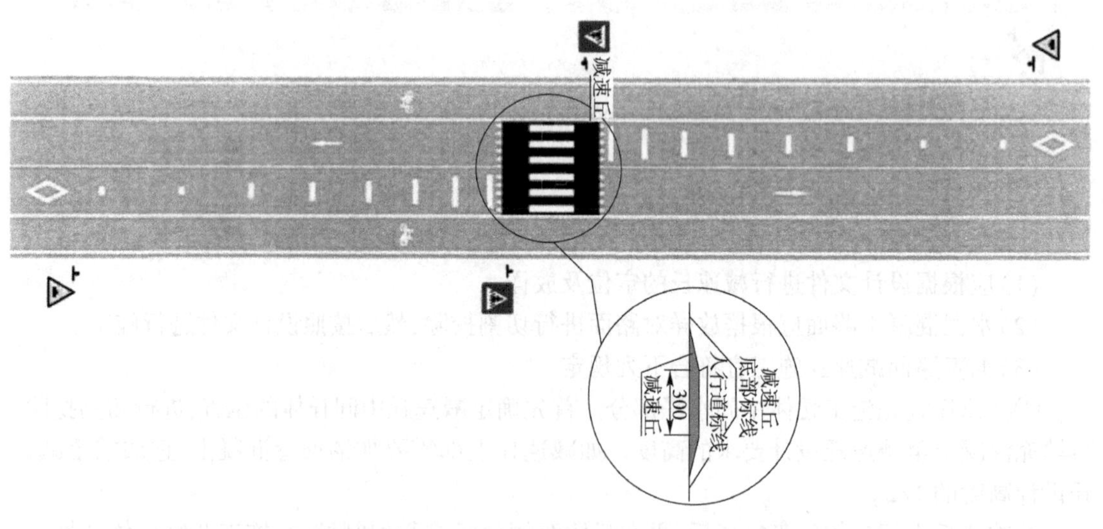

图 8-13　减速丘与人行横道合设时标线的设置示例(尺寸单位:cm)

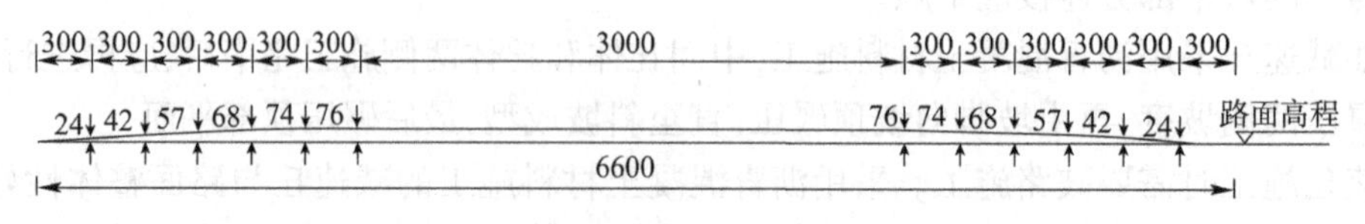

图 8-14　减速丘断面尺寸图(尺寸单位:mm)

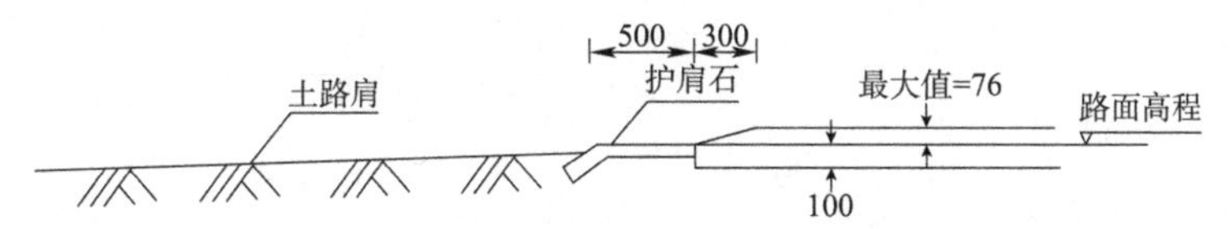

图 8-15 减速丘纵向边缘处理示意图(尺寸单位:mm)

## 六、质量过程控制

减速丘的质量过程控制应符合下列规定:

(1)减速丘的位置、结构尺寸、配套的标志标线应符合设计文件的要求。

(2)减速丘的丘体宽度和高度应符合设计文件的规定,允许偏差应符合现行行业标准《公路交通安全设施施工技术规范》(JTG/T 3671)的规定。

(3)减速丘四周与路面衔接的部位不应有高低错位。

(4)施工过程中应加强质量检查,规定值或允许偏差应满足表 8-8 的要求。

**减速丘施工质量过程控制项目** 表 8-8

| 项次 | 检 查 项 目 | 规定值或允许偏差 | 检 查 方 法 |
|---|---|---|---|
| 1 | 减速丘宽度(mm) | ±10 | 尺量 |
| 2 | 减速丘高度(mm) | ±6 | 尺量 |

### 思考与练习

1. 简述减速丘的概念。
2. 简述减速丘的设置原则。
3. 减速丘标线如何设置?
4. 减速丘的构造要求是什么?
5. 简述减速丘的施工内容。
6. 减速丘施工质量过程控制项目有哪些?

# 模块九　公路交通安全设施养护作业控制区布置

## 知识目标

1. 掌握交通标志养护作业控制区布置方法；
2. 掌握交通标线养护作业控制区布置方法；
3. 了解护栏、防眩板和视线诱导标养护作业控制区布置方法。

## 能力目标

能够进行公路交通安全设施养护作业控制区布置。

## 一、交通标志养护作业

交通标志养护作业，根据其所在的位置，可按封闭路肩或封闭车道的临时养护作业控制区布置，可布设移动式标志车。拆除交通标志时，必须保证原有标志的指示、警示等功能，可布设临时性标志。具体布置如下：

### 1. 高速公路及一级公路临时养护作业

临时养护作业控制区布置可采用单一限速控制，警告区长度宜取长、短期养护作业警告区长度的一半，但应配备交通引导人员，当布设移动式标志车时，可不布设上游过渡区。以设计速度 100km/h 为例，作业控制区布置示例如图 9-1、图 9-2 所示。

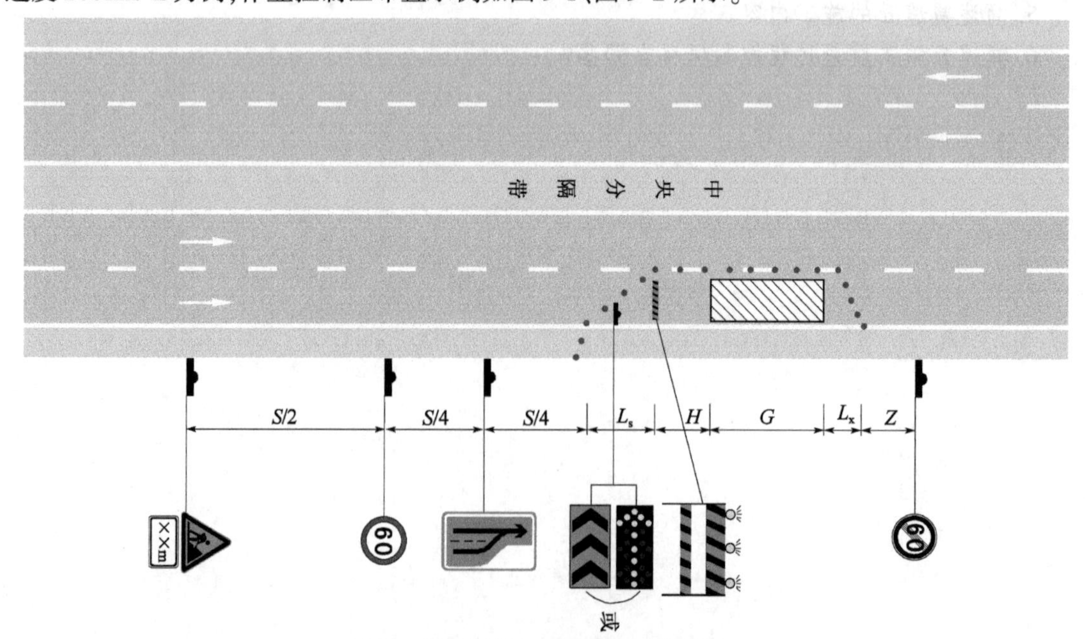


图 9-1　高速公路及一级公路临时养护作业

*S*-警告区长度；$L_s$-封闭车道上游过渡区长度；*H*-纵向缓冲区长度；*G*-工作区长度；$L_x$-下游过渡区长度；*Z*-终止区长度

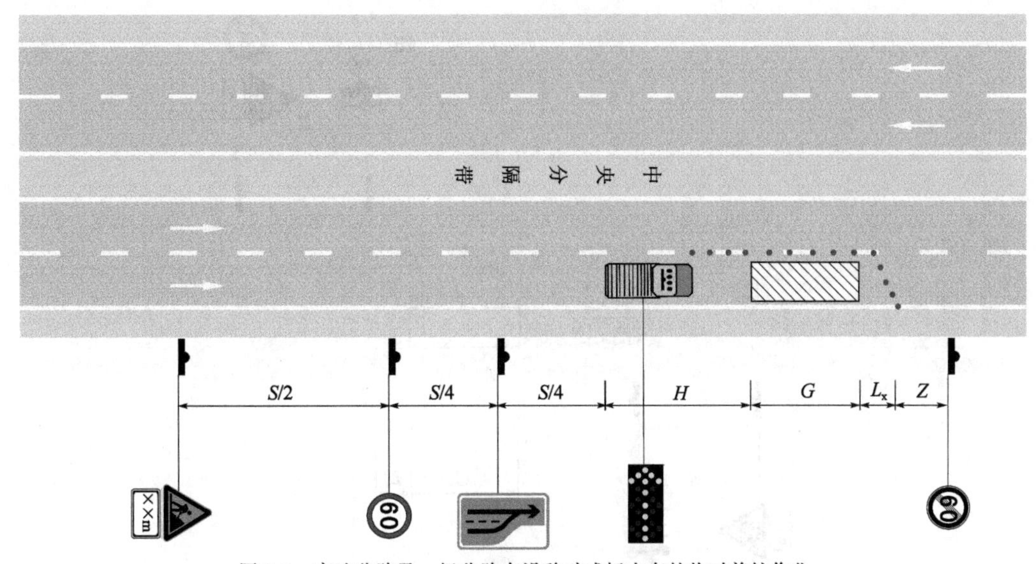


图 9-2　高速公路及一级公路布设移动式标志车的临时养护作业

$S$-警告区长度；$H$-纵向缓冲区长度；$G$-工作区长度；$L_x$-下游过渡区长度；$Z$-终止区长度

2. 二、三级公路临时养护作业

临时养护作业控制区可简化为警告区、上游过渡区、工作区和下游过渡区，警告区长度宜取长、短期养护作业警告区长度的一半。当布设移动式标志车时，可不布置上游过渡区，移动式标志车与工作区净距宜为 10 ~ 20m。对向车道可仅布置警告区。以设计速度 60km/h 和 40km/h 为例，作业控制区布置示例如图 9-3 ~ 图 9-5 所示。

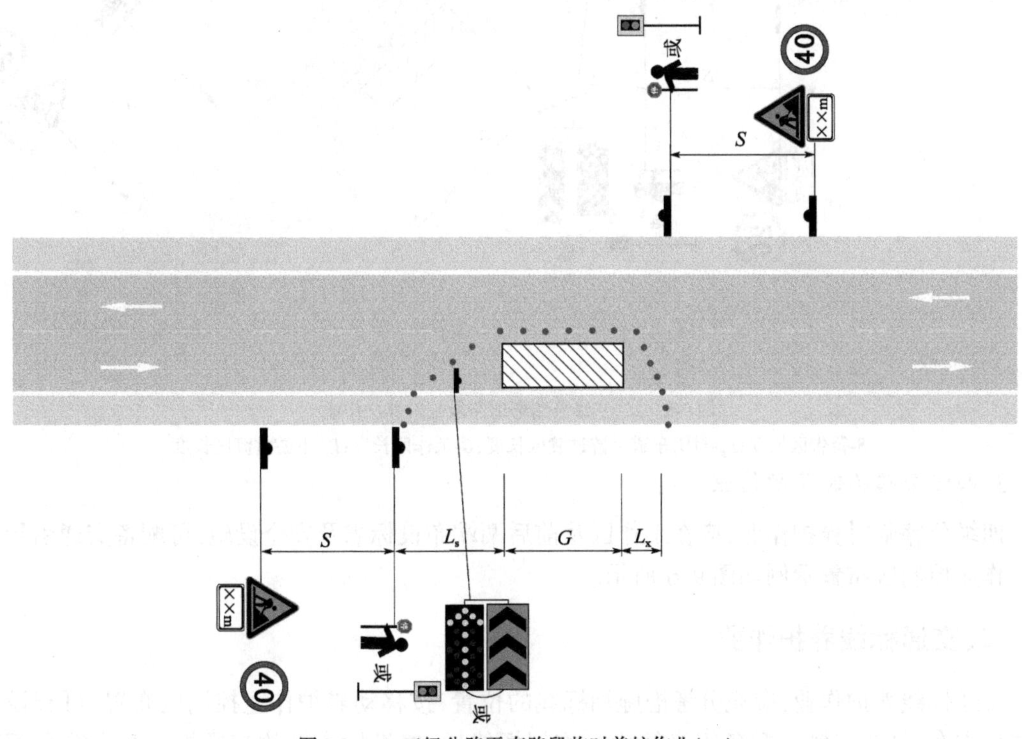


图 9-3　二、三级公路平直路段临时养护作业(一)

$S$-警告区长度；$L_s$-封闭车道上游过渡区长度；$G$-工作区长度；$L_x$-下游过渡区长度

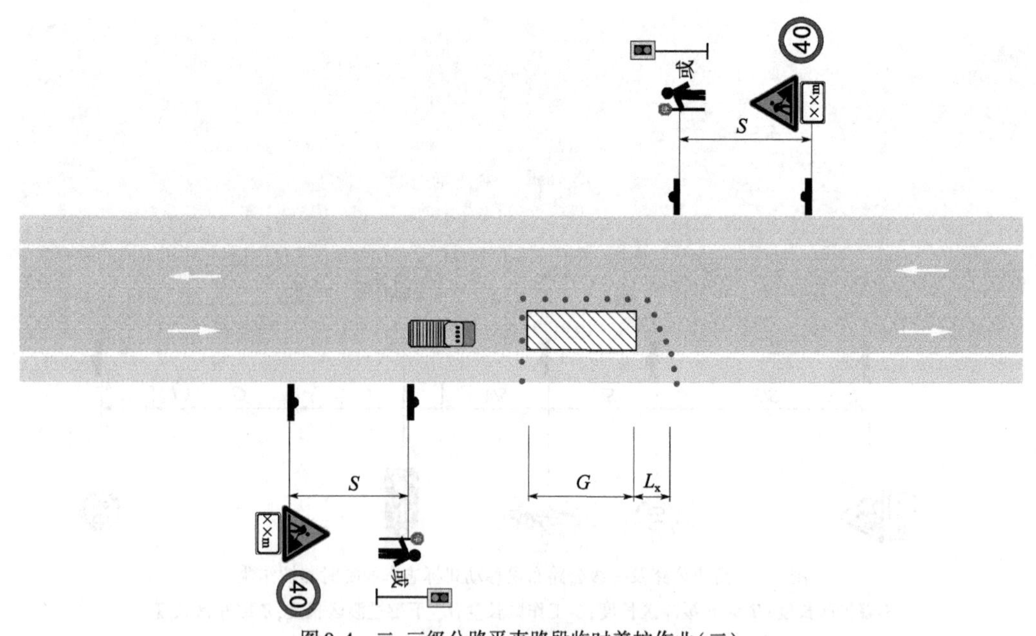


图 9-4　二、三级公路平直路段临时养护作业(二)

$S$-警告区长度;$G$-工作区长度;$L_x$-下游过渡区长度

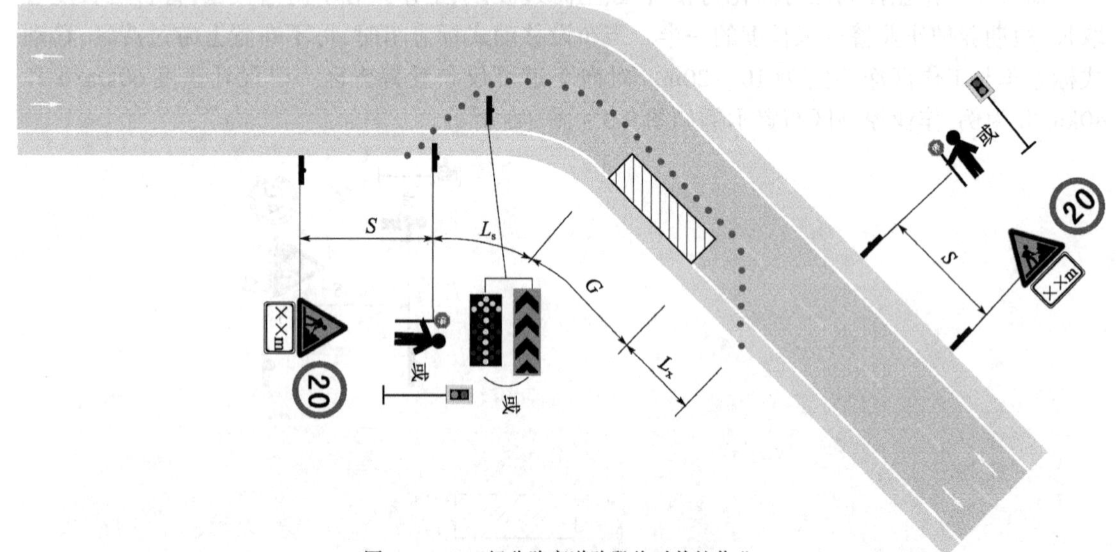


图 9-5　二、三级公路弯道路段临时养护作业

$S$-警告区长度;$L_s$-封闭车道上游过渡区长度;$G$-工作区长度;$L_x$-下游过渡区长度

3. 四级公路临时养护作业

四级公路临时养护作业,应在工作区及前后两端布设标志及安全设施,可配备交通引导人员。作业控制区布置示例如图 9-6 所示。

## 二、交通标线养护作业

交通标线养护作业,应充分考虑施划标线的位置,按移动养护作业控制区布置,可布设移动式标志车,划线车辆应配备闪光箭头。施划标线后,应沿标线摆放交通锥。并应符合下列要求:

(1)同向车道分隔标线、车辆导向箭头、路面文字或图形标记的养护作业，应将移动式标志车布设在施工车辆后方 20～30m 处，移动式标志车尚应配备限速标志，限速值宜取20km/h。作业控制区布置示例如图 9-7 所示。

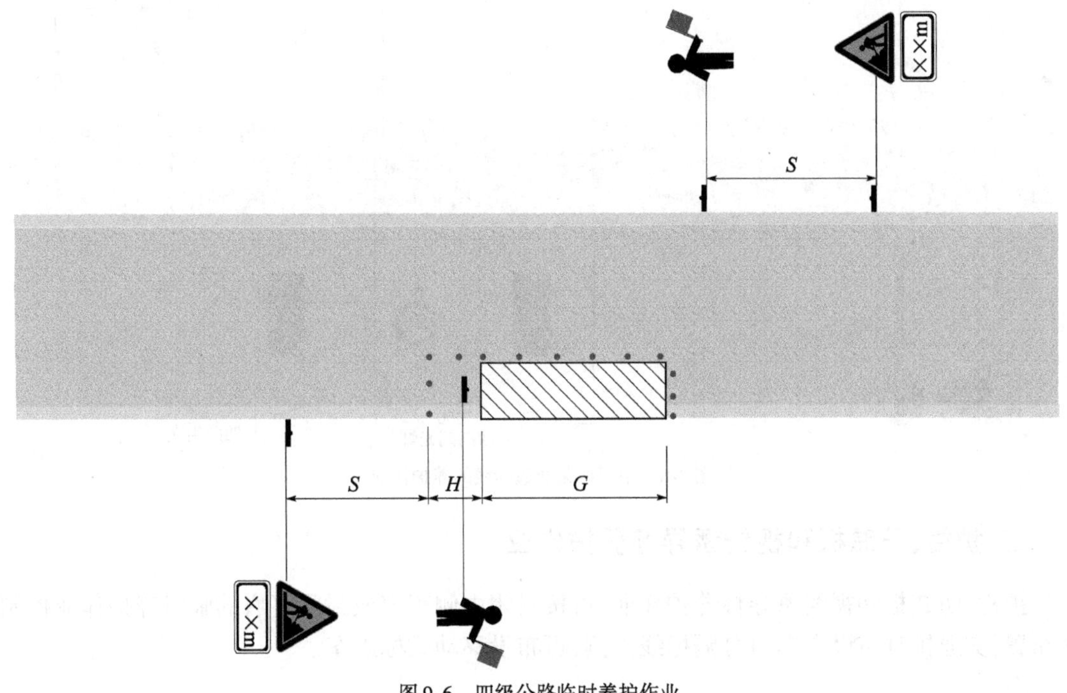


图 9-6　四级公路临时养护作业

*S*-警告区长度；*H*-纵向缓冲区长度；*G*-工作区长度

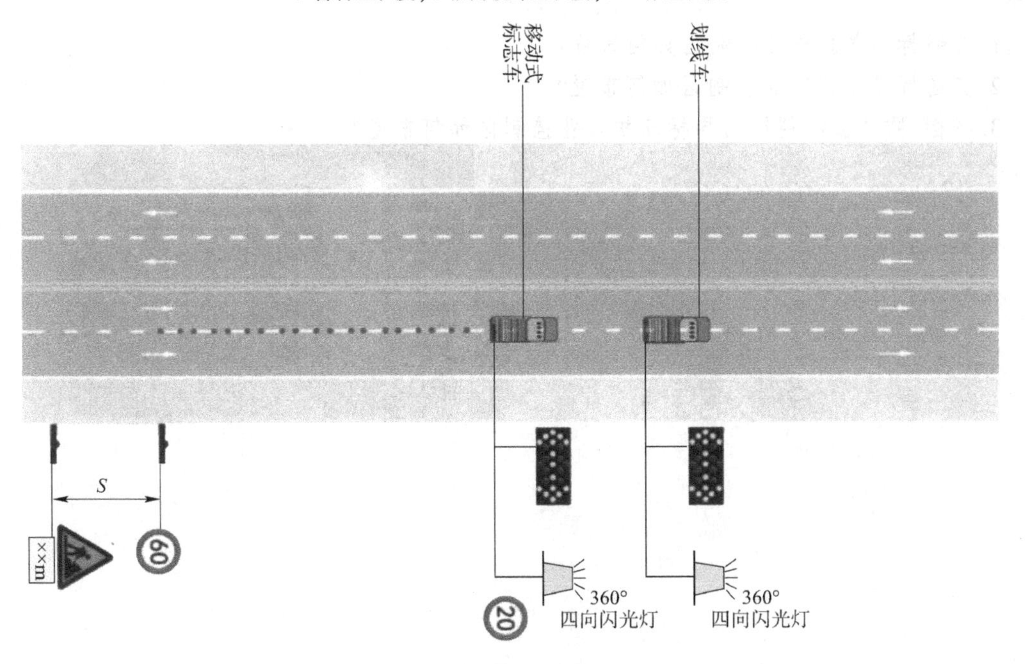


图 9-7　同向车道分隔标线养护作业

(2)双向通行车道分隔标线的养护作业，应将移动式标志车布设在施工车辆之前，并应在施划标线的路段起终点布设施工标志。作业控制区布置示例如图 9-8 所示。

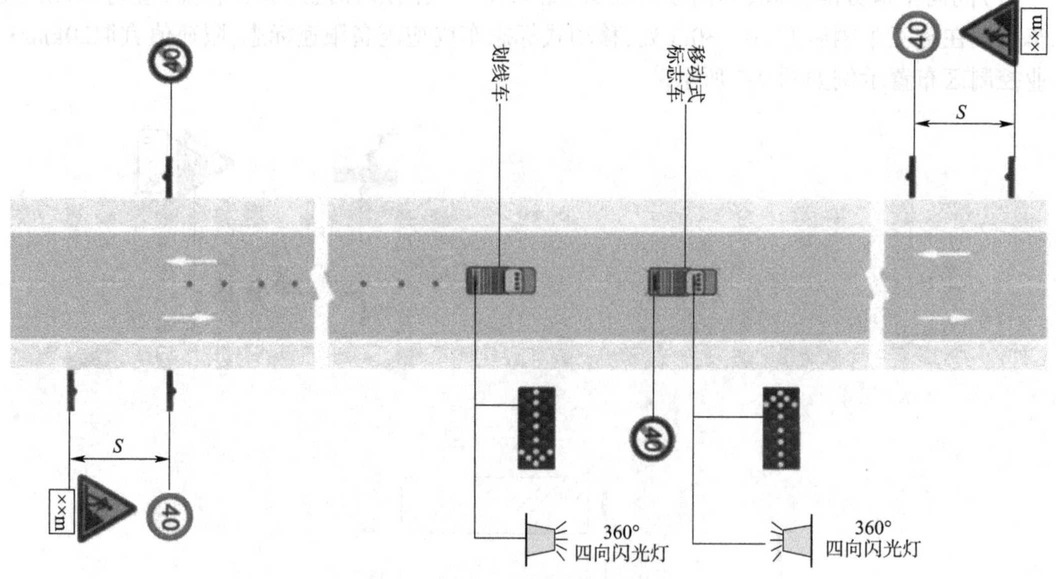


图9-8　中间渠化交通标线的养护作业

## 三、护栏、防眩板和视线诱导标养护作业

护栏、防眩板和视线诱导标养护作业，可按封闭内侧车道或封闭路肩的临时养护作业控制区布置，交通锥宜布设在车道分隔标线内侧，可布设移动式标志车。

### 思考与练习

1. 交通标志养护作业控制区如何布置？
2. 交通标线养护作业控制区如何布置？
3. 护栏、防眩板和视线诱导标养护作业控制区如何布置？

# 参考文献


[1] 中华人民共和国交通运输部. 公路交通安全设施设计规范:JTG D81—2017[S]. 北京:人民交通出版社股份有限公司,2017.

[2] 中华人民共和国交通运输部. 公路交通安全设施设计细则:JTG/T D81—2017[S]. 北京:人民交通出版社股份有限公司,2017.

[3] 中华人民共和国国家质量监督检验检疫总局,中国国家标准化管理委员会. 道路交通标志和标线　第2部分　道路交通标志:GB 5768.2—2009[S]. 北京:中国标准出版社,2009.

[4] 中华人民共和国国家质量监督检验检疫总局,中国国家标准化管理委员会. 道路交通标志和标线　第3部分　道路交通标线:GB 5768.3—2009[S]. 北京:中国标准出版社,2009.

[5] 中华人民共和国交通运输部. 公路路基设计规范:JTG D30—2015[S]. 北京:人民交通出版社股份有限公司,2015.

[6] 中华人民共和国交通运输部. 公路交通安全设施施工技术规范:JTG/T 3671—2021[S]. 北京:人民交通出版社股份有限公司,2021.

[7] 中华人民共和国交通运输部. 公路养护技术标准:JTG H10—2018[S]. 北京:人民交通出版社股份有限公司,2019.

[8] 中华人民共和国交通运输部. 公路养护安全作业规程:JTG H30—2015[S]. 北京:人民交通出版社股份有限公司,2015.

[9] 中华人民共和国交通运输部. 公路工程质量检验评定标准　第一册　土建工程:JTG F80/1—2017[S]. 北京:人民交通出版社股份有限公司,2018.